KB041954

가야트리 스피박

마크 샌더스 지음
김경태 옮김

LIVE THEORY

가야트리 스피박

초판 1쇄 발행 2023년 1월 10일

지은이 마크 샌더스
옮긴이 김경태

펴낸이 김현태
펴낸곳 책세상

등록 1975년 5월 21일 제2017-000226호
주소 서울시 마포구 잔다리로 62-1, 3층(04031)
전화 02-704-1251
팩스 02-719-1258
이메일 editor@chaeksesang.com
광고·제휴 문의 creator@chaeksesang.com
홈페이지 chaeksesang.com
페이스북 /chaeksesang 트위터 @chaeksesang
인스타그램 @chaeksesang 네이버포스트 bkworldpub

ISBN 979-11-5931-885-6 94100
979-11-5931-829-0 (세트)

- 잘못되거나 파손된 책은 구입하신 서점에서 교환해드립니다.
- 책값은 뒤표지에 있습니다.

LIVE THEORY

가야트리 스피박

마크 샌더스 지음
김경태 옮김

Gayatri Spivak

친구이자 등산 파트너,

지니 버지니아 리에종 브레레튼(1944~2004)에게 바칩니다.

차례

약어 목록

이 책의 본문에서는 스피박의 글이나 책들을 나타내기 위해 다음의 약어들을 사용할 것이다.

CPR 《포스트식민 이성 비판: 사라져가는 현재의 역사를 위하여Critique of Postcolonial Reason: Toward a History of the Vanishing Present》

CSS 〈서발턴은 말할 수 있는가?Can the Subaltern Speak?〉

IOW 《다른 세상에서: 문화정치학 에세이In Other Worlds: Essays in Cultural Politics》

OTM 《교육기계 안의 바깥에서Outside in the Teaching Machine》

LIVE THEORY

가야트리 스피박

Gayatri Spivak

일러두기

1 각주는 모두 옮긴이 주다.
2 원문의 이탤릭체는 고딕체로 표시했다.
3 [ ] 안의 내용은 저자가, 〔 〕 안의 내용은 옮긴이가 쓴 것이다.

1장

문학, 읽기, 그리고 초국가적 리터러시

> 세상을 한 권의 책처럼 읽지 않는다면, 예측도, 계획도, 세금도, 법도, 복지도, 전쟁도 없다. 그러나 리더들은 마치 교과서처럼 합리성과 평균값으로 세상을 읽는다. 실제로 세상은 문학 작품의 다층적이며 고정할 수 없는 복잡성과 개방성으로 쓰여 있다.
>
> <세상 읽기Reading the World: Literary Studies in the 80s'>

오늘날 세계에서 책임responsibility은 문학 독자에게 어떻게 이해되고 있는가? 읽기의 문학적 습관에 대한 훈련은 윤리적·정치적 책임에 특별한 성격을 부여할 수 있는가? 읽기가 어떤 측면에서든지 책임 있는 전지구적 리터러시를 이끌 수 있는가? 수년 동안 가야트리 차크라보르티 스피박은 점차 더 다급해진 마음으로 이러한 질문들을 던져 왔다. 그녀가 질문을 던진 세상은 세계화에 의해 재형성된 존재이며, 아직까지도 식민화뿐만 아니라 그보다 앞서 존재한 사회적 형성을 망라하는 오랜 유산과의 타협을 얼마간 해오고 있다. 그것은 전형적으로 여성들의 지위에 특히나 심오한 영향을 준다. 그래서 책임에 관한 사유 측면에서 눈에 띄는 '스피박의 기여'라는 징후 그리고 학제 간을 대담하게 넘나들기라는 협소한 의미에서 '문학 연구의 개시'라는 징후로서, 이러한 질문들은 이 책에도 영향을 미칠 것이다.[1]

외부로 향하는 마음의 고전적 토포스 중 하나는, 세상을 책처럼 읽는 것이다. 르네 데카르트는《방법서설》에서, 이 토포스의 가장 유명한 형태들 중 하나를 설명하는데, 여기서 토포스는 학생이 독립에 이르는 심리적 과정을 이끈다. "교사의 지도에서 벗어날 수 있는 나이가 되자마자, 나는 문자 공부를 모두 내팽개치며 나 자신 안에서 혹은 세상이라는 거대한 책에서 발견할 수 있는 학문만을 연구하기로 결심했다. 그래서 나는 여행을 하면서 내 남은 젊은 날을 보냈다"(33). 데카르트처럼 스피박에게, 세상 밖으로 나가며 이뤄지는 지적 성숙을 향한 여정의 주인공은 바로 학생이다. 그 혹은 그녀는 주체지만, 관습적인 의미에서의 여행하는 주체가 아니라 스피박이 '초국가적 리터러시'라고 일컫는, 여러 차이 안에서 세상을 읽는 능력을 지닌 주체다. '문학'이나 '탈식민화decolonization'와 같은 수용된 범주들이 단일성을 부과할 때조차, 그리고 얼마 후 더 적은 것과 더 많은 것, 더 나쁜 것과 더 좋은 것의 가치평가를 내릴 때조차도 말이다.

〈시대를 위한 교육Teaching for the Times〉(1995)에서 스피박은 자본주의하에서 정의에 대한 희망을 품을 수 없는 미국의 경제 이주민economic migrants을 언급한다. 그러나 이러한 희망 때문에, 언제나 존재를 부정당해 온 그들은 자신의 경험을 다른 디아스포라 집단의 경험 그리고 자신들의 탈식민화된 국가 출신의 시민들의 경험과 너무 쉽게 동일시하는 경향이 있다. 그 이주민 집단은 (대학원생이던 스피박이 강의실에서 조우했던) 장래 교사들의 영감이 된다. 그들은 자본주의 체제를 보다 나은 쪽으로 바꾸고 싶어 한다. 미국 경제 이주민들은 자유주의적 다문화주의에 무조건적으로 동의하면서 출생지에 기반한 대립적 정체성 정치를 시행하거나 공유된 '포스트식민post-colonial'의 역사를 가정한 채 연대의 정치를 단언하는 성향을 보여왔다. 스피박은 바로 그들에게 초국가적 리터러시를 권하면서 다음과 같이 설명한다.

> 내부로부터 자본주의에 훼방을 놓을지 모를 이러한 방식을 배우기 위해 우리는 미래의 인문학 교육자들이 초국가적으로 글을 읽고 쓸 수 있도록 해야 한다. 그들이 그 화두를 둘러싼 다양한 탈식민화를 '포스트식민성'으로 축약하기보다는 그 차이를 구분할 수 있기 위해서다. 나는 초국가적 리터러시에 대해 말하고 있다. 우리가 하나의 언어에 대한 리터러시를 성취하는 것은 그에 대한 전문가가 되는 것이 아니다. […] 리터러시는 문자와 문자 사이를 구분하기 위한 기능을 만들어낸다. 절합된 스크립트는 읽히고, 다시 읽히며, 쓰이고, 다시 쓰일 수 있다. […] 그것은 우리로 하여금 타자는 단지 '목소리'가 아니며, 타자들은 절합된 텍스트를 생산한다는 사실을 감지하도록 해준다. 심지어 그들이 우리처럼 우리가 직접 만들지 않은 텍스트에 의해서, 그리고 그 안에서 쓰일지라도 말이다. 우리가 자본주의하에서 정의에 대한 부인된 희망의 내부로부터 방해 활동

을 위한 근거를 발명할 수 있는 것은 바로 초국가적 리터러시를 통해서다. ('Teaching for the Times' 193-194)

<시대를 위한 교육>에서 스피박의 초국가적 리터러시에 대한 호소의 맥락은 문학 평론가들이 쉽게 내리는 논평인데, 말하자면 탈식민화된 세계의 어떤 지역들은 영어로 글을 쓰는 인도인의 '극적이고 실험적인 소설'[2]을 양산해내지 못했다는 것이다. 스피박은 이러한 현상을 묵살의 핑계로 만들지 않는 대신 설명하기 위해서 '비교하는 관점이 아니라 탈구시키기'를 요청한다. 그녀는 방글라데시를 국가적 예시로 제시한다. "당신은 방글라데시에서 포스트식민이나 제3세계 문학에 관한 교과 목록을 찾기 어려울 것이다. 방글라데시는 해외 시장에서 문체적으로 경쟁력이 없다"('Teaching for the Times' 194). 방글라데시의 경우, 스피박이 언급한 시장이란 세계 서적 시장뿐만 아니라 전지구적 자본에 의해 지도가 그려진 곳이며, 여기에서 젠더는 눈에 띄는 단층선이다. "UN은 방글라데시를 개발도상국 목록에서 최하위로, 그곳의 여성들을 발전의 최하층에 기입해왔다"('Teaching for the Times' 194). 스피박은 문학 전공생들이 알아야 하지만 대체로 모르는 일련의 관련된 차이들의 개요를 다음과 같이 서술한다.

우리 학생들은 1947년 영국으로부터의 탈식민지화와 1971년 서파키스탄으로부터의 해방이라는 결과로서 방글라데시가 이

> 중의 탈식민화를 겪어야만 했다는 사실을 모를 것이다. 19세기에 주로 힌두 벵골인 민족주의자에 의한 자국어의 전유를 비롯해 상류층 방글라데시아인의 아랍어와 우르두어 고수의 결과로서 방글라데시아인은 자신들의 언어를 조금씩 되찾아야만 한다. […] [그리고] 방글라데시는 자국의 해방이라는 타이밍과 방식 때문에 아시아 태평양 지역 및 보다 오래된 포스트식민 국가들의 상황과 매우 다른 방식으로 초국가적인 세계 경제의 마수에 빠져버렸다. 그 초국가적으로 문맹인 학생들은 인구 통제를 명목으로 한 다국적 제약회사들의 놀이에서 최악의 희생물이 여성들의 신체라는 사실을 모를 것이다. 국제 통화 조직들은 개발을 명목으로 비인격적이고 이해할 수 없는 정부를 오래되고 비교적 인지하기 쉬운 적이자 보호자인 가부장적인 가족으로 대체하고 있다. ('Teaching for the Times' 194)

요컨대, 스피박은 현대 언어 및 문학 전공생들에게 철저한 학제간 연구interdisciplinarity를 요구한다. 학생들은 문학의 외부를 단지 협소하게 인식되는 학문으로 읽음으로써, 스피박이 서술한 (내가 간략히 묘사하기 위해 많은 부분을 생략한) 그런 역사적·정치적·경제적·종교적·언어적 차이에 대한 의미 파악을 기대할 수 있다.[3] 그런 차이들을 포착하도록 배우는 것은, 결국 지배적 범주로서 협소한 의미의 '문학'에 대한 질문으로 학생들을 이끈다. 데카르트가 그랬던 것처럼, '문자'를 통해 자신의 정신에 가해지는 통제를 극복하면서, 그 혹은 그녀는 내가 제명으로 인용한 문단(IOW 95)을 통해 스피박이 옹호하는 방식으로, '세상을 책처럼 읽기'를 사전에 차단해버리는 수용된 학문 범주로서의 '문학'으로부터 궁극적으로 독립하게 될지 모른다. 방글라데시 사례와 대면한 학생들은 "가장 역동적인 정신은 문학적 생산이 아니라 대안적인 발전과 관련 있음"('Teaching for the Times' 194)을 깨달을 것이다. 이처럼 분명히 아주 작은 깨달음은 스피박이 방글라데시 문학사에 관해 펼치고 있는 (물론 매우 추론적인) 논지를 위해서라기보다는, 인간의 조건을 해석하기 위한 특권화된 영역인 문학 연구의 탈중심화를 위해서 중요하다.

이것이 초국가적 리터러시는 문학 연구가 전문적으로 다루는 읽기의 문학적 방식과 관련이 없다는 것을 의미하는가? 정보-검색의 차원에서 학제간 연구에 불과한 것인가? 스피박이 말하듯, "반대로, 우리는 사회적 기입을 포함시키기 위해 문학의 정의를 확장한다"('Teaching for the Times' 195). 젊은 시절의 데카르트와 달리, 스피박의 학생들은 문자 연구를 포기하지 않을 것이다. 실제로 문학은 언제나 스피박의 출발점이자 끊임없는 참조점이 될 것이다. 초국가적 리터러시는 "타자가 단순히 '목소리'에 불과한 것이 아니며, 심지어 타자들은 우리처럼 우리 자신이 만들지 않은 텍스트로, 그 안에서 쓰이면서 절합된 텍스트를 생산한다는 것을 우리가 감지하도록 해준다." 이러한 생각은 타자와 윤리적 독특성singularity의 관계를 위한 훈련으로서의 읽기라는 문학적 방법과 초국가적 리터러시 사이의 관련성에 대한 단서가 된다. 따라서 읽기는 책임과 관련 있다. 더욱이 협소한 의미에 있는 문학을 대체하려는 문학적인 무언가가 존재한다. 스피박의 삶과 업적의 과정은 이러한 '대체'의 관점에서 설명될지도 모른다.

삶과 업적

1942년 당시 영국령이었던 인도 벵골의 콜카타에서 태어난 카야트리 차크라보르티 스피박은 살만 루슈디가 1947년 인도 독립 시기에 태어난 세대를 일컫는 '한밤중의 아이들' 바로 이전에 등장한 세대다.[4] 중산층의 "세계 교회적ecumenical이고 세속주의적이며 페미니스트의 원형protofeminist인 '철학적 힌두교인' 부모"('Lives' 211)를 둔 그녀는 부족 기독교도 교사들이 있는 미션 스쿨에 다녔다. 1955년에 그녀는 콜카타대학교의 프레지던시 칼리지에 입학했고, 1959년에 영문학에서 우등 학위를 받으며 수석으로 졸업했다. 1961년에는 돈을 빌려 미국으로 떠나 이타카에 있는 코넬대학교 영문학대학원에 들어갔다. 1962년에는 "경제적 사정"('Lives' 211) 때문에 비교문학으로 전공을 바꿨다. 그녀는 "지적으로 오만한 텔루라이드 하우스에서 숙박 장학금을 받은 첫 번째 여성"('Lives' 211)이었다. 당시 동료 입주생 중에는 신보수주의자로서 후에 조지 W. 부시 정부에서 국방부 부장관이 되었고 현재는 세계은행을 이끌고 있는 폴 월포위츠가 있었다.

코넬에서 스피박은 폴 드 만Paul de Man 지도하에 수학했고, 1967년에 윌리엄 버틀러 예이츠의 시에 관한 논문을 써서 박사학위를 받았다. 1965년에는 아이오와대학교 비교문학과에 부교수로 합류했다. 이 학과는 1940년대에 르네 웰렉이 설립했는데, 그는 비교문학을 학과목으로서 미국 학계에 소개한 유럽 이주자 중 한 명이었다. 스피박은 아이오와에 있을 때, 프랑스 미뉘Minuit 출판사의 책 카탈로그에서 우연히 《그라마톨로지De la grammatologie》를 발견했고 "흥미로워 보였기 때문에"('Foreword: Upon Reading' xix) 그 책을 주문했다. 그때까지만 해도 그녀는 자크 데리다에 대해 들어본 적이 없었고, 데리다가 자크 라캉을 비롯한 여타의 프랑스 사상가들과 참여해 획기적인 구조주의 논쟁을 벌인 1966년 존스홉킨스대학교 콘퍼런스에 대해서도 몰랐다. 《그라마톨로지》를 읽고 큰 충격을 받은 스피박은 번역을 결심하며, "1967년, 혹은 1968년에" 매사추세츠대학출판부와 번역 계약을 하고 긴 서문 작성에 들어갔다. 나중에 그 번역서는 "데리다의 미국 업적을 이미 체계적으로 정리하기 시작했던"('Thinking about Edward Said' 519) J. 힐리스 밀러에 의해 존스홉킨스대학출판부의 선택을 받았다.

《그라마톨로지》를 번역하기로 한 스피박의 결심은 커리어에 급진적인 변화를 가져왔다. 1989년의 어느 인터뷰에서 그녀가 "해체이론을 우연히 만난 모더니스트로서 […] 그녀는 특정 방식을 통해 스스로 해체를 시도했고, 해체는 결과물을 드러내며 그녀를 만족시켰기 때문에 계속해 나아갔다"('Naming Gayatri Spivak' 84)라고 스스로를 묘사한 것은 절제된 표현이다. 그녀는 청년들을 위한 단행본 논문인 《내가 다시 만들어야 하는 나 자신Myself Must I Remake: The Life and Poetry of W.B. Teats》(1974)의 출간 후에 《그라마톨로지》의 번역서를 영향력 있는 역자 서문과 함께 내놓았다. 그녀는 몇 년 동안 '후기 구조주의' 논쟁에 왕성하게 참여했고, 1970년대에 미국 페미니즘 문학 연구자들에게 영향을 미치기 시작했던 프랑스 페미니즘 이론(식수, 크리스테바, 이리가레)과의 비판적 관계 속에서 자신을 정의했으며, 데리다에 대한 페미니즘 비평을 발전시켰다. 동시에 그녀는 1981년 저널 《크리티컬 인콰이어리》에 실린, 벵골어 작가 마하스웨타 데비의 소설 <드라우파디Draupadi>를 번역하기 시작했다. 데리다의 새로운 작업(그 중에서도 특히 《조종Glas》, 《우편엽서La Carte Postale》, 《에프롱Éperons/Spurs》)에 대해 지속적으로 논평하면서, 1980년대 초에는 칼 마르크스에 대한 해체주의적 다시 읽기를 시작했다.

스피박의 이름을 세상에 널리 알린 긴 논문 <서발턴은 말할 수 있는가?Can the Subaltern Speak?>는 이러한 가닥들을 하나로 모아줬다. 먼저 1982~1983년의 초고에서는 식민지 법뿐만 아니라 힌두교 경전을 통해 사티sati(과부의 자기희생)*를 실행에 옮

* 사티는 힌디어로 '용감한 아내'라는 의미이다. 과거 인도에서 행해졌던 힌두교 의식으로, 남편이 죽어 화장할 때 그의 아내가 불 속에 뛰어들어 남편의 시체와 함께 산 채로 화장되던 풍습이다. https://terms.naver.com/entry.nhn?docId=1108090&cid=40942&categoryId=40029

기는 과정을 분석하기 위해서 (많은 사상가가 세상의 인지적 의미와 정치적 의미 사이를 부지불식간에 전환하며, 따라서 이데올로기의 작동과정을 생략하는), '재현'에 결과적으로 뒤따르는 비평을 적용해 마르크스의 《루이 보나파르트의 브뤼메르 18일》을 해체주의적으로 읽었다. 스피박의 먼 친척으로서 1920년대에 정치적 암살을 실행에 옮기기보다 스스로 목숨을 끊는 선택을 한 부바네스와리 바두리의 이야기로 끝을 맺으면서 〈서발턴은 말할 수 있는가?〉는 자살의 정치학을 다룬 가장 최근작에 이르기까지 일련의 명상록 중에서 첫 번째 작품에 해당한다.

1984년부터 스피박은 서발턴을 연구하는 역사학자들과 가깝게 지내기 시작했고, 그들의 인도 역사기술 재개념화에 대한 비판적 개입은 〈서발턴은 말할 수 있는가?〉 뿐만 아니라 《다른 세상에서: 문화정치학 에세이》(1987)에 실린 두 편의 주요 논문의 주제이기도 하다. 문학 및 비판 이론에 대한 글들을 모아 놓은 이 책에는 〈국제적 틀에서 본 프랑스 페미니즘French Feminism in an International Frame〉을 비롯해 〈가치문제에 관한 단상들〉에서의 마르크스 읽기 그리고 데비의 〈드라우파디〉와 〈젖어미〉의 번역까지 포함되어 있다. 그녀는 라나지트 구하와 함께 《서발턴 연구 선집》(1988)을 편집했다. 인터뷰 모음집인 《포스트식민주의 비평가》(1990)는 〈서발턴은 말할 수 있는가?〉를 비롯해 〈세 여성의 텍스트와 제국주의 비판〉(1985) 및 〈시르무르의 라니〉(1985) 같은 논문을 통해 초기 탈식민 이론 분야의 시초격인 자신의 위치를 많은 독자에게 각인시켰다. 이로써 스피박은《오리엔탈리즘》(1978)의 에드워드 사이드, 자신의 논문을 모은《문화의 위치》(1994)의 호미 K. 바바와 함께 주요 인물로서의 입지를 다지게 됐다.[5] 그러나 시간이 흐른 후에 스피박은 '포스트식민주의 이론가'라는 호칭이 불편하다고 밝혔다.

1980년대 후반이 되자 스피박은 명문 대학들로부터 연이어 초청을 받으며 미국 학계의 '스타'가 되었을 뿐만 아니라[6], 전 세계 문화 및 예술 관련 콘퍼런스나 각종 모임의 명망 높은 연사로서 국제적으로 주목받는 지식인이 되었다. '세상을 읽기' 위한 조건들이 마치 그녀 자신의 경력을 통해 실현되고 있는 듯 보였다. 그녀는 거의 같은 시기에 방글라데시와 인도의 지방에 있는 아디바시스adivasis, 혹은 인도 아대륙의 선주민 구성원들인 '부족민들'에게 기초 리터러시를 가르치는 학교에서 교사 양성에 참여하게 되었다는 사실을 몇 년 뒤에야 공식적으로 언급했다.[7] 교육에 대해 가졌던 평생의 관심을 두 차원에서 고려하면서, 대도시에서 가르친 세상의 문학적 읽기는 주변부에 있는 문학에 대한 강조를 통해 보완되기 시작했다. 이 장에서 곧 논의할 〈잘못을 바로잡기Righting Wrongs〉(2004)와 〈타고르, 쿳시 그리고 교육의 어떤 장면들의 윤리와 정치Ethics and Politics in Tagore, Coetzee, and Certain Scenes of Teaching〉(2002)은 이러한 출발에 있어 핵심적인 텍스트들이다.

1990년대에 출간된 스피박의 두 책인《교육기계 안의 바깥에서Outside in the Teaching Machine》와《포스트식민 이성 비판Critique of Postcolonial Reason: Toward a History of the Vanishing Present》는 (특히 후자의 마지막 장에서) 그녀가 세상을 가로질러 정신없이 오가는 것 그리고 〈시대를 위한 교육〉에서처럼, 전지구적 자본에 의해 기입된 총체성 내부의 차이에 대한 인식을 발전시키기 위한 시도를 보여준다. 따라서 《교육기계 안의 바깥에서》에 실린 많은 논문이 대도시 이주민들과 탈식민화된 민족-국가 시민들의 입장 차이를 강조하는 데 집중하고 있다.[8] 특히 살만 루슈디의 《악마의 시》와 하니프 쿠레이시의 영화 〈새미와 로지 잠자리에 들다〉에 관한 논문에서 이주민 문화정치에 주목한 것은 대단히 빼어나다. 〈서발턴은 말할 수 있는가?〉를 포함해 15년에 걸쳐 써온 글들을 모은 《포스트식민 이성 비판》은 '사라져가는 현재의 역사'를 쓰기 위한 노력의 일환이다.

스피박의 《경계선 넘기Death of Discipline》(2003)는 무엇보다 지역 연구와의 협업을 통해 7년 간 컬럼비아대학교에서 실질적으로 개입해왔던 프로젝트인, 학과목으로서 비교문학의 변화를 언급하며 원점으로 돌아갔다. 그녀가 새로운 전지구적 비교문학과 지역적 관용성에 대한 연구의 강조를 보완하고자 한 것은 마하스웨타 데비의 소설의 지속적인 번역이다. 데비의 소설 《초티 문다와 그의 화살》에 대한 스피박의 영문 번역본은 2003년에 출간되었다. 같은 해에 비록 그녀가 회고록을 쓰지 않겠다고 말했을 지라도("'On the Cusp'" 215), 회고록으로 예상되는 일부분이 2005년에 《크리티컬 인콰이어리》에 실렸다('Thinking about Edward Said'). 현재 2권의 책(《다른 여러 아시아들》과 《빨간 실》)을 새로 쓰고 있는 중이다.* 그 책들은 지난

10여 년 동안 써 온 논문을 모은 것이다.[9] 그 최종 형태가 아직 결정되지 않았기 때문에, 여기에서 나는 신중한 설명이 필요한 밀도 높고 난해한 방식으로 문학과 독해, 윤리에 대한 스피박의 개념들을 가장 명확하게 표현하는 책인 《포스트식민 이성 비판》에 대해 구체적으로 논의하고자 한다.

포스트식민 이성 비판

> 마르크스는 헤겔의 《논리학》과 〈블루북〉**을 함께 붙들 수 있었다.
> 하지만 그것 역시 여전히 유럽에만 있었다.
> 그러는 동안 그것은 해체되었다.
> 《포스트식민 이성 비판》

"나는 나로부터 멀리 나간 이 책의 말미에서 이것에 대한 연구를 한다. 물론 그때 나는 여러분의 견해에 열려있다. 여러분은 그 과정에서 내가 상정하는 의제를 판단할 것이다. […] 내가 상

---

* 2022년 현재, 《다른 여러 아시아들》(2008)을 비롯해, 주디스 버틀러와 공동 집필한 《누가 민족국가를 노래하는가Who Sings the Nation-State?: Language, Politics, Belonging》(2007), 《민족주의와 상상력Nationalism and the Imagination》(2010), 《세계화 시대의 미학 교육An Aesthetic Education in the Era of Globalization》(2012), 《할렘Harlem》(2012), 《읽기Readings》(2014), 그리고 가장 최근작인 《살아있는 번역Living Translation》(2022)이 있다.

** 중고차의 차종, 시세, 가격대비 일람표를 말한다.

정한 의제를 펼칠 사람은 바로 여러분이다"(CPR 357-358). 스피박의 《포스트식민 이성 비판》은 결론부로 나아가면서 대답을 요청하며 '내포 독자implied reader'를 여러 번 언급한다(cf. CPR 421). 우리는 《포스트식민 이성 비판》의 마지막 장인 <문화>에 깊숙이 들어가 있다. 여기에서 '이것'은 문화정치학에 대한 질문을 의미한다. 《자본》에 대한 독자를 상상하면서 '공장 노동자들로 하여금 자신들을 자본주의의 희생자가 아니라 생산의 행위자로 다시 생각하도록 만들려고 애썼던' 마르크스와의 유추를 통해, 스피박은 자신의 내포 독자, 즉 외국계 미국인과 탈식민화된 남반구 출신의 경제적·정치적인 이주민에게 "스스로를 희생자가 아니라 착취를 할 수 있는 행위자로 재고하기"(CPR 357, cf. 402)를 요구한다.[10] 희생과 동인agency의 측면에서 북쪽으로 간 이주민들이 그, 혹은 특히, 그녀 스스로를 포스트식민 국가의 시민들과 구분하라는 《교육기계 안의 바깥에서》와 <시대를 위한 교육>에서의 지속적인 요청은 《포스트식민 이성 비판》에서도 반복된다. 하지만 그 책이 "다른 동인을 바라면서 조금만 입장을 변동시켜 보자"(CPR 358, cf. 402)라는 권고 속에서 내포 작가와 독자를 포함시킬 때, 《포스트식민 이성 비판》은 공모 중인 동인의 여정itinerary이라는 의제보다는 해결해야 할 더 많은 문제를 제기했다. 그것은 현재 전지구적 국면을 독해하는 것 그리고 그 독자가 되는 것이 무엇을 의미하는지에 대한 복잡한 궤적 또한 조명했다. <시대를 위한 교육>에서 숙고했듯이, 독해의 특수한 문학 이론은 학제간의 '초국가적 리터러시'에 결합된다.

읽는 위치로서의 토착정보원

《포스트식민 이성 비판》의 서문은 스피박이 '토착정보원Native Informant'이라고 부르는 형상이 어떻게 연이은 단계로 나타나고 물러나는지를 설명하면서 그녀의 읽기 이론을 광범위한 역사적 맥락에 위치시킨다. 스피박은 변하지만 결코 사라지지 않는 이러한 형상을 추적한다.

> 나의 목적은 우선 철학, 문학, 역사, 문화라는 다양한 실천을 통해 토착정보원의 형상을 추적하는 것이었다. 나는 곧 그러한 추적이 자신을 토착정보원과 결별시키는 식민주체를 보여준다는 것을 발견했다. 1989년 이래 나는 특정한 포스트식민주체가 이제 식민주체를 재부호화하고 토착정보원의 입장을 전유하고 있다는 점을 감지하기 시작했다. 세계화가 절정에 이른 오늘날, 전자통신 정보학이 토착지식의 이름으로 토착정보원을 도청하며 생체음모biopiracy를 꾸며나가고 있다. (CPR ix)

식민지 통치 시대 동안 의문스러운 지역성(스피박은 장소를 구체적으로 밝히지 않지만 인도를 함의하고 있다) 관련 정보의 제공자는 '식민지 주체'에 의해서 어느 정도 대체된다. 스피박은 이 형상을 토마스 매콜리의 〈인도 교육에 관한 비망록〉(1835)에서 기대했던, 의도적이고 다소간 자발적으로 동화된 이러한 '해석자'와 관련짓는다. "혈통으로나 피부색으로는 인도인이면서도 취향이나 견해, 도덕이나 지성에서는 영국적인 사람들 말이다"(CPR 268에서 재인용). 이러한 중재 계급이 정보 제공을 할 수 없다는 것은 맞는 말이다. 그 중재 계급은 이러한 동화 과정을 거치지 않은 나머지 정치적 통일체로부터 스스로를 '분리'해왔다.

인도에서는 이러한 과정이 백 년 이상 지속되었다. (베를린 장벽이 무너진 1989년) 냉전의 종식과 함께 다시 변화를 맞이했다. 그 변화로 이끄는 요인들을 스피박은 명백하게 설명하지 않는다. 그럼에도 우리는 예비적 방법으로, 이주민이 민족-문화적 브로커의 역할을 하는 대도시(영국, 미국)의 다문화주의 맥락을 파악할 수 있다. 이러한 맥락은 〈시대를 위한 교육〉과 《교육기계 안의 바깥에서》(특히 OTM 255-284 참조)에서 명확하게 드러난다. 스피박의 그림에서 이주민의 위치는 출생지의 엘리트 구성원들의 위치와 거의 일치한다. 그 이주민을 변경되지 않은 토착성으로부터 떼어낸 채 식민지 언어, 문화, 정치경제와의 이해관계를 그에게 부여하는 식민지 주체-만들기의 계보학 때문에, 엄격히 말해, 그 포스트식민 주체는 자격을 부여받지 못한 위치를 스스로가 전유할 것이다. 이것은 원주민 보호주의nativism의 다양한 형태들을 초래할지도 모른다. 스피박의 《포스트식민 이성 비판》에서 주요 취지는 이 두 번째 형상을 향하는데, 이는 광범위한 칸트적 양상이다. 인간이 알 수 있는 것, 우리가 신뢰를 바탕으로 제공할 수 있는 어떤 정보에는 한계가 있다. 따라서 알고 있으며 정보를 보유하고 있다는 어떤 주장은 '비판'이라는 일종의 시험에 맡겨질 것이다. 그 비판은 소크라테스적인 방식으로

진실과의 관련성을 시험하고, 근거없음의 정도를 밝히며 관계 있음의 정도가 측정된다.[11]

토착정보원의 최종 예시화instantiation는 지역적이고 디아스포라적인 계급 이동성에 대한 열망 및 '문명화 미션'에 대한 교육과 문화라는 중재의 역동성과 결별한다. ('tele-'는 원거리를 지칭한다는 전제하에) 토착정보원을 직접적으로 타진하면서, '정보학'은 상이하게 작동한다. 생화학 공식과 유전자 부호들은 거래되는 요소거나, 작물에 특허를 내는 '생물해적질biopiracy'[12]을 통해서, 데이비드 하비가 '강탈에 의한 축적'(*The New Imperialism* 137-182)이라고 명명한 것에 해당한다. 이러한 시나리오에서 포스트식민 주체로서의 토착정보원이 완전히 불합리한 것은 아니다. 대도시 이주민이나 탈식민화된 민족-국가의 시민으로서, 그 혹은 그녀는 대도시와 민족-국가 혹은 다국적 기업과 출생지 사이의 교류를 위한 조력자로서의 역할을 수행한다. 스피박이 초국가적 리터러시와 읽기의 문학적 방법이라는 더 많은 인내심이 필요한 활동이 중요해진다고 믿는 것은 바로 이러한 형상을 위해서다. 이것이 스피박이 인문학, 즉 '철학, 역사, 문학, 문화'에 개입하는 이유다.

여기서 하나의 의문이 든다. 스피박의 분석과 내포 독자의 특징화는 그녀의 책이 주는 교훈이 포스트식민적인 국민이나 이주민에게만 관련이 있다는 것을 의미하는가? 그녀는《포스트식민 이성 비판》에서 이 질문에 직접적으로 답을 주고 있지는 않다. 그러나 나는 그녀의 '읽는 위치'를 탈식민화된 나라의 시민들에게만 한정 짓는 것은 잘못이라고 생각한다.[13] 세계화에서는 누군가 ('tele-'의 방식으로) 멀리에서 유대감을 느끼는 관계로 진입할 경우 곧바로 깊이 연루된다. 스피박이 말하듯, 당신이 선행을 베풀려는 열망이 있을 때 당신이 감당할 수 있는 한계를 인식할 수 있도록 당신이 하고 있는 일을 가능한 한 어느 정도는 알고 있어야 한다. 이것은 《포스트식민 이성 비판》에서 칸트의 세 가지 비판 중 첫 번째 질문인 《순수이성 비판》(1781/1787)의 '나는 무엇을 알 수 있는가?'가 두 번째 비판인 《실천이성 비판》(1788)의 '나는 무엇을 해야만 하는가?'로 조금씩 변화해가는 방식이다. 책임은 누군가의 국적이나 인종이 아니라 위치position에 달려 있다. 《포스트식민 이성 비판》에서 문학 및 읽기의 문학적 방법에 대한 스피박의 세심한 주목은 칸트의 첫 번째와 두 번째 비판의 범주를 절합하기 위해 고안된 것으로서 읽을 수 있다.

윤리, 책임, 읽기에 관한 그녀의 견해를 고려하면, 스피박이 토착정보원이라고 명명한 그 복합적 형상을 추적하는 것은 식민 담론이나 포스트식민 담론에서 그 형상이 드러남에 따라 그 윤곽을 단순히 추적하고 분석하는데 그치지 않는다는 것이 명확해진다. 이것은 그 책 자체의 수사법적 시행에 대한 함의를 지니고 있다. 토착정보원이 전용할 수 없는dispropriable '위치', 절대적으로 누군가의 소유가 아닌 빌려온 위치를 징후적으로in its trail 드러낸다는 사실을 발견하면서, 그 추적자 자신이 그 형상을 수행하고, 결국에는 그에 의해 수행된다. 추적자에게 형태를 부여하면서, 이러한 모방적 추적은 이 책을 자기 방식대로 발송

하는 다른 이의 흔적과 관련 있다. 다시 말해 작가는 독자를 상기시킨다. '토착정보원의 (불)가능한(im)possible 시점'을 배우고 형상화한 결과는 그 시점의 시행을 유사-옹호quasi-advocate하는 간섭주의적 글쓰기이다.

스피박의 사유가 증폭되고 깊어짐에 따라 《포스트식민 이성 비판》은 많은 새로운 사유들에 맞게 기존에 출간된 주요 텍스트들을 수정한다. 4개의 긴 장, 즉 〈철학〉, 〈문학〉, 〈역사〉, 〈문화〉와 짧은 부록인 〈해체의 실행〉으로 정리하면서 〈서발턴은 말할 수 있는가?〉, 〈시르무르의 라니〉, 〈세 여성의 텍스트와 제국주의 비판〉과 같은 유명한 논문들을 재구성한다. 이는 그 논문들이 식민-담론 연구와 포스트식민 연구에 핵심적으로 개입되는 것에 덧붙여, 포스트식민성의 사유로부터 획득한 윤리와 읽기에 관한 식견을 발전시키면서 보다 너른 비판적 관용어idiom에 보태기 위해서다. (《포스트식민 이성 비판》을 공동으로 헌정한) 폴 드 만이 아이러니, 알레고리, 파라바시스parabasis*에 대해 후기에 쓴 글들과의 강고하고 때로는 수수께끼 같은 대화는 그 책이 주는 놀라움 중 하나이다. 여기에서 스피박은 분열시키며disruptive 말하기와 다르게-읽기reading-otherwise에 관해서 전개

* 원래 고대 연극에서 드라마적인 가상을 깨뜨리면서 코러스가 직접적으로 신들에게 탄원하거나 관객들에게 이야기하는 것을 말한다. 문장 속에서는 균일한 흐름을 깨는 돌발적 언술이나 성찰적 표현 등을 지칭한다. 이런 파라바시스는 풍자나 비판의 기능을 한다.

한다. 드러나는 것은 읽기의 윤리, 독자 만들기의 윤리와 그로부터 작가와 독자가 담론적이고 사회적 · 지정학적인 내재성situatedness을 공모로서 인정하고 협상하는 방식이다. 그것은 단순한 대립성oppositionality을 회피한다.[14] 어떤 위치도 한쪽에는 '적합'하지 않으며, 모든 위치가 다른 쪽에 의해 전유될 수 있다. 토착정보원은 그 추적 속에 전지구적 자본의 포스트식민적 행위자-도구로 전환된 식민지 주체를 남겨둔다(cf. CPR 223 n42). 이것은 《포스트식민 이성 비판》에 의해 그려진 공모하는 동인의 긴 여정이며, 이를 통해 그 책은 선언된 내포 독자에게 반복해서 조언을 한다. 이 책의 다소 부족한 명시적 특징들은 흥미 이상을 유발한다.

《포스트식민 이성 비판》은 임마누엘 칸트의 《판단력 비판》(1790)과 토착정보원에 의한 그것의 폐제foreclosure를 좇으며 시작한다. 문학평론가들은 칸트의 세 번째 비판을 아름다운 것과 숭고한 것에 대한 설명으로 읽는다. 그러나 스피박의 신중한 읽기를 통해 미학적인 것은 칸트의 두 번째 비판의 주제인 윤리적인 것과 강력하게 연결된다. 스피박이 보여주듯이, 미학적인 것과 윤리적인 것은 모두 인간에 대한 사유인 '인류학'과 이어진다. 이것은 칸트의 철학적 담론에 역사성(혹은 지시성referentiality)을 부여한다. 이 역사성은 해당 담론이 진실에 대한 지속적 혹은 선험적인 담론이 되기 위해 완전히 가려져야 한다. 이러한 폐제의 의미는 윤리적이며, 그것이 전이와 역전이의 역동성 안에서 윤리적인 것을 열어젖힐 때 정신분석학이 우리로 하여금 생각하게 해주는 방식에는 정동적인 꼬리표가 붙는다(CPR 107, 207). 정신분석학적 어휘로 돌아서면서 《포스트식민 이성 비판》은 "새로운 문화연구를 위해 어휘를 두루 살펴보는 독자를 때때로 그려본다"(CPR x). 스피박은 프로이트와 라캉이 설정한 폐제를, 생각하는 자아와 그 생각을 따라 그에 결부된 정동에 의한 부인Verwerfung으로 파악한다. 따라서 칸트를 통해서, 그리고 또 다른, "유럽의 윤리-정치적 자기재현에 관한 원본 텍스트들"(CPR 9)을 통해서 토착정보원의 그 (불)가능한 관점을 상상하는 것은, 지식의 부족이나 한계로 인한 재현의 실패뿐만 아니라 윤리적인 것을 특징으로 하는 부인에 응답하는 것이다.

폐제라는 정신분석학적 개념-은유를 사용하는 주요 이유는 인류애에 접근하지 않기 위함인데, 이로써 인정받지 못한 관계의 실패를 표명한다. "나는 '토착정보원'이라는 이름을 대문자 인간(보편 인간)의 이름으로as the name of Man, 즉 인간 존재의 서막을 열어주는 정동을 실어 나르는 이름으로 암호화하는 현상을 기입할 것이다. […] 나는 '토착정보원'이 대문자 인간이라는 이름으로부터의 축출을 가리키는 표식이라고, 윤리적 관계의 불가능성을 선을 그어 지워버리는 표식이라고 생각한다"(CPR 5-6). 이러한 문장들은 스피박이 《포스트식민 이성 비판》의 다른 문장들에서 자주 보이는 것과 같이, 수수께끼 같다. 우리가 이를 한번 해독해보자. 토착정보원이 되는 것은 어느 정도는 말을 하는 것이다. 스피박의 설명에 따르면, 민족지학ethnography에서 토착정보원의 역할은 정보를 제공하고, 지식의 원천 및/또는and/or 대상으로서 행동하는 것이다. 이것이 토착 정보원의 기능이라면, 윤리적 관계는 불가능하다. 왜냐하면 엄격히 말해 조사관은 그 정보원에 대한 책임이 없기 때문이다. 또한 그것은 유전 물질이나 전유의 또 다른 하위개체적subindividual 형태를 타진하는 텔레매틱스telematic가 될지도 모른다. 그러나 조사관에게 책임이 있다는 계략이 자행되고 있다. 이러한 의미에서 민족지학적 명칭인 '토착정보원'은 관계의 불가능성을 선을 그어 지워버리지만 취소하지는 않는다. 스피박은 단어에 X 표시를 해서 불안정성을 드러내는 'sous rature'라는 특정 개념어에 대한 자크 데리다의 실천을 언급한다. 그것은 그녀가 《그라마톨로지》에서 '말소 표기 아래에서만under erasure'로 번역한 것이다. "이것은 하나의 단어를 쓰고, 그것을 선을 그어 지운 다음에 단어와 삭제를 모두 찍어내는 것이다. (그 단어는 부정확하기 때문에, 선을 그어 지운다. 그것은 필요하기 때문에, 읽을 수 있게 남겨둔다)"(Spivak, 'Translator's Preface' xiv). 《포스트식민 이성 비판》에서 제안되거나 수행된 읽기의 방식은 소거 아래에서 책임의 불가능성을 보존하고자 애쓴다.

스피박은 자신이 드러내는 폐제에 대한 대안으로서 "서사와 대항서사뿐만 아니라 (불)가능한 (또 하나의) 서사를 만드는 일에 대한 전념"(CPR 6)을 제안한다. 우리는 이러한 활자의 매트릭스typographic matrix를 어떻게 설명할까? 그렇게 하기 위해서, 우리는 잠시 《판단력 비판》의 토착정보원 배치에 대한 스피박의 밀도 높고 난해한 읽기로 들어가야만 한다. 여기에서

"그〔토착정보원〕는 합리적 의지에 자유를 허용해주는 반성적 판단의 자율성을 출범시키기 위해 한정적인 것의 타율성을 나타내는 예로서 요구된다"(CPR 6). 《판단력 비판》의 첫 부분인 〈숭고의 분석론〉에서 어떤 '날 것의 인간'이라는 공포의 대상은 합리적 주체성의 선구자를 메탈렙시스*적으로 대신한다. 이 '날 것의 인간'은 아직 명명되지 않았다. 《판단력 비판》의 두 번째 부분인 〈목적론적 판단력 비판〉에서 칸트는 그에게 이름을 부여한다. 거기에서 뉴홀랜드인Neuholländer(혹은 호주 선주민)과 티에라델푸에고인Feuerländer은 '대문자 인간Man'이라는 개념처럼 초감각적인 것에 대한 참조점을 만들지 않고서는 '인간이 존재해야만 하는 이유'를 어떻게 쉽게 결정할 수 없는지를 보여준다. 칸트가 괄호 안에 썼듯이, 이것은 "만약 우리가 우연히 뉴홀랜드인들이나 티에라델푸에고인들에게 우리 생각을 내비친다고 해도 그리 쉽게 대답할 수 없는 문제"(CPR 26에서 재인용)다. 스피박에 따르면, 칸트의 티에라델푸에고인은 "주체가 아닐 뿐더러, 사물의 한 예로서 주체를 만들지도 못하며, 주체라는 유類를 자연의 생산물로서 만들지도 못한다"(CPR 26). 자신의 칸트 읽기를 "착오mistaken"(CPR 9)라고 말하는 스피박은 최소한의 실증적 기반에 따라 뉴홀랜드인이나 티에라델푸에고인의 관점을 형상화하면서 의도적으로 철학과의 대화를 단절한다.[15] 이

* 이미 그 자체로 환유어인 말을 환유법적으로 대체하는 수사법.

를 위해 칸트의 '날 것의 인간'은 "중요하지 않은 수사법적 세부 사항"(CPR 26)이 될지도 모른다. 대답을 실제로 요청받지 않았지만 수사법적 질문에 응하는 것으로서 요청에 답한다는 사실 때문에 이러한 관점은 (불)가능하다. '불'에 괄호 치는 것은 그 관점을 무효화하려는 계략에 따르지 않고서 불가능성을 소거 아래 둔다.[16]

칸트의 텍스트에서는 토착정보원과 그의 관점이 관념적이고 정동적인, 따라서 윤리-정치적인 폐제를 통해 인간 규범으로서의 유럽인을 확정해주는 것 외에 다른 무언가로서 도래하지 않도록 경계하며 소환되는 것 같다. 토착정보원은 "인간-되기에 대한 제한적 접근"(CPR 30)을 즐긴다. 스피박은 '토착정보원'이라는 이름을 '대문자 인간의 이름'을 암호화하는 것으로 확신한다. 그리고 그것은 "역사적 서사가 식민으로부터 전지구성을 향한 포스트식민으로 이동하면서 [...] 우리가 우리 고유명사의 명예를 주장할 수 없도록 우리 안에 거주하는 것"(CPR 111)을 지속한다. 이처럼 현재에 자신을 연루시키는 역사와 함께 독자의 이중 과제는 서사적 관점으로서 토착정보원의 관점이 지닌 가능성을 자신에게 즉시 결부시키고(CPR 9), 그 가능성을 그저 무효화하려는 계략에 저항함으로써 그 폐제를 극화하는dramatize 것이다. 이를 그 발상지로 가져오자. 일례로, 다문화주의에 내재한 정체성주의는 원주민 보호주의에 가까울 때 전지구적 자본주의 내에서 누군가의 구조적 위치를 부인하는 일종의 자기기만이 된다. 내가 주장했듯이, 누군가의 위치는 그의 민족적 기원, 인종, 혹은 '정체성'의 다른 표식에 의해서 반드시 제한되는 것은 아니다. 여기에서 그 부정적인 '불-'을 괄호로 묶어내며 독자의 이중 과제가 활자 상으로 부여된다. 스피박은《포스트식민 이성 비판》의 다른 곳에서도 여타의 수사법적 전략을 적용한다.

스피박의 칸트 읽기와 뒤이은 헤겔 읽기에서, 타이포그래픽typographics은 프로소포포에이아prosopopoeia, 즉 '가상이거나 부재한 인물이 말하기나 행동하기를 통해 재현되는 수사법적 형상'에 양보된다. 스피박은 실증적인empirical 것과 철학적인 것의 미진한 부분들을 엮어서 텍스트를 짜내면서, 칸트와 헤겔의 시점에서 승인되지 않은 폐제의 흔적으로부터 뉴홀랜드인과 티에라델푸에고인을 '말하는 주체[들]'로 상상한다. 그들을 서사의 시점으로 작동시키기 위해서 조건법적 서술counterfactual* 의 '만약'이 필시 연관되는 프로소포포에이아라는 수사법은 정동적인 방식으로 접어들기 위해서, 따라서 윤리적 관계의 가능성을 열어젖히기 위해서 최소한으로 필요한 전략이다.

> 그러나 칸트의 세계에서 뉴홀랜드인 […] 이나 티에라델푸에고인이 말하는 능력을 부여받았더라면 (그래서 말하는 주체가 되었더라면) 어땠을까. 그는 이성이 대리보충할 이율배반의 예시가, 이러한 순진하지만 피할 수 없고 실로 중요한 예시가 인

---

* 어떤 문장의 첫 절이 사실과 정반대인 것을 서술할 경우의 표현법을 말한다.

간이 인간을 이성 외부에 두는 유별난 사유를 펼친다고 주장했을지도 모른다. 그러나 요점은 뉴홀랜드인이나 티에라델푸에고인은《판단력 비판》의 세계에서 말하거나 판단하는 주체가 될 수 없다는 점이다. (CPR 26)

스피박의《포스트식민 이성 비판》은 폐제된 관점을 형상화하려 애쓰면서 칸트의 관점을 모방한다. 논리적인 매트릭스 측면에서 윤리적인 것이 정동의 비-폐제에 의해서 꺼내졌다면, 이미 자리 잡은 폐제와 함께 정동의 복원은 오직 조건법적 서술 혹은 문학적 장치에 의해서만 형상화될 수 있다. 스피박이 뉴홀랜드인이나 티에라델푸에고인에게 서사 관점이 존재한다고 가정하면서 그들은 말하는 능력의 도래가 아니라 오히려 토착정보원의 폐제를 형상화한다고 주장하는 이유가 여기에 있다.

2장 〈문학〉에서(CPR 112-197)에서 스피박이 분석한 일부 작품(존 M. 쿳시의《포》와 데비의 〈프테로닥틸〉)에서처럼, 그러한 조건법적 서술의 유사-옹호quasi-advocacy는 타자의 예상되는 목소리를 '무언mute'으로 무대에 올려야 한다. 그 수행은 실패한 복화술임에 틀림없다. 이러한 스피박의 칸트 읽기에서의 조건법적 서술이라는 수사법으로부터 일시적 일탈이자, 그녀의 해설에서 가장 감동적인 순간이 긴 주석에서 펼쳐진다. "[칸트의] 본체적noumenal 주체 구축은 호주 선주민에 대한 거부[Verwerfung]에 일반적으로 의존하고 있다. 독일에서 그 두 지역 사람들을 지칭하는 말은 Neuholländer와 Feuerländer이다. […] 나는 이 둘을 실제 이름으로 받아들여 그들에 관해 읽기 시작했다. [⋯] 한 가지 사소한 점이 호주 선주민에 대한 칸트의 무시가 거짓임을 드러낼 수 있다. [⋯] 그 이름[티에라델푸에고인]은 사람이라는 뜻의 카웨스카Kaweskar였다"(CPR 26n-29n). '인간이라는 이름'에 대한 주장으로 대략 읽을 수 있는, 한 명의 작가가 다른 작가를 인용하며 취한 이러한 자기명명의 흔적, 즉 독자에 의해서 재구축될 서사 관점을 만드는 기호는 이 책의 한계와 또 다른 책의 발단을 시사한다. "나는 칸트의 경멸이라는 가마솥에서 끓어오르는 그런 다른 책을 쓸 수 없다"(CPR 28n). 그러면 누구나 그런 책을 쓸 수 있을까? 그 주석은 언어적인 능력과 규율적이고 제도적인 장애물을 언급하지만, 다른 정식화들이 '다른 그런 책'을 완전히 막아버리는 것처럼 보인다. 이에 대한 이유들이 《포스트식민 이성 비판》 그리고 마르크스주의나 "세계화된 지역적 전통"(CPR 70)처럼 윤리와 읽기에서의 비판적 관용어에 대한 그 책의 주요한 기여에 활기를 불어넣는 읽기 실천의 중심부로 우리를 데려간다.

스피박의 직감에 따르면, 독자가 칸트와 기타 철학자들에 대응하면서 유사-옹호적으로 토착정보원의 위치를 차지하기 때문에 그녀는 토착정보원을 독자로 형상화할 수밖에 없다. 그러나 이러한 지향은 '착오'다. "이런 유형의 읽기를 위한 올바른 학술적 모델이란 있을 수 없다. 엄밀히 말해, 이런 읽기가 '착오'인 것은 인류학에서 말하는 '토착정보원'의 자리를 하나의 읽기 위치로 변형시키고자 하기 때문이다. 그 자리는 정의상 오로지

한정적인definitive 서술들의 생산을 위해서만 읽힐 수 있을 뿐이다"(CPR 49). 다시 말해, 폐제의 필수적이지만 균열된 전도 속에서 독자가 투사적으로 정동을 꺼낼 수 있지만 그 폐제된 관점을 복원할 수는 없다. 이것은 헤겔의 '《기타śrīmad bhagavad gītā》 읽기'를 읽으면서 "《기타》와 '동시대에 있는 내포 독자'"는 (비록 헤겔과 동시대의 힌두 독자가 아닐지라도) 텍스트의 말을 거는 구조로부터 재구성될 수 있다고 이야기하는 것과 다르다. "이런 독자 혹은 청자는 권고적인hortatory 고대 서사의 구조를, 그것을 장려하는 수용자로서 실행에 옮긴다. 그 방법은 역사적이거나 심리적이기보다는 오히려 구조적이다"(CPR 49-50). 각자 어떻게 독자를 위치시키는지에 관한 헤겔의 주장과 《기타》의 구조 사이에 "전략적 공모들"(CPR 46)이 존재할 때, 칸트의 텍스트는 결코 토착정보원에게 말을 걸지 않거나 토착정보원이 자신에 말을 걸도록 하지 않는다. 칸트의 텍스트는 정동적이거나 윤리적인 관계의 가능성을 열어젖히기 위한 무언가를 하지 않는다. 토착정보원을 독자로서 상상하기란 최소한 칸트의 경우에는 '착오'이며, 독자가 배울 수 있는 것은 그의 폐제의 움직임들을 흉내 내는 것뿐이다. 그러나 스피박이 말하듯, 헤겔을 비롯해 《기타》의 내포 독자의 경우에는 "적극적인 가로막기와 재배치에 관심을 갖고서 그러한 '동시대 독자'를 생산할 수 있도록 (전문가 훈련과 반드시 같을 필요는 없는) 언어와 역사에 관한 숙제를 충분히 하고자 애써왔던 비평가나 교사를 필요로 한다"(CPR 50). 이는 다음과 같은 질문에 경험을 기반으로 대답하는 것과 다르다. 그는 누구에게 쓰고 있는가? 청중은 누구인가? 스피박의 학제간 연구는 읽기의 사회학이 아니다.

만약 '역사'가 '능동적인 가로막기와 재배치'를 도울 수 있다면, 어떤 역사든지 그 자체의 개방 및 폐제와 더불어 텍스트의 말걸기-구조에 대한 분석에 대답할 수 있어야만 한다는 사실은 "방법은 구조적이다"라는 스피박의 단서를 통해 명확해진다. 그밖에 무엇이든 희망적인 사유를 이끌어낼 수 있다. 스피박은 "정보-검색"(CPR 114, 168-171)이라는 진부하고 잠재적으로 해로운 경험주의에, '침묵된 자'를 대신해 문제 될 게 없는 옹호에 대안을 제시한다. 그녀의 방법은 그러한 동시대적 경향에 대한 비판의 수정으로 즉각 작용하고, 우리가 그 경향을 독창적인 비판적 충동의 일차원적 절합들로 볼 수 있도록 해준다. 그녀는 그 충동을 위한 오늘날의 가장 심오한 통역사들 중 하나로 등장한다. 읽는다는 것은 독자를 형상화하는 것이다. 즉 그것은 누군가의 자아 밖으로 나오는 것, 아마도 '동시대 독자'를 알아보는 것, 알아볼 수 없는 '잃어버린' 관점을 자주 형상화하는 것이다(CPR 65). 쓰기와 읽기에서, 포스트식민성에 관한 텍스트와 그것의 철학적 선구자들을 연루시키면서 꼼꼼하게 유도된 읽기에 대한 이러한 고려는 상상적 투사의 과정이라는 읽기의 오래된 개념과 더불어 비전유적dispropriative '발명'이라는 과정에 참여하는 보다 최근의 관용어까지 윤리적인 것의 예시화로서 추가된다.[17]

알레고리, 아이러니, 윤리

스피박은 칸트에 관한 부분을 마무리하면서 독자로서 토착정보원의 관점을 문학 이론에서 빌려온 용어들, 그중에서도 특히 파라바시스, 아이러니, 알레고리와 결부한다.[18] "토착정보원의 불가능한 시선에 의해 작동되는 파라바시스를 허용하는 주인 담론master discourse*을 몇 쪽 읽다보면 어슴푸레한 대항장면이 드러난다"(CPR 37). 스피박은 또 다른 길고 놀라운 주석에서 "알레고리에 대한 드 만의 해체주의적 정의를 추천한다. 그 정의는 '다르게-말하기speaking otherwise'의 행동주의activism를 고려하는 '아이러니'로 넘쳐흐르기 때문이다. 그리고 지금의 요점은 끈질긴 개입으로 거리를 변화시키는 것이다. 그 개입에는 책임 있는 최소한의 정체성주의identitarianism에 의해 추정되는, 위치시킬 수 없는 타자성에 위치하고 있는 다르게-말하기allegorein**의 동인이 다르게otherwise라는 타자 속에 자리하고 있는 것으로 보이기 때문이다"(CPR 156n, cf. 430). 이러한 언급들은 폴 드 만의 《독서의 알레고리Allegories of Reading: Figural Language in Rousseau, Nietzsche, Rilke, and Proust》(1979)에 나오는 가장 어려

* 신, 군주, 왕 등 절대 권력을 가진 자가 주체가 되어 서사를 지배하는 담론. 이들은 주인으로서 서민에게 명령을 내려 자신들에게 유리한 국가나 체제를 유지하기 위한 실재적인 생산물을 만들어낸다.

** 알레고리는 '다르게-말하기'라는 의미의 그리스어 'allegorein'에서 유래했다.

운 일부 구절들로 우리를 이끈다.

드 만은 《독서의 알레고리》의 마지막 장 끝부분에서 장자크 루소의 《고백록》에 대한 읽기의 결론을 맺으면서 파라바시스와 아이러니에 관한 알레고리를 재구성하기 위해서 슐레겔을 인용한다. "형상적 연쇄의 장애는 […] 알레고리(혹은 형상)의 영구적 파라바시스, 즉 아이러니가 된다. 아이러니는 더 이상 어떤 비유가 아니고, 모든 비유적 인식에 대한 해체적 알레고리의 허물기, 다시 말해, 이해의 체계적 허물기이다. 그러한 것으로서 아이러니는 비유적 체계의 완결과는 전혀 무관하게, 오히려 비유적 착란의 반복을 강화한다"(*Allegories* 300-301). 파라바시스, 문자 그대로 곁으로 새기stepping-aside는 그리스 연극에서 코러스의 개입, 슐레겔의 동시대 연극에서 작가의 개입을 의미한다. 따라서 '역할에서 벗어나는 것aus der Rolle fallen'으로 주석을 달 수 있는 파라바시스는 (어떤 의미에서) 수행 중인 형상의 중단, 가정된 역할의 중단이다. 다시 말해, 하나의 목소리나 읽는 위치가 토착정보원의 속성이라고 할 때 파라바시스는 균열된 프로소포포에이아가 곁으로 새면서 행하는 것이다. 드 만의 정식화 중 하나로서 알레고리는 인지적인 수사법과 수행적인 수사법 사이의 연속성을 중단시키는 것이다. 루소의 《고백록》에서 고백은 고백하는 이의 행위들을 폭로하면서 (인지적인) 진실을 생산하지만, 이러한 인지적 진실이 (수행적인) 변명으로 작용할 때 고백은 고백 그 자체로서의 근간을 해치게 된다(*Allegories* 280). 알레고리, 아이러니, 파라바시스에 대한 드 만의 여러 언급은

'윤리성ethicity'이라는 신조어와 이에 대한 설명과 연결될 수 있다. 여기에서 수사적 양식들의 분열은 두 가치 체계의 분열로 나타난다.[19]

진실과 거짓, 선과 악의 체계 사이에서 변명으로 드러난 고백에서의 분열은 드 만을 도덕적 담론의 수사적 재기술로 이끄는 분열의 예시가 된다. 수사적 측면에서 그 분열은 그것의 영향력 면에서 참조할 수 있는 정언명령을 유발한다.

> 알레고리는 늘 윤리적이다. 여기에서 '윤리적'이라는 말은 변별되는 두 가치 체계 사이의 구조적 간섭을 지칭한다. […] 그 윤리적 범주는 주관적인 것이 아니라 언어적이며, 그런 한에서만 정언명령이다(즉, 그것은 가치라기보다는 범주이다). […] 윤리적인 어조로의 이행은 선험적 정언명령에서 비롯되는 것이 아니다. 그것은 언어적 혼돈을 지시하는(그러므로 신뢰할 수 없는) 양상이다. 윤리(혹은, 윤리성이라고 말해야 할 것이다)는 여타의 담론적 양상들 가운데 하나다. (*Allegories* 206)

스피박은 그 참조적 순간을 정언명령에 대한 응답으로 취한다. 그녀의 칸트 읽기는 푸에고인을 상상함으로써 드 만이 《판단력 비판》에 대한 쉴러의 독해에서 진단한 실증적이거나 '이데올로기적'인 위반을 수행한다(*Allegories* 16). 이로써 스피박은 윤리성이 제공하는 개방을 드 만으로부터 취하며, 그 윤리성은 《독서의 알레고리》의 결말에서 알레고리, 아이러니, 파라바시스라는 어휘로 성립된다. '알레고리'라는 단어는 allos(다른 것)와 agoreuein(공공연하게 말하기)를 더한 allegorein이라는 그리스어에서 유래한다. '다르게-말하기'는 스피박의 활동가적 표현이다. 토착정보원의 (불)가능한 관점으로서 투사된, 철학적 예시가 나타내는 것(이것은 엄격히 말해 그 형상을 '입증할 수 없기' 때문에 굳이 실증적인 것일 필요는 없다)의 이름으로, 다르게-말하기, 혹은 읽기는 칸트에서부터 계속해서 토착정보원의 기입을 중단시키기 위해 필요한 파라바시스를 수행하는 것이다.[20] 인류애의 관념적이고 정동적인 폐제를 노출하면서 (인지적이고 인식론적인) 정보 과학을 중단시키며, 독자는 정언명령에 앞서 그 동인을 환기시킴으로써 윤리를 위한 기폭제를 제공하는 '윤리성'을 조명한다. 이러한 정언명령은 타자성으로 독자에게 활기를 불어넣으며 그 밖의 다른 곳으로부터, 어떤 타자로부터 온다. 이것은 알레고리가 새로운 이민자New Immigrant로서의 NI를 위해 생산되고 무대에 올리는 방식이다. 스피박이 바라는 대로, 그 새로운 이민자의 문학 독자로서의 활동은 초국가적 리터러시에 의해 알려질 것이다.

문학과 재현

가장 전통적인 측면에서 봤을 때, 서사 소설과 서정시 작품들은 독자를 상상적 투사와 동일시의 과정에 연루시키는 것으로 이해된다. 이러한 과정에 대한 집중은 문학 교육과 그것의 윤리적 함의에 관해 《포스트식민 이성 비판》이 강조하는 바의 기저를 이룬다. 자기 자신의 어법으로 확립된 비평가로서 스피박의 직감은 미와 선 사이, 시에 의해 펼쳐진 상상력과 윤리적 실천 사이의 관계를 정식화하는 비평에 오랫동안 활기를 불어넣어왔던 자극과 공명한다. 퍼시 셸리Percy Shelley를 인용하자면, "위대할 정도로 선한 인간은 집중적이고 포괄적으로 상상해야만 한다. 그래서 그는 스스로를 다른 사람과 그 밖의 많은 타인의 입장이 되어봐야 한다. 도덕적인 선의 위대한 도구는 상상력이다. 그리고 시는 그 원인에 맞춰 작동하면서 그 결과에 공헌한다"('A Defence of Poetry' 488).

만약 퍼시 셸리의 어법과 관심을 따른다면(스피박은 그녀에 대해 간략히 언급했다[CPR 355n]), 영구적인 파라바시스, 즉 아이러니의 언어로 부호화된 알레고리에 대한 드 만적인 주제로의 전환은 스피박과 그녀의 독자들에게, 가치에 대한 두 체계나 부호, 즉 미와 선의 개입에 이를 무언가를 이해하기 위한 일련의 개념들을 제시한다. 이 경우 그 개입은 토착정보원의 관점에 따라 '의미의 주요 체계'의 아이러니한 중단에 의해 작동될 것이다. 자신을 상상적으로 다른 사람의 입장에 위치시키는 것이 윤리에 필수적이라면, 이는 독자에게도 불가피하다. 독서에서 윤리적인 것을 위한 틈이 있다면, 윤리적인 것이 독서를 통해 열어야 할 틈이 있다면, 바로 이것이다. 개입에 대한 스피박의 요점은 그녀가 토착정보원이라고 부르는 형상의 경우처럼, 독자에게 (불)가능한 위치를 경험하도록 가르치고, 그렇게 함으로써 그 (불)가능한 위치를 경험하도록 만드는 텍스트들과 체계적인 지정학적 텍스트성을 작동시키는 공모를 인정하는 것이다. 선량함-부호화goodness-coding는 아름다움-부호화beauty-coding를 방해한다(cf. CPR 146).

비판적 독자는 비켜서서 괄호 속의 '불im'을 소개하거나 다소 조용한 프로소포포에이아를 형상화하면서, 그래야만 하기에 이러한 불가능성의 아포리아를 통과해간다. 스피박이 문학을 가르치는 이러한 프로젝트에 착수한 것은 2장 <문학>에서 다루는 브론테, 라이스, 메리 셸리, 쿳시에 대한 그녀의 읽기를 반복해서 언급하지 않아도 될 만큼 잘 알려져 있다.[21] 3장에서 구체적으로 논의할 <서발턴은 말할 수 있는가?>에 대한 재구성을 기대하면서도, 나는 문학적 형상화의 인식론적 차원이 아니라 오히려 윤리적인 차원을 보다 진지하게 강조하는 것처럼 보이는 방식에 (비록 그런 적이 전혀 없었던 것은 아니지만) 주목할 것이다. 이것은 마하스웨타 데비의 소설 <익룡Pterodactyl> 관련 텍스트에 추가된 문단들에서 목격할 수 있다. 그 소설에서 옹호적인 저널리스트advocacy-journalist가 이야깃거리를 찾다가, 생명체의 죽음을 애도하는 일을 하는 인도 '부족민들'과 함께 하게 된다. 거기에는 좌절된 프로소포포에이아의 수사법이 윤리적으로뿐만 아니라 정동적으로 구성된다. "이 텍스트에서 토착종들은 박물관에 보존되어 있지 않다. […] [익룡에 대한] 이 애도는 인류학적인 것이 아니라 윤리-정치적이다"(CPR 145). 드 만의 방식으로 대체된 셸리의 방식으로 여기에 주석을 달자면, 보다 최근

분석에 따라 선량함-부호화의 정동적 플롯 구성plotting에 대한 스피박의 관심은 적어도 아름다움-부호화를 방해하는 진실-부호화만큼이나 두드러진다. 다시 말해, 살아있는 화석의 전시가 아무리 관객에게 매혹적일지라도(그리고 정말로 그것은 숭고할지도 모른다), 책임은 살아있는 것들과의 관계에서 자신의 위치를 찬찬히 살피는 것을 수반한다.

이 같은 강조점의 전환은 3장 〈역사〉에서 두드러지게 발생한다. 여기에 포함된 〈시르무르의 라니〉는 또 다른 애도 과정에 참여하면서 전이되어 버린, "[라니의] 갸날픈 유령에 홀린 기도(하는 자)"로 시작한다. 그리고 "자신도 모르는 길을 무언극으로 표현하기"는 "타자에 대한 책임을 무언극으로 표현하기가 된다"(CPR 207, 241). 인식론적인 것의 윤리-정동적 대리보충을 지적하면서 〈시르무르의 라니〉에 추가된 부분들은 우리를 〈서발턴은 말할 수 있는가?〉의 대안적 읽기로 이끈다. 〈서발턴은 말할 수 있는가?〉에서 우리는 '재현'의 의미론에서 진실과 선량함이라는 부호의 방해를 받는다. 혹은 마르크스의 《루이 보나파르트의 브뤼메르 18일》의 독일어를 인식론적인 것, (표상하기Darstellen로서의) 미학적인 것, (대변하기Vertreten로서의) 윤리-정치적인 것으로 보다 구체화해서 해체한다(CPR 256ff, 260, 263). 묘사는 '대신 말하는' 자기-위임에 이를 수 있다(Arnott, 'French Feminism' 83). 이러한 감각들을 분리하는 것, 그것들의 흥미로운 융합을 노출하는 것은, 마르크스가 익살극으로 반복된 비극에 관한 글을 썼을 때 했던 것처럼 아이러니한 파라바시스를 작동시키는 것이다. 《포스트식민 이성 비판》은 이와 관련된 연극들을 소개하고, 반식민주의 활동가인 부바네스와리 바두리의, 그리고 그녀의 자살 후에는 같은 사회 계급에 속한 여성들에 의한, '말하지않기unspeaking'로 가는 길의 '탈선digression'으로서 <서발턴은 말할 수 있는가?>의 나머지 부분이 다루는 (푸코와 데리다, 서발턴 연구, 사티에 관한) 개입 문제를 덧붙인다. 이 논문 초기 버전[22]의 코다에서 이러한 말하지않기는 이제 남반구의 (중산층) 여성들에게 있어 하나의 전조가 되고 있다. 그들은 포스트식민 이민자들과 마찬가지로 초국가적인 자본의 동인-도구이자(CPR 310, cf. 200-201), 페미니즘적 도움을 요청하면서(CPR 252, 255f, 259, 269, 277, 282, 287, 361, 370n), 남반구의 가장 가난한 여성들을 자본주의적 세계화 속으로 징집하기 위해서 신용-미끼를 이용하는 신식민지 체제에서 매니저가 된다(CPR 6, 220n, 223n42, 237, 234n70). 이것은 그 책이 토착정보원의 여정을 따르는 방식이자, 내포 독자 그리고 '읽기의 새로운 정치학'을 통해 "모델로서의 독자로 새롭게 태어난 여성"(CPR 98-98n137)이 공모의 입장에서 그 여정을 통해 연결되는 방식이기도 하다.

《포스트식민 이성 비판》이 기업에 고용되어 일하는 부바네스와리 바두리의 조카손녀를 그 연결에 덧붙일 때, <서발턴은 말할 수 있는가?>는 그녀의 말하지 않기에 대해 쓴 현재의 역사에 재위치된다. 그럼에도 그 '탈선'은 이 책을 구성하는 토착정보원의 여정 밑에 숨겨진, 읽기에 관한 보다 깊은 흐름을 파악하는데 있어 필요하다. 스피박이 관찰한 대로, 부바네스와리 바두리가 "되찾아야만 하는 인물"(CPR 246)이고, 생존자들이 그녀의 자살이 의미하는 바를 풀어interpret낼지라도, 우리는 인식론적 부호화 혹은 윤리-정치적 부호화 하나로만 고립시켜 다루고 있는 것이 아니라, 이를 포함한 다른 여러 부호의 영구적인 방해를 부바네스와리가 자신의 육체에 남긴 글쓰기에서 다루고 있다. 다른 이들이 여러 부호화의 분열적 소음을 무시하면서 알아내야한다고 주장할 때, 그 독자는 모르거나 혹은 알아야 하지만, 오히려 한쪽으로 비켜서 있다.

한편 우리는 언제나 스피박이 우리를 그러도록 초대했듯이(CPR 247) 〈서발턴은 말할 수 있는가?〉를 고전적 양식의 아이러니로, 즉 가장된 무지를 통한 소크라테스적 질문인 에이로네이아eironeia로 읽을 수 있다. 이는 말하기 위한 법law to speak을 야기한다.[23] 그런데 그 글은 불가피하게도, 서발턴은 당연히 말할 수 있다고 단정하면서도 바로 뒤이어 폐제의 생생한 행위들로 앞선 언급과의 모순을 보여준다(CPR 309; OTM 60-61 참조). 다른 한편 소크라테스적인 아이러니는 그 자체로 (불)가능한 관점의 수행을 통해 정보 과학의 스크립트를 방해하며 '영구적인 파라바시스'라는 드 만적 어휘로 사유될 수 있다. 그리고 그 (불)가능한 관점은 관점의 폐제를 무언극으로 표현한다. 만약 이러한 방해가 정언명령을 생산한다면, 스피박의 대응하는 명령은 가치 체계를 찾아서 거기에 몰두하는 것, 즉 거기에 개입하는 것으로 나타난다.

따라서 그러한 읽기의 윤리나 정치는 스피박이 다른 논문에서 마르크스와 들뢰즈/가타리에 대한 읽기를 통해 가치의 부호화, 재부호화, 초부호화transcoding로 언급한 것, 즉 그녀의 유능한 해석자들을 계속해서 혼란스럽게 하는 화두에 대한 또 다른 주석이 될지도 모른다.[24] 성별화에 함의된 경제적·문화적·정동적 부호들에 연루되어(CPR 103ff, cf. OTM 281-282) 드 만에 의해 탐구되지 않은 영역에 들어가면서, 그곳은 마르크스가 정체성이 아닌 동인으로 스스로를 사유하라고 가르친 공장 노동자와의 유추(OTM 61ff 참조)를 통해 내포 독자-동인이 공모를 인정하고 협상할 수 있는 곳이다. 상세하게 논의하지는 않았더라도, 《포스트식민 이성 비판》은 읽기에 관한 직감 및 윤리적인 것에서 독자가 그러한 연결고리들을 발견하도록 도와주는 단서들을 구체적인 제안의 형태로 제공한다. 우선 4장 〈문화〉에서 "특정 정체성에 영원히 사로잡혀 있기 보다는, 타자성을 상기시키는 토착정보원의 (불)가능한 관점에 몰두한다면, 물론 임의적일 수밖에 없지만, 문학적 가치평가의 상이한 준거가 출현할 수 있다"(CPR 351-352)라는 제안이 있다. 다른 제안으로는, 3장 〈역사〉에서 제시한 '여성'을 합리화하기 위한 국제 연합United Nations의 노력에 대한 대응으로, "생산 서사의 양식 외부에 있는 여성들"을 다음과 같이 파악하는 것이다. "우리는 그들을 인류학적 묘사의 보편적인 예시로 설명할 때 인식론적으로 파열된 초부호화의 대가를 치른다. 그들은 문학적인 것의 양식을 통해 우리에게 도래할 체계를 넘어서야만 한다"(CPR 245, 245n73). 포스트식민성은 그 동인을 문학적인 것의 독자로 훈련시키도록 촉구한다. 문학적인 것은 불가피하게 참조 기능을 수행하면서도, 잇따른 다른 곳을 환기시키고 들먹이는 방식에 있어 "단수적singular이고 입증할 수 없는unverifiable"(CPR 175) 무엇이다. 그리고 그것은 재현의 미학-인식론적이고 윤리-정치적인 부호화들 사이에서 끊임없는 방해를 수행한다. 따라서 역설은 《포스트식민 이성 비판》의 독자를 위해 등장하는 것처럼 보인다. 이 책을 읽기 위해서 독자는 선언된 내포 독자로 자신을 할당해주는 읽기의 위치로부터 비켜서야만 한다. 또 하나의 정체성으로 굳어지는 것을 무릅쓸 때 자신의 체계적인 위치를 넘어서야만 한다. 그리고 부정되어 왔던 것을 차지하기라는 (불)가능한 과제, 즉 다른 인생-스크립트에 관해 쓰기를 자신이 있는 점거할 수 없는 곳에서 떠맡아야 한다. 그 스크립트는 자신의 자서전과 동일할 필요가 없다. 내가 읽은 바에 따르면, 《포스트식민 이성 비판》에서 이월되는 보다 큰 프로젝트는 진행 중으로, 독자들의 손에 맡겨져 있다.

이러한 고군분투는 스피박의 최근 작업에서도 계속되었다. 그것은 초국가적 리터러시와 읽기의 윤리를 새로운 방식, 즉 북반구의 문학 이론과 남반구 시골의 리터러시를 통해 연결하기 위한 노력이었다. 아마도 그것은 '정보 과학'을 위한 전유 지점으로서의 토착정보원 그리고 그/그녀와 포스트식민 이민자나 시민으로서의 토착정보원 사이의 (가시적이지만 실천을 통해 절합하는 것이 거의 불가능한) 관계성에 접근하기 시작한다.

인권을 대리보충하기: 상상력과 책임

처음부터 스피박은 자아의 변화transformation를 추구하는 비평가로서 전념해왔다. 자신의 첫 번째 책 제목으로《내가 다시 만들어야하는 나 자신》을 선택한 것은 이러한 전념의 초기 특징을 반영한다. 예이츠의 후기 시인 〈에이커의 풀밭〉에서 제목을 따오면서(*Myself* 167) 스피박의 연구는 어린 시절부터 말년에 이르기까지 시인의 상상력을 펼치는 것을 주요한 주제로 삼는다. 스피박은 예이츠가 "시를 단순한 수사적 연습이 아니라 영혼-만들기 사업으로 인식했다"라는 점을 주시하면서, "그의 위대함은 사업적인 시가 그에게 얼마나 진지했는지, 또 삶과 시가 그 안에서 어떻게 총체적으로 결합했는지에 놓여 있다"라고 결론을 짓는다(*Myself* 180, 187-188).

내가《포스트식민 이성 비판》에 관한 토론에서 지적했듯이, 스피박의 최근 글에서는 그 시인의 삶과 작품을 틀 짓기 위해 적용한 영혼-만들기soul-making와 상상적인 자아-변화self-transformation라는 주제들이 타인-지향과 관련된 것으로 나타났다. 위대한 예술가의 삶에 대해 쓰면서 스피박의 강조점은 문학 전공생인 독자의 마음과 욕망을 변화시키려는 프로젝트로 옮겨간다. 이 프로젝트에서 그 상상력은 윤리적 관계가 작동하는 장소와 타자 간의 연결고리가 된다. 그 예술가의 인생 스토리에 필수적인, 자아를 다시 만든다는 변화의 함의는 여전히 강력한 영향력을 남긴다. 그 변화는 자기-타자화를 가능하게 하기 때문에, 문학적인 것은 언제나 그렇듯 자아-변화가 발생할 수 있는 장소이다. 그 예술가의 삶에 암묵적으로 연결된 채 스피박의 윤리는 독자를 위한 파토스를 일으킨다.

스피박이 식민 주체 만들기의 일부가 되어왔던 (키츠의 이름으로 추적될 수 있고[25], 그녀가 자주 암시했던) '영혼-만들기' 프로젝트를 이해한다고 언급한 것은 중요하다.

> [문학 수업의] 최소 목표는 문학 텍스트에서 소위 내포 독자의 마음을 닮아갈 수 있도록 학생의 마음을 형성하는 것이다. 그것이 역사적으로 멀리 떨어진 문화 소설일 때조차 말이다. […] 문학은 대체로 은밀한 방식으로 당신의 동의를 구하며, 따라서 좋건 나쁘건 간에 마음의 느린 변형을 위한 훌륭한 수단이 된다. […] 문학 같은 것을 가르치는 행위의 목표는 인식론적이다. 즉, 지식의 대상들이 구축되는 방식을 변형시키는 것이다. […] 영문학을 가르침에 있어 문제점은 식민 주체의 발달과 분리되어 있지 않다. ('Burden of English' 135-140)

스피박은 이러한 유산을 인정하면서 그것이 미치는 영향을 변화시키고자 애쓴다.

그녀에 관한 많은 분석에서 나오듯이, 스피박이 2001년 '옥스퍼드 앰네스티 렉처스' 시리즈에 실린 <잘못을 바로잡기Righting Wrongs>를 쓴 동기는 포스트식민 주체, 즉 스스로를 토착정보원으로서 재현하는 엘리트 구성원이 현지의 하위계급과 분리되어 있다는 사실이다. "남반구의 인권 옹호자들과 그들이 보호하는 자들 사이에 실제적인 인식론적 불연속"('Righting Wrongs' 527, cf. 535)이 있다. 이것은 인도에서 특히 명백히 나타난다. 그곳에서는 "계급 아파르트헤이트"('Righting Wrongs' 533)가 시골의 가난한 자들로부터 현지의 엘리트들을 분리한다. 시골의 가난한 자들이 손댈 수 없는 힌두족 카스트와 모국어도 종교도 공유하고 있지 않은 아디바시스adivasis 혹은 토착 '부족민들'일 때, 그 계급들을 나누는 격차는 훨씬 더 벌어진다. 인도적 간섭이 북반구인 위로부터 시행된다고 비난받고 국가 주권의 위반에 관한 이야기가 나올 때, 이러한 계급 차원은 간과되곤 한다.

그러나 스피박에 따르면, 토착민들은 인권을 대리보충할 수 있는 책임 기반의 윤리와 접촉하고, 심지어 궁극적으로는 자본주의를 재분배로 전환시키기도 한다. "사회주의적 프로젝트는 그 자체의 내부로부터가 아니라 [자본주의에 결합이 되었던] [문화적] 공리학axiomatics을 통한 보완에 의해서 그것의 윤리적 독려를 받을 수 있다"('Righting Wrongs' 538).[26] 그녀는 인간이 '자연법'에 따라 권리를 가지기에 권리에 대한 질문을 할 수 있는 것처럼 책임에 대한 질문도 할 수 있다는 것을 안다('Righting Wrongs' 537). 이것은 특히 토착민들이 지배적인 민족지적 일반화에서 개인주의자에 반대되는 공동체주의자로 분류될 때 그러하다. 그러나 스피박은 토착적인 사회적 형성물들이 "침체되어" 왔고, "노후화되어" 있으며, "위축" 상태에 있고, "부패되어" 있다('Righting Wrongs' 538, 551, 563)고 단호하게 말한다. 그들은 역사적 진보의 주류에 결합된 적이 없다. 이것이 그들을 '서발턴'으로 만드는 것이다.

> 나는 독자들에게 인류학적인 것에서 역사-정치적인 것으로 인식을 전환해서 역사적 순간을 통해 지배적인 베틀로부터 제거해서 그 같은 니트 옷감을 찢어진 문화적 직물/구조fabric로 보도록 요구한다. 이는 서발턴이 되는 것이 의미하는 바를 알려준다. 자본과 제국을 목표telos로 상정해 온 역사를 거친 주요한 것과 강제적으로 접촉하지 않는 비적법화된delegitimized 형태가 아니고서는 이러한 문화적 대본들이 작동하도록 허용되지 않았다는 것이 지금까지의 내 관점이었다. ('Righting Wrongs' 544)[27]

스피박은 인권의 보완이 실행될 수 있도록 이러한 형성물들이 활성화되도록 해야 한다고 설명한다. "진정한 노력은 아래로부터 배우는 법을 습득하고자 인내심 있게 지속적으로 애쓰면서 의회 민주주의에 대한 부족민들의 토착적인 '민주적' 구조에 접근하며 그것들을 활성화하는 것이어야 한다. 여기에서 '활성화하기'가 키워드이다. 수세기에 걸친 억압과 무시를 겪으며 이처럼 권리를 박탈당해 온 집단들에게 촘촘한 문화적 직물은 없다"('Righting Wrongs' 548, cf. 544).[28] 이것은 그녀가 "사회 정의를 풍요롭게 할 수 있는 윤리적 충동의 안으로 봉합하기suturing in"('Righting Wrongs' 534, cf. 543)라고 부르는 것을 통해서 발생할 수 있다. 이러한 '찢어진 문화적 직물'의 수선은 궁극적으로 사람들을 민주주의의 메커니즘과 보다 의미있게 결합시켜줄지 모른다. 스피박이 묘사한 부족적 삶의 디스토피아에서는 선거 정치가 부패해 있다. "여기에서 표는 매수되어 판매될 수 있다. 그리고 일반적으로 시골 사회에서 선거 분쟁은 폭력이 합법적인 경쟁하는 스포츠처럼 다뤄진다"('Righting Wrongs' 547). 스피박의 목표는 "민주주의 훈련"을 통해 시골 유권자를 형성하는 것이다. 전지구적 남반구에서는 유권자의 다수가 시골 사람이고 어떤 진보적 변화라도 궁극적으로는 그들에게 달려 있기 때문이다. "만약 제한적인 유토피아적 이상을 실현하고 싶다면, 가장 큰 비중을 차지하는 미래 유권자, 즉 시골 빈곤층의 아이들을 위해서 리터러시와 산술능력을 넘어서는 교육에 관심을 가지고 '도래할 인문학'이라는 확장된 의미에 어울리는 장소를 찾아야 한다"('Righting Wrongs' 526).

스피박이 상상하는 봉합하기는 가르침을 통해서 발생한다. "가르침은 내 해결책이며, 그 방법은 기대치 않은 방식으로 찢어진 직물 엮기를 배우기 위한 교수법에 집중하는 것이다. 위로부터 젠더 정치를 바꾸지 않고서 [책임의 윤리와 민주적 사고방식을] 봉합하기 위해서 말이다"('Righting Wrongs' 548). 스피박은 교사들의 훈련에 집중한다. 그녀가 채택한 방법은 인류학자의 방법과 달리 정보-검색과는 관계가 없다. 스피박의 설명에 따르면, 이것은 그녀가 시골 교사를 훈련하는 활동에 관해서 이전에 결코 자세하게 말한 적이 없는 이유다. 그 학술적인 배경은 책임에 기반한 형성물의 구체적인 특징에 관한 정보를 요구한다('Righting Wrongs' 546, 548, 581n). 스피박은 교사 훈련의 구체성에 의지할 때, 그녀는 자신이 받았던 교육에서 의미를 설명하고 강조하는 방법과 도시 중학교에서 서발턴 학교의 암기 학습의 유산을 지적한다('Righting Wrongs' 561). 의미에 대한 강조는 함축적으로 문학 교사의 업무다. 즉, '그 단어들의 의미는 너희들이 이해하기 힘드니까 그냥 외워라'가 아니라, '우리가 이 시를 해석해 줄게!'이다. 스피박은 19세기 개혁가 이스와르찬드라 비디아사가르의 옛 벵골어 입문서를 언급한다. 그는 독해 및 작문 교사의 '구조 뒤섞기'를 지지하면서 학생들이 자기만의 방식으로 읽어나갈 거라 생각한다('Righting Wrongs' 552). 비록 그 입문서가 여전히 학교에서 사용되고 있지만, 그 방법은 오래전에 잊히고 암기 학습이 대신하고 있다. 그래서 비디아사가르가 의도했던, 그 책을 교사들이 활용하는 방식을 깨닫는 데 스피박은 8년이 걸렸다('Righting Wrongs' 554).

〈잘못을 바로잡기〉 및 관련 주제에 관한 스피박의 다른 최근 텍스트들(일례로, 'A Moral Dilema' 참조)에 있어 가장 흥미로운 것들 중 하나는 대도시, 즉 뉴욕시에 있는 콜롬비아대학교에서의 문학 가르치기와 인도 시골에서의 교사 훈련시키기를 나란히 병치하는 것이다. 비록 인권 운동가 자신들을 위한 읽기의 문학적 방법에 대한 훈련을 지지하는 것까지 못가서 멈춰 설지라도('Righting Wrongs' 532), 스피박은 국제적인 행동주의에 가담하고 싶어하는 대학생들 사이에서의 강렬한 충동을 인지하고 있다. 그들을 위해서 그런 훈련은 유용할지 모른다. 그것은 세상의 양 끝에서 인권을 보완하는 것이다. <잘못을 바로잡기>에서 스피박은 문학적 읽기의 훈련 결과를 이론화한다. 그녀는 마음의 변화와 '욕망의 비강압적인 재배열'로서의 인문학 교육에 대해서 쓰고 있다('Righting Wrongs' 526, 또한 'Moral Dilemma'와 "'On the Cusp'" 참조). 이것은 인도 시골의 교사에게도 적용된다('Righting Wrongs' 539). 그리고 "초국가적 리터러시"('Righting Wrongs' 539)에 덧붙여, 스피박의 생각대로 뉴욕시와 선구적인 대도시의 인권 옹호를 탈중심화하고, "아래로부터 배우는 것을 학습하기"('Righting Wrongs' 537, 551) 위한 가능성의 조건들을 만들도록 도울 것이다. 이는 시골 남반구에서 작동하는 것들을 세팅하기 위한 전제 조건이다. 스피박은 상상력과 단수적이고 입증할 수 없는 것을 통해 지구의 양 끝을 연결하는 '텔레오-포이에시스teleo-poiesis'*[29]를 상상한다.

> 그것은 당신에게 비현실적으로 보일지 모르지만, 만약 그러한 베품의 끝을 환유적으로 상징하는 뉴욕 끝에서, 교사가 학생에게서 문학적 읽기, 심지어 단순한 '읽기'의 습관을 발달시키려는 시도를 통해 타자의 텍스트 속으로 스스로를 유보시키면서 욕망을 비강압적으로 재배치하고자 애쓸 수 있다는 사실을 믿

* 시공간을 가로지르는 상상력을 뜻한다.

지 않았다면, 나는 인문학 교사로 남아있지 않았을 것이다. 이를 위한 첫 번째 조건이자 효과란, 나는 반드시 더 나은 사람이고, 반드시 필수적인 존재이며, 반드시 잘못된 것을 바로잡을 사람이고, 반드시 최종 결과물로서 이를 위해 역사가 일어나며, 뉴욕은 필시 세계의 수도라는 확신의 유보다. 이 유보는 의지의 상실이 아니다. 특히나 이것이 결국 정치적 셈법에 의해서 보완되기 때문이다. 그 셈법에서 '조력자' 되기의 가능성은 오늘날의 승리주의적인 미국 사회에서 넘쳐난다. 문학적 읽기의 훈련은 단수적이고 입증 불가능한 것으로부터 배우는 훈련이다. 비록 문학이 말을 할 수 없을 지라도, 이러한 종류의 인내심 있는 읽기, 말하자면, 텍스트가 응답하도록 만들려는 노력을 몸짓으로 표현하는 것은 개연성 있는 행위가 예상될 수 있도록 타자에 아주 잘 접근하는 포이에시스뿐만 아니라, 보장 없이 먼 곳의 타자로부터 응답을 갈구하는 텔레오-포이에시스 훈련이기도 하다. ('Righting Wrongs' 532)

스피박은 다른 최근 텍스트들에서 문학적 읽기의 구체적인 특징을 정교화한다. 〈타고르, 쿳시, 그리고 교육의 어떤 장면들의 윤리와 정치Ethics and Politics in Tagore, Coetzee, and Certain Scenes of Teaching〉라는 논문은 윤리에 대한 학제간 숙고가 문학 연구에 영향을 미치는 문학적인 것의 개념을 어떻게 변화시킬 수 있는지에 대한 뛰어난 예시이다. 레비나스와 데리다를 통해 윤리적인 것과 인식론적인 것, 그리고 정치적인 것 사이의 불연속들에 대해 고려하면서, 스피박은 라빈드라나트 타고르가 쓴 두 시와 쿳시의 소설 《추락Disgrace》을 연결시키며 상호텍스트성에 대해 상술한다. 스피박은 "소설의 규약이 윤리-인식론적이고 윤리-정치적인 것에 내재하는(그리고 그것을 작동시키는?and operating?) 보다 심각한 불연속들의 실천적인 복제품simulacrum을 우리에게 준다는 보편적인 제안"('Ethics and Polities' 18)을 한다. 이것은 타고르가 <아포만Apoman>에 쓴 것처럼, "당신이 천년 동안 망신을 줘왔던 각각의 모든 사람에게 망신은 동일해야만 한다는 것"('Ethics and Polities' 19)이 무엇을 의미하는지에 집중하는 쿳시 읽기를 생산한다. 이 논문의 두 번째 부분에서, 스피박은 아직 남아서 주목을 끄는 포스트식민성의 이해로부터 '민주주의의 실패'로 이동한다. 그렇게 하면서, 그녀는 <잘못을 바로잡기>에서 한 것처럼, 북반구와 남반구의 읽기를 나란히 놓는다. 즉, 북반구가 비교문학이라면 남반구는 리터러시이다. 그녀는 인도 시골 학교 학생들과의 교류를 국가 교육에 대한 사적인 보완으로 보며 묘사한다. 양쪽 체계에서 암기 학습은 지배적이며 교사들은 의미에 관한 설명을 좀처럼 시도하지 않는다. 그녀가 이러한 조우들을 무대에 올리면서, 총명한 학생의 얼굴에 떠오른 "공모의 미소" 속에서 레비나스의 "윤리적인 것을 마주하기"가 구체화된다('Ethics and Polities' 29). 그러나 문학적 형상처럼, 윤리적인 것은 '단수적이고 입증 불가능'하지만, 정치적 셈법에 대한 그것의 방해 속에서, 윤리와 정치를 위해서는 '줄일 수 없는 기초 조건'이다. 그 논문의 두 부분은 생산적인 학제간 연구가 문학적 읽기, 즉 일례로 교육 정책이 사회과학자들에 의해서 수집된 데이터에 근거할 때 정치적 귀결을 유도하는 것의 단계들을 밟아나가며 성취될 수 있다는 사실을 함께 제안하고 있다. 스피박이 인정한 것처럼, 만약 변화가 일어난다면 그것은 느리고 비영구적일 지도 모른다. 가장 혼란스러운 방식으로 교훈을 얻게 될지도 모르고, 학문적인 어떤 것도 오랫동안 지속되지는 않을 것이다('Ethics and Polities' 28).

나는 이어지는 장에서 스피박이 자신의 전체 저작을 통해, 문학적인 것에 이론적으로 특화되어 있고 역사적 관점에서 포스트식민성과 세계화의 조건들에 가깝게 묶여있는, 윤리 이론과 책임의 윤곽을 그리는 것이 초국가적 리터러시 및 문학적 읽기와 밀접하게 관련되어 왔던 세계에 대한 읽기라는 절합을 추구해왔다고 주장할 것이다. 그녀의 절합은 근본적으로 학제적이다. 이것은 마르크스주의와 페미니즘에 대한 스피박의 개입을 통해 쉽게 명확히 알 수 있다. 이에 대해서는 3장과 4장에서 논의할 것이다. 그런데 이러한 점은 무엇보다 자크 데리다와 마하스웨타 데비의 번역가로서의 활동에서 풍부하게 묘사된다. 이것은 다음 장의 주제이기도 하다.

2장
번역 이론

옥스퍼드 영어 사전 신판에는 '해체deconstruction'라는 단어가 표제어로 등록되어 있다. 그 표제어에 첨부된 인용문 중 하나는 스피박이 1976년에 번역한 자크 데리다의 《그라마톨로지》 서문에서 가져왔다.

> 그 유망한 주변부 텍스트를 위치시키는 것, 그 결정할 수 없는 순간을 드러내는 것, 그 기표라는 긍정적 수단으로 그것을 느슨하게 탐색하는 것, 그 고유 체계를 뒤집는 것, 단지 그것을 대체하는 것, 언제나 이미 기입되어 있는 것을 재구성하기 위해서 분해하는 것. 요컨대 이것이 해체다. ('Translator's Preface' lxxvii)

이러한 핵심을 도출한 문단은 다음과 같이 계속된다. "그러나 텍스트의 권한, 비평가의 통제, 의미의 우위에 대한 확신을 저버려야 한다. 이러한 공식의 소유는 많은 것을 보장하지 못한다." 이 사전은 그 정의를 발췌하고 있다. 그러나 역자 스피박은 자신의 텍스트적이고 비판적인 권한에 대한 저항을 강조한다.

《그라마톨로지》에서 스피박이 쓴 서문은 많은 독자의 '해체 입문' 코스로 자리매김했다. 만약 스피박의 일화anecdote에 공을 돌린다면, 그 일화가 서문을 이끄는 책을 모두가 계속 읽어 나가지는 않았을 것이다. 만약 누군가 주저 없이 쓰듯이, 스피박의 번역이 영미 문학 이론의 역사에서 중추적인 사건이었다면, 《그라마톨로지》라는 책에 대한 일정치 않은 수용은 그 사건이라는 것을 기이하게 만든다. 그 사건의 미래가, 규정하기 힘든 방식 속에 있는, 우리의 현재이기 때문이다.

그 정의의 문제를 풀기 위한 하나의 해법은 데리다의 책이 아니라 스피박의 책으로 《그라마톨로지》를 사유하는 제인 갤럽에 동참하는 것이다. 전자로 사유할 경우, 프랑스어 원본인 《De la grammatologie》(1967)의 권위를 그저 회복시키기만 할 위험이 있다. 〈해체의 번역Translation of Deconstruction〉(1994)에서 갤럽이 쓰기를, "1990년대에 나는 데리다보다는 스피박에 더 관심이 많았다. 나는 [《그라마톨로지》를] 데리다의 텍스트보다는 오히려 스피박의 텍스트로 읽고 싶다는 생각이 들었다"(55). 그렇게 하게 된 계기는 스피박이 자신의 서문에서 제시한 번역 관련한 일련의 언급들 때문이라 할 수 있다. 스피박이 쓰고 있듯이, "데리다는 '오역'이라는 업무를 효율적인 해체 수단으로 이용한다"('Translator's Preface' lxxvii, 'Translation of Deconstruction' 52에서 재인용). 번역본을 원본과 비교하면서 오역을 찾아내는 것은, 번역을 원본에 대한 충실도라는 엄격한 잣대에 묶어

두면서 원본의 권위가 의심의 여지없이 받아들여지는, 번역의 매우 관습적인 개념을 함축할 지도 모른다. 그러나 스피박은 그러한 개념에 동의하지 않는다. 갤럽이 언급하듯이, 스피박이 특정 독자를 향한 간청으로 서문을 마무리 지을 때, 그녀는 원본의 권위를 대체하기 위해서 이러한 수단을 이용한다. "그리고 모든 것을 고려했을 때, 그것이 내가 바라는 독자의 종류이다. 내 오역에 매달리고, 통제하는 주체로서의 데리다가 텍스트에서 지시하는 것을 넘어서서 데리다의 텍스트를 그 오역이라는 수단을 통해 해체하는 독자"('Translator's Preface' lxxxvii, 'Translation of Deconstruction' 53에서 재인용)를 말이다.

갤럽은 스피박의 제안에서 '역자의 성취coup'를 발견한다.

> 스피박의 이상적 독자는 그녀의 '오역'을 찾아낼 것이다. 그 독자는 '그 오역이 데리다가 하고 있는 말에 더 가깝기 때문에 그렇게 말해야만 했다'고 생각하기보다는 스피박이 한 말(그것을 짚어내는 것이 아니라 고수한다는 의미에서 '그것에 매달리기')과 함께 머물며 생각할 것이다. '거기는 그 텍스트, 즉 내가 원하는 텍스트가 데리다의 지시를 따르는 곳이 아니다.' 독자는 그 텍스트를 데리다의 집으로 다시 가져오기보다는, 그것을 대체하고 있는 스피박을 따라갈 것이다. 스피박의 역자 서문에서 마지막 문단은 적극적이거나 모욕적인 번역의 멋들어진 절합이다. 그 순간에 그녀는 해체의 역자로서 뿐만 아니라 해체주의적인 역자로서 이야기 한다. ('Translation of Deconstruction' 54)

나는 동일한 주장이 스피박의 텍스트에도 일관성 있게 적용되어야만 한다는 조건을 갤럽의 논평에 덧붙이고자 한다. 이것은 그 서문의 정신과 일치할 것이다. 그에 따라, 옥스퍼드 영어 사전이 상응하는 비축물reverse을 드러내지 않을 때, 저자는 의미를 정의하는 것으로부터 물러선다. 갤럽의 주장을 (데리다뿐만 아니라) 스피박에게 적용하지 않는다면, 그 서문이 책 자체를 읽기 위한 대체물로서 이용되어 왔듯이, 원본의 권위보다 훨씬 덜 괴롭힘을 받는(따라서 어느 순간에는 더욱 복수심에 불타는 공격을 받는) 권위를 번역본에게 부여할 위험이 있다. 《그라마톨로지》를 스피박의 책으로 읽고자 하는 갤럽은 이러한 화두를 가시화하지만 명확하게 검토하지는 않는다. 스피박 자신의 패턴으로서 자기 훼방self-interruption은 그 서문을 통제하는 주체의 지시가 어떻게 뒤집혀질 수 있는지를 보여준다.[1] 스피박이 쓰고 있듯이, "내 번역에 앞서서 《그라마톨로지》가 존재하는 것은 아닐 뿐만 아니라, 그 텍스트에 대한 읽기만큼이나 많은 번역이 존재해왔으며, 그 텍스트는 무한하게 번역 가능하다"('Translator's Preface' lxxxvi). 그러나 스피박은 아마도 역자-저자에 의한 완전한 전유에 맞서는 강력한 보호 장치로서 '오역'이라는 오래된 단어를 사용하고 있는 것으로 보인다. 한편 갤럽이 주장하듯이, 스피박에게 있어 원본의 권위를 위험에 빠트리는 것은 충실한 번역보다는 오역이다. 추정컨대 우리로 하여금 원본을 고려하고 궁극적으로 그 원본의 상태를 재고하도록 이끄는 것은 명확한 오독이다. 하지만 엄격히 말해, 또한 우리가 번역본과 원본을 나란히 놓고 읽는다면 정확한 번역은 우리를 이러한 방향으로 이끌지 못하는 것은 아닐까? 그렇다면 스피박의 메시지는 좀 더 복잡할 수 있다. 우리는 그들이 번역한 것과 비교하며 모든 번역을 '오역'으로 볼 지도 모른다. 스피박은 "특별한 단어들이 없다면, 즉 특권화된 개념어가 등장하자마자 그것이 대체어의 연쇄에, '공통 언어'에 양도되어야 한다면, 번역이라는 대체 행위는 왜 의심받아야 하는가?"('Translator's Preface' lxxxvi)라고 물으며 이러한 주장을 한다. 번역본이 원본보다 상호텍스트성의 전치displacement에 적당히 개방적이라면, 일관되게 양쪽 텍스트들을 비교하며 경계 태세를 유지해야 한다. 궁극적으로 이러한 결과는 갤럽의 읽기와 일치하는 것처럼 보인다.

스피박에 관한 갤럽의 논의에서 두 번째 악장movement은 《그라마톨로지》를 포스트식민 이론에 대한 저작으로 여기는 것이다. 데리다보다는 스피박의 텍스트로 봤을 때, 그것은 에드워드 사이드의 《오리엔탈리즘》보다 2년 앞서서 등장한 포스트식민 이론의 시초가 되는 저작일까? 갤럽이 데리다의 거의 '전도된 자민족중심주의', 즉 "데리다의 텍스트에서 동양은 결코 진지하게 연구되거나 해체되지 않는다"('Translator's Preface' lxxxii, 'Translation of Deconstruction' 55에서 재인용)에 대한 스피박의 비판을 〈국제적 틀에서 본 프랑스 페미니즘French Feminism in an International Frame〉(1981)에서 쥘리아 크리스테바의 《중국 여성에 관하여》에 대한 스피박의 비판과 묶을 때, 그녀는 자신이 포스트식민 이론의 영향을 받아왔다고 선언한다. 이는 갤럽이 1960년대~1970년대의 프랑스어 텍스트를 읽는 방식에 변화를 가져왔다('Translation of Deconstruction' 55-58). 자세히 설명하지는 않지만, 그녀는 우리가 "'적극적인 번역'을 포용하고 번역되어 온 맥락context의 관점에서 원본을 다시 읽을 때, [스피박의 1987년 책인] 《다른 세상에서In Other Worlds》 역시 데리다에 대한 스피박의 번역으로 고려될 수 있다"라고 주장한다('Translation of Deconstruction' 58). 포스트식민 이론은 세상 읽기에 대한 실험처럼, 혹은 《포스트식민 이성 비판》의 부제처럼 사라져가는 현재의 역사를 쓰면서 그 실험을 하는 것처럼 보일지도 모른다. 그렇다면 갤럽이 언급한 그 '맥락'은 현대 언어를 전공하는 대학 교수들 사이의 영역 분쟁을 넘어선다.[2]

스피박의 글을 통해 형성되어 온 탈식민주의 이론이 갤럽이 생각하는 의미에서 해체의 번역이라면, '번역'의 함의는 프랑스 이론을 다룬 주요 텍스트의 다시 읽기를 넘어서서 일반화될 수 있다. 산디야 세티와 엘리자베스 제인 벨라미가 〈탈식민주의의 아카이브 열병〉에서 지적하듯이, 스피박이 〈서발턴은 말할 수 있는가?〉에서 사티에 대해서 논의할 때, 그녀를 산스크리트어 아카이브와 '사티는 죽고 싶어한다'는 구문으로 이끈 필사 및 번역에 대한 잘못으로 돌아가게 한 것은 《그라마톨로지》라 할 수 있다(CPR 287 참조). 바로 그 아카이브는 식민지 법전 편찬의 근간이 된다. 이때, 프로이트의 "'아이가 매를 맞고 있다'를 스피박이 흉내 내면서, 그 아카이브는 '백인 남성이 황인 남성으로부터 황인 여성을 구하고 있다'"(CPR 284)는 식으로 표현한 제국주의의 자비를 통해 여성 서발턴을 침묵시킨다. 만약 서구의 상형문자 연구자의 편견이 글쓰기의 동양적 체계에 대한 무비판적인 찬사와, 결국 서구의 이러한 본질화essentialization이라는 편견에 대한 데리다의 폭로로 이끈다면, 〈서발턴은 말할 수 있는가?〉는 그 편견을 허물고 해체를 지속하고자 애쓰고 있다. 세티와 벨라미가 갤럽의 논문을 언급하지는 않지만, 그들의 주장은 번역에 대한 갤럽의 사유와의 대화를 통해 구체화될 수 있다. 각각의 번역문은 원본에 대한 질문으로 이끈다. 만약 인도에서 영국 법전 편찬이 이러한 번역 중 하나고, 그 번역이 어느 정도 분명하고 흥미로운 오역으로 발견된다면(CPR 303), 거기에서 멈추지는 않을 것이다. 우리는 원본을 심문할 필요가 있다. 그것이 '오리엔탈리즘'적인 구성체가 아니라면, 사티에 대항하거나 프랑스 이론을 따르는 식민지법으로 번역될 것인가?

이것은 스피박의 서문에서 공표된 해체로서의 번역에 대한, 성패가 달려 있는 재고다. 갤럽은 벵골어 작가인 마하스웨타 데비에 대한 스피박의 번역을 간략히 언급하면서 자신의 논문을 끝맺는다. 갤럽에게 있어 중심 화두는, 대도시 학계 내에서 데리다와 데비의 입장 차이는 원본이 상대적으로 상이한 권위를 지니고 있음을 의미한다는 사실이다. 이 지점에서 번역의 정치학은 매개의 정치학이 된다. 나는 데비를 번역하는 경험이 번역에 대한 스피박의 사유를 바꿔놓았거나, 최소한 결정적인 발전으로 이끌었다고 주장하고자 한다. 픽션은, 아마도 진실을 추구하는 철학보다도 더욱, 입증할 수 없는 형상의 작용을 강조한다.

그것은 또한 텍스트가 사회적인 것으로 서서히 변화하는 방식과 그것이 사회적 투쟁의 헤테로글로시아heteroglossia*와 연루되는 방식을 보여준다. 스피박은 데비의 소설을 번역하면서, 응답을 요청하는 입증할 수 없는 무언가로 이끌려갔다. 실천은 이론을 변형시켰다. 〈번역가의 과제〉(1923)에서 발터 벤야민은 원본의 언어가 번역본의 언어를 변화시키도록 해줄 만큼 번역이 가치 있다며 그것을 멋지게 단언했다. 번역은 변형시키는 힘이 있어야 한다. 또한 이것은 스피박에게 있어 번역가로서 안내하는 방향이 되어오기도 했다. 그런데 차이가 있다. 이 변형은 상호 호혜적이다. 원본은 재논의를 거치면서 결코 동일한 것으로 남아있지 않을 것이다. 그것은 더 이상 변형에 대한 독점권을 가지지 못할 것이다.

나는 읽기의 특수한 경우로서의 번역이라는 개념에 관여하는 방식인 데리다에 대한 스피박의 글을 살펴본 후에, 데비 번역하기에 대한 숙고와 그것이 새로운 비교문학의 구상에 영향을 미치는 방식들을 탐구할 것이다.

---

* 바흐친이 만든 개념으로, 소설과 같은 문학 작품에서 작가나 등장인물, 화자의 서로 다른 목소리가 한 데 뒤섞여 공존함을 강조하기 위한 용어이다. '이종어異種語'로 번역하기도 한다.

스피박의 데리다

스피박은 데리다의 거의 모든 주요 저작에 대한 명확한 해설을 써왔다. 그녀는 《그라마톨로지》의 서문을 쓴 뒤, 1970년대와 1980년대에 《조종》, 《우편엽서》, 《유한책임회사Limited Inc》에 관한 논문을 《다이아크리틱스Diacritics》에 실었다. 보다 최근에는 《정신에 대해서》, 《마르크스의 유령들》, 〈할례고백Circum-fession〉, 《우정의 정치학》에 관한 논의들을 발표했다. 이러한 논문들은 책 한 권 분량에 해당할 수 있을 정도다.[3] 스피박의 저작이 데리다의 저작과 나눈 긴밀한 대화에서 발전해왔다고 말하는 것은 절제된 표현일지도 모른다. 뒤이은 세 장에서 나는 마르크스주의와 페미니즘 이론 그리고 그 두 분석 양식의 요소들을 결합한 현재의 전지구적 국면 분석에 대한 스피박의 기여에 해체가 미친 영향을 추적하고자 한다. 이번 장에서는 번역이라는 주제를 취하면서 그 여정을 탐구하고 있다.

《포스트식민 이성 비판》의 부록은 해체의 궤적과 문학·문화·정치 이론에 대한 그것의 함의들을 스피박이 이해하는데 있어 필수적인 색인이다. 〈해체의 실행The Setting to Work of Deconstruction〉이라는 제목이 달린 그 부록은 데리다 사유의 진화에 대한 간결한 설명을 제공한다. 'mise en œuvre'의 영어 번역인 '실행setting to work', 그 자체는 일종의 번역을 주장한다. 스피박은 윤리학을 향한 결정적인 전환을 발견한다.

스리지라살Cerisy-la-Salle에서 1982년에 있었던 '인간의 종말

The Ends of Man'이라는 콘퍼런스[4]를 통해 데리다는 자신의 저작 나타난 변화movement를 묘사했다. […] 그것은 대답할 수 없는 질문, 즉 차연différence의 질문에 대한 우선권을 강조하는 '질문을 지켜내기'로부터, 우리가 우리 자신을 가정posit할 수 있도록 차이로-지연되어야differed-deferred하는 '완전한 wholly 타자에의 요청'으로의 전환이었다. 우리가 <차연>에서의 급진적 타자성에 대한 논의를 통해 보아왔듯이, 유사한 이중 프로그램이 처음부터 그의 저작에서 형상화되었다. 지금 데리다에 의해서 공표된 그 변화, 즉 단순한 철학적 올바름으로부터 멀리 떨어진 타자-지향적인 벗어남으로 이해되는 그 변화는 윤리학 및 그것이 정치적인 것과 맺는 관계를 더욱 강조하면서 우리에게 경종을 울린다. (CPR 425-426)

초기부터 적극적 번역에 해당되었던 스피박의 데리다 읽기는 자아가 스스로를 가정하기 위해서 요구되는 차이로-지연된 타자에 집중했다. 스피박은 《그라마톨로지》의 서문 결말부에서 자민족중심주의에 대한 데리다의 비판이 미친 영향을 길게 언급한 뒤, '여성'의 형상에 대한 분석과 더불어 남근중심주의에 대한 데리다의 해체가 지닌 기회와 한계에 대한 분석에 집중한다.[5] 그녀가 데리다 자신의 내포된 자민족중심주의를 알아차린 것처럼, 그의 주요 저작들에 대한 그녀의 설명은 남성 철학자를 위한 법에 전복적이나 결국 이중으로 대체되고 마는 '여성'의 이름으로 원본의 권위에 도전장을 내민다. 데리다의 텍스트에서 예상되지 않는 읽는-위치로부터 그 텍스트들의 함의들을 뒤따르면서(이것은 번역을 필요로 할 뿐만 아니라 가능하도록 하는 것일지도 모른다) 데리다가 완전한 타자에 대한 호명을 받아들일 때, 스피박은 추후에 데리다 자신에 의해서 명확해질 전환을 기대한다.[6]

스피박은 처음《그라마톨로지》의 번역을 제안했을 때부터 '논문 분량의 도입부'를 쓰고자 고집했다('Gayatri Spivak on the Politics of the Subaltern' 86). 데리다와 니체, 하이데거, 프로이트, 후설 사이의 친연성, 데리다와 구조주의 및 라캉주의 정신분석학 사이의 관계를 추적하고 삭제의 데리다적 동기, 글쓰기와 그 흔적을 강조하는 스피박의 서문은 데리다를 계보학에 따라 주제별로 설명하려는 시도다. 그 이후의 서평 논문들은 이러한 과제를 지속하고 있으나, 스피박은 자기 자신의 관점에 따른 데리다의 저작에 대한 이해와 비판을 점차 발전시켜간다.

1970년대에 창간된 학술지인《다이아크리틱스》는 확장된 서평 논문을 자신들의 전문 분야로 만들었다. 거의 30년이 넘도록 스피박에게 지면을 할애하면서 그 동안 데리다에 관한 그녀의 주요 논문 네 편을 출간했고, 그중 첫 세 편이 7년에 걸쳐서 나왔다. 이처럼《다이아크리틱스》는 그녀가 데리다의 저작과 대화를 나누고 그에 대한 확장된 논의를 펼치는 것을 지지해줬다. 그 첫 번째 단계는《조종》(1974)에 대한 꼼꼼한 읽기였다.《조종》은 두 개의 세로단으로 구성된 인상적인 책으로, 아버지를 애도하고 그의 빈자리에 자서전을 두면서 헤겔의 사변 철학에 있는 가족을 성적이자 범죄적인 위법자인 장 주네의 소설과 나란히 놓는다. 〈《조종》-조각〉(1977)은 스피박이 데리다에 대해서 쓴 거의 모든 후속 글에서 추구되는 읽기의 두 가지 방식을 알려준다. 첫째는, 《포스트식민 이성 비판》의 부록이 우리로 하여금 의심하도록 이끌 듯이, 해체의 실행에 관한 것이다. 〈《조종》-조각〉의 코다에서 스피박은 미래에 대한 기대감을 갖고서 "《조종》 이후에 그는 텍스트 바깥hors-texte, 즉 사물thing과 행위act의 텍스트성에 대한 탐구에 더욱 체계적으로 몰입하는 것처럼 보인다"(43)라고 썼다. 내가 다음 장에서 보여주듯이, 이것은 마르크스에 대한 스피박의 데리다적 다시 읽기와 관련 있을 것이다.[7]

두 번째 방식은 《조종》에서 남근중심주의에 대한 데리다의 비판을 따라가며, 그것과 데리다의 후속 저작들에 대한 비판적 페미니즘 논평을 덧붙이는 것이다. 스피박의 설명에 따르면, 데리다는 페티시에 대한 프로이트적 담론에 몰두하면서 "어떤 오이디푸스적oedipianized 정신분석학에 대한 다시-쓰기가 《조종》을 틀 짓고 있다. [...] 만약 페티시가 어머니의 거세와 비-거세를 모두 의미할 수 있다면, 초월적 기의로서 남근이라는 법logos의 조종glas이 울릴 것이다"(28, 31)[8] 〈러브 미, 러브 마이 옴브레, 엘르Love Me, Love My Ombre, Elle〉(1984)에서, 즉 《우편엽서》(1980)에 관한 논의에서, 스피박은 "데리다의 글쓰기 현장에서 '여성'이, '특수 이익 집단special interest'의 형상이 되는 것에서 벗어나, 서구 사상의 역사에 대한 총평의 자리를 차지한다고 말하는 것이 가능하다”(22)라는 주장을 펼친다. 철학에서 ‘여성’의 활동play, 즉 페티시, 처녀막, 베일, 로고스 중심적인 종결을 방해하는 여타 형상들로서의 활동은 비판받기 시작한다. “여성의 그러한 ‘일반화’는 ‘협소한 의미에서의 여성’을 부정하고 있는가? […] [데리다는] 많은 세계와 계급에 의해서 이종화heterogeneous된 여성을 자신의 독자들에게 보여줄 수 없다”(24n9, 35). 데리다의 《에프롱》(1978)에 관한 논평이자 《산종Dissemination》과 〈장르의 법칙〉을 참고하여 《조종》을 재고한 〈전치와 여성 담론Displacement and the Discourse of Woman〉(1983)에서, 스피박은 남근중심주의에 대한 데리다의 비판에서 여성의 형상이 ‘이중으로 전치’된다고 주장한다. 그가 니체를 설명하면서 “여성은 자신으로부터 자신을 외면시키고 또 외면시키기 때문에 여성에게 본질적인 것은 없다. […] 여성이 진실이라고 한다면, 그녀는 진실이란 없고, 진실이 있을 자리는 없으며, 아무도 진실을 지니지 못한다는 것을 안다 […] 데리다는 [이러한] 이중의 전치를 심연의 기호로 해석한다. 그러나 그 지점은 여성을 대상이나 형상으로 취하면서 (남근중심적인 것과 같은) 남성의 해체주의적인 담론이 그 자신의 (그러한 남근중심적인 대체로서) 전치를 선언할 수 있다는 것이다. […] 남성은 주체로서의 지위를 문제화할 수 있지만 완전히 포기할 수는 없다”(‘Displacement’ 173)라고 주장했다. 따라서 전치가 있지만, 여성은 남성 철학자를 위한 대상이나 형상으로 남아 있다. 여성의 형상은 남근중심주의를 해체한다. 그러나 남성의 주체-위치로부터 그렇게 한다. 페미니즘적 비평을 위한 대안은 다음과 같다.

> 역사적이고 성적인 차이들이 함께 작동되기 위해서 […] 가짜 오르가즘의, 페티시-되기의 '힘'과 처녀막에 기반한 주장은 남근중심적인 담론과 분리할 수 없게끔 공존하는 매우 정치적이고 사회적인 역사에 의해서 '결정'되고 수용되는 완전히 해체적 경고들이라는 사실을 인지하기 위해서 사회적 텍스트를 다시 쓰는 것 […] 모성애라는 사회적 텍스트의 이러한 다시-쓰기는 새로운 의미들을 구축할 수 없다. '의미들'의 상이한 체계를 의도적으로 구축하고 폭넓게 고려하는 개념-은유를 열심히 지속하는 방법밖에는 없다. ('Displacement' 185)

이는 스피박이 〈국제적 틀에서 본 프랑스 페미니즘〉에서 음핵절개clitoridotomy라는 형상을 통해 만든 것으로 '클리토리스 제거'라는 측면에서 여성 육체의 재생산적 기입을 일반화하고 있다('Displacement' 190).[9]

데리다에 관한 스피박의 유보에도 불구하고, 그녀가 해체에 대항하는 페미니즘을 특권화하고 있지 않다는 점을 주목할 필요가 있다. 일례로 1986년에 '내부의 차이: 페미니즘과 비판 이론'이라는 콘퍼런스에서 발표된 논문들에 대한 최종 응답을 언급할 수 있다. 그 콘퍼런스의 발표자들이 포스트구조주의나 포스트모더니즘을 '적'으로 제시하는 것을 감지한 스피박은 페미니즘 학자로서의 그들의 주체-위치가 제도의 역사에 대한 망각에 의존하고 있다는 것을 그들에게 상기시켜 준다. 참가자들에게 데리다의 흔적에 대한 강연을 하는 것이 그녀의 대응 방식이었다. "그 흔적이란 무엇인가? 그것은 다음과 같다. 당신이 페미니즘을 묘사하면서 종류에 관계없이 어떤 담론을 구축할 때마다 […] 이를 보면, 담론의 초반부에서 2단계처럼 보이는 무언가 존재했다는 사실을 알게 될 것이다. 2단계는 분할된 것이 전부라고 말하기 위해서 필요했다. […] 우리는 페미니스트로서 발언하기 위해서 서구 제도의 역사에서 그 흔적을 완전히 덮어버려야만 한다"('Response' 211). 그 흔적은《그라마톨로지》의 서문에서 스피박이 제시한 주요 화두 중 하나다('Translator's Preface' xv-xviii). 유사한 맥락에서, 〈다시, 페미니즘과 해체〉(1989)에서 스피박은 실제로 데리다의 〈전치와 여성 담론〉에 대한 자신의 비판으로부터 물러나 있다. "오늘 나는 협상을 통해 [《에프롱》에서의] 데리다의 주장에 당장은 동의를 하고자 한다. 긍정적 해체는 하나의 텍스트에 '네'라고 두 번 말하고, 그 텍스트가 오히려 쉽게 대립적으로 보일 때 공모를 목격한다"(OTM 128-129).

내가 3장에 논의하는 데리다와 마르크스에 관한 스피박의 텍스트들과 〈책임Responsibility〉(1994)에서 보여준《정신에 대해서》에 대한 훌륭한 설명으로부터 거리를 두고서, 〈할례고백〉과《우정의 정치학》 같은 데리다의 후기 텍스트에 대한 그녀의 논평이 비록 철저하고 통찰력 있더라도[10], 초기에 했던 일부 설명과 위치-설정만큼은 놀랍지 않다. 내 생각에 이것은 데리다가 쓴 글들의 친밀한 읽기를 통해 스피박 자신의 비판적 어법을 아주 철저하게 공들여 만들었기 때문이다. 스피박의 표현을 빌리자면, 이러한 '비판적 친밀성'을 통해, 그녀에게 용이했던 글들과의 관계에서 그녀를 위치 짓는 명확한 논평은 사실 생산성이 떨어진다. 그러나 해체의 실행으로서 그녀 자신의 글쓰기에 대한 인식은 거기에 남아있다.[11]

자크 데리다가 2004년 10월 9일에 작고한 후 출간된 추도문에서 언급된, 가장 감동적이고 적절해 보인 것 중 하나는 그가 마르크스처럼 전 세계적으로 영향력 있는 교사였다는 것을 스피박이 상기시켜준 것이다. 그러한 일에 있어 번역은 작지 않은 역할을 했다.

> 소규모 불어 세미나의 친밀성부터 인터넷의 멀리 떨어진 장거리 유령성spectrality까지, 영어부터 전 세계의 많은 언어까지, 데리다가 가르침에 관해서는 우리 대부분보다 더 많이 알고 있었다는 사실은 의심의 여지가 없다. [···] 한 명 뿐인 교사의 학생들은 세계와 시간 속으로 던져진 채 오늘날 전지구적 활동주의activism의 가장 낮은 계급에서 마르크스주의의 위태로운 지속성에 대한 실제-세계의 예시가 된다. 마음의 느리지만 집요한 변화는 대도시의 구축과 함께 마무리되곤 한다. ('Remembering Derrida' 15)[12]

마하스웨타 데비 번역하기

마하스웨타 데비Mahasweta Devi 소설의 번역가로서의 실천과 그 실천에 대한 논평에서 스피박은 사회적 텍스트가 여성을 위치시키는 대로 그 텍스트의 분석을 끈질기게 밀고 나갔다. 〈번역의 정치학〉(1992)에서 스피박은 "페미니즘 번역가의 과제는 언어를 성별화된 동인의 작동 방식workings에 대한 단서로서 고려하는 것이다"(OTM 179)라고 쓴다. 거기에 번역의 정치학이 존재한다. 그러한 고려 없이 제3세계 문학의 독자들은 "팔레스타인 여성의 문학이 단조로운 느낌으로 대만 남성의 어떤 것과 닮아버리는, 일종의 최신 번역투with-it translatese"(OTM 182)를 받아들인다. 페미니즘 번역가는 언어, 혹은 '언어(안의 동인)'를 세 가지 측면에서 고려해야만 한다. 바로 논리, 수사법, 침묵이다(OTM 183, 182). 침묵은 한계선이며, 이는 수사적인 것과 형상적인 것조차 의미를 만들어내는 데 있어 무능력함을 인정해야만 한다는 사실에 앞서 있다. 어떤 언어에도, 어떤 원천이나 대상 언어에도 존재하는 그 한계선은 일반적인 번역에 대한 제한으로서 스피박에게 중요하다(OTM 181). 그런데 스피박이 옹호하는 성별화된 동인에 대한 구체적인 고려에서 그녀가 더 많은 관심을 기울이는 것은 논리와 수사법의 작용이다. 여기에서 번역의 실제적인 실천이 일어나기 때문이다.

마하스웨타 데비의 소설 〈Stanadayini〉(1980)의 제목을 예로 들 수 있다. 스피박은 그것을 〈젖어미Breast-Giver〉로 번역한다(OTM 182). 스피박의 주장에 따르면, 다른 제목 후보였던 〈유모The Wet-nurse〉는 "낯선 단어를 구축하는 데 있어 작가의 아이러니를 상쇄시킨다. 즉 그런 의미를 만듦에 있어 '유모'는 충분해 보이지만, 충격을 주기에는 충분할 것 같지 않다. […] 젖가슴을 상품으로서의-노동력이라는 기관으로, 젖가슴을 대상으로서의-타자를 상징하는 환유적인 부분-대상으로 다루는 주제는, 그 이야기가 여성의 몸에 대해 마르크스와 프로이트를 활용하는 방식으로서. 심지어 당신이 그 이야기로 들어가기도 전에 길을 잃는다"(OTM 182-183).[13] 성별화된 동인의 작동방식을 가시화하는 것은 바로 데비의 아이러니이다. 아마도 선물gift로서, "윤리적 선택으로 인식되는 내면화된 성별화"(Spivak, 'Translator's Preface' to *Imaginary Maps* xxvii, 또한 IOW 264-267 참조)의 기호로서 형상화된 젖가슴의 노동력이 여기에 있다.[14] 데비의 제목은 이러한 동인의 구축이 어떻게 "사회적 실천에 있어 형상화의 지장"(OTM 187)이라는 도전을 받을 수 있는지에 대한 예시가 된다. 스피박은 데비가 '자신과 분야scene가 같지 않다'는 사실을 강조하고, 따라서 제3세계 여성들이 쓴 글을 무비판적으로 칭송하는 전도된 자민족중심주의를 의심하는 방법을 제시한다. 그런 자민족중심주의에는 "영어의 공간에 저항적으로 보이는 것이 원어의 공간에서는 반동적일 수 있는" 가능성이 존재한다(OTM 189, 188). 그리하여 번역을 하기 위해서, 번역가는 문학사를 유념해야 한다. "언어의 역사, 작가의 시기moment에 대한 역사, 번역-안의/으로서의-언어language-in-and-as-translation의 역사는 또한 직조 속에서 형상화되어야만 한다"(OTM 186).[15] 번역가가 그것의 수사법rhetoricity을 따를 때 다시 원본의 권위는 도전을 받는다. 무엇이 원본의 사회적 텍스트와 관련이 있는가?

스피박의 논문인 〈서발턴의 문학적 재현〉(1987)은 이러한 질문에 상세히 답한다. '젖어미'의 주요 인물 자쇼다는 부유한 할다르 가족의 아이들에게 30년 동안 젖을 물렸다. 자신과 남편을 위해 모유를 음식과 교환한 것이다. 남편은 할다르의 막내아들이 운전한 차에 치어 불구가 되었다. 자쇼다는 가슴에서 혹을 발견했으나 치료를 받지 못해서 암으로 죽는다. 그녀는 대지모신mother goddess의 예언을 실행에 옮기고 심지어 그 신을 체현하려는 생각으로 가득 차 있다. 데비의 소설 속 그녀가 이러한 대본을 받아들이는 것이 초래하는 파멸의 결말에 관해서 분명히 밝힌다.

> 자쇼다는 완전한 인도 여성이다. 그녀의 비합리적이고 비이성적이며 우둔한, 남편에 대한 헌신과 아들에 대한 사랑 그리고 부자연스러운 절제와 용서는 모든 인도 여성의 일반적인 의식에서 지속되어 왔다. […] 만약 누군가 세상에 젖을 먹이려면 자쇼다[16]가 되어야만 한다. 누군가는 친구 없이, 즉 자신의 입에 물 한 모금 넣어 줄 이 없이 죽어야만 한다. […] 자쇼다는 명백한 신이었다. […] 자쇼다의 죽음은 또한 신의 죽음이었다. 인간이 이승에서 신으로 가장하는 것이기에, 그녀는 모두에 의해서 버림받고 언제나 홀로 죽어야만 한다. (IOW 225-240)

스피박이 마하스웨타 데비가 참석했던 1986년의 서발턴 연구 콘퍼런스에서 처음 발표한 논문의 가장 극적인 변화는 데비 이야기에 대해서 작가 자신이 아래와 같이 해놓은 해석의 결을 거슬러 읽는다는 것이다.

> 탈식민 이후의 인도 우화. 주인공인 자쇼다처럼 인도는 고용된-어머니이다. 모든 계급의 사람, 전후 부유층, 공상가, 토착 관료, 이주민, 신생 국가를 보호하기로 맹세한 사람은 그녀를 학대하고 착취한다. 아무것도 그녀를 지탱하지 못하고 아무것도 그녀에게 돌려주지 못한다면, 과학적 도움이 너무 늦어진다면, 그녀는 애태우는 암으로 죽을 것이다. (IOW 244)

우화로 읽을 수 있는 이야기로서, 서발턴은 국가에 대한 은유적 매체임에 틀림없다. 스피박의 주장대로, 이것은 "그 이야기에서 배제되어야만 하는 것은 서발턴을 그렇게 재현하려는 시도 그 자체"(IOW 244)임을 의미한다. 다시 말해, 데비는 자신의 이야기를 공정하게 다루고 있지 않다. 그 이야기 안에서 자쇼다의 재현은 그녀를 인도를 대표하는 것이 아닌 다른 무언가로 만들고 있다. 스피박의 개입은 서발턴 연구의 정신에 완전히 부합한다. 그 주창자는 엘리트층의 식민주의이고 민족주의적인 역사 기술을 하층계급 집단의 운동과 반란으로 대체하기 위해 노력해왔다.[17] 라나지트 구하Ranajit Guha가 기술하듯이, 그러한 역사 쓰기는 "민족주의를 구축하고 발전시키는 데 있어 그 사람들이 스스로의 힘으로, 즉 엘리트층과는 독립적으로 기여한 점을 해석하기는커녕 인정하는 것도 실패한다"('On Some Aspects' 39; 또한 IOW 245 참조). 비록 서발턴 연구가 아래로부터의 역사 쓰기라는 프로젝트를 맡아왔지만, 데비가 자신의 이야기에 관해서 말할 때, 분명히 모든 역사학자가 저자의 해석에 질문을 제기할 준비가 되어 있던 것은 아니다.

〈젖어미〉에 대한 스피박의 읽기는 그 이야기의 저자인 데비와 "제3세계를 동질화하고 그것을 오직 민족주의와 민족성ethnicity의 맥락에서 바라보는"(IOW 246) 대도시 독자 사이에 위치시킨다. 그 독자는 자애로운 자유주의적 페미니스트 독자로서, 저자는 자신의 이야기를 국가의 우화로 해석하면서 그들과 함께 효율적으로 공모한다(IOW 246, 254). 그 독자의 위치는 대도시 이주민 지식인의 위치로 점차 바뀌어간다(IOW 256-257). 즉 그것은 《포스트식민 이성 비판》에 나오는 새로운 이민자NI의 위치이다(또한 Devi, 'Telling History' xvii 참조). 마르크스주의 페미니즘을 통해, 그리고 결국 라캉 정신분석학을 통해 〈젖어미〉에 접근하면서, 스피박은 그 이야기의 상이한 요소들을 조명한다(IOW 247-263). 스피박은 성별화에 대한 고려로 결론을 맺는다. 거기에서 그녀는 데비의 화자가 하는 코멘트로 돌아간다. 즉 "자쇼다는 완전한 인도 여성이다. 그녀의 비합리적이고 비이성적이며 우둔한, 남편에 대한 헌신과 아들에 대한 사랑 그리고 부자연스러운 절제와 용서는 사티-사비트리-시타로부터 니루파 로이와 찬드 오스마니를 거쳐 모든 인도 여성의 일반적인 의식 속에서 지속되어왔다"(IOW 225). 산스크리트어 서사시와 힌두 신화로부터 발리우드 영화 스타에 이르는 연쇄적인 형상에 그녀를 추가하면서, "마하스웨타는 자쇼다를 가부장적 이데올로기에 의해 구성된 것으로 제시한다"(IOW 265). 그러나 스피박은 이것이 자쇼다를 착취당한 인도를 우화처럼 대표하는 것으로 만들지 않는다는 사실을 보여주기 위해 힘겨운 노력을 한다. 이를 위해 스피박은 메타픽션, 즉 "현실의 연장선이기보다는 문학사에 대한 이야기"(IOW 266)로서의 〈젖어미〉에 대한 조심스러우면서도 복잡한 설명을 이어간다. 자쇼다에 대한 이러한 위치 짓기에도 불구하고 스피박은 다음과 같이 주장한다.

> 이 이야기의 결말은 주인공의 젠더-이데올로기적 질문으로부터 작가의 신중한 거리두기를 허물어버리고 있다. [⋯] 그 작가-기능의 전략적으로 잘 선전된 아이러니한 입장에 의문을 제기하는 것은 바로 그 결말에 있는 세 가지 제안이다.
> 이러한 결정적 제안들의 언어와 용어는 우리에게 저 높은 힌두 경전을 상기시켜준다. 거기에서 신학의 명부를 통해 단순한 설화 종교가 일종의 사변철학으로 전환된다. '자쇼다는 명백한 신이었고, 다른 이들은 그녀가 생각했던 것은 무언이든지 실행했거나 실행하고 있다. 자쇼다의 죽음은 또한 신의 죽음이었다. 인간이 이승에서 신을 연기하는play 것이기에, 그녀는 모두에 의해서 버림 받고 언제나 홀로 죽어야만 한다. (IOW 266)[18]

스피박이 번역이라는 개념을 소개한 것은 바로 이러한 중요한 단계에서였다. 그것은 소설을 쓰는 작가의 재현 노동과 역사를 다루는 서발턴주의 작가의 재현 노동 사이에 가교를 짓는다. 서발턴주의 작가는 "역사적 주체로서의 서발턴은 종교 담론을 호전성militancy 담론으로 지속적인 번역을 한다"(IOW 266)라고 주장한다. 샤히트 아민의 간디 형상에 대한 분석을 이러한 특수한 번역의 과정을 따르는 서발턴 연구 학문의 예시로 들 수 있다. <젖어미>는 그러한 번역의 실패를 기록하기 때문에 역사학자와의 대화 속으로 들어갈 수 있다.

> 만약 […] 그 이야기énoncé가 우리에게 번역, 혹은 종교로부터 호전성으로의 담론적 전치의 실패에 대해 말한다면, 발화énonciation로서의 텍스트가 종교 담론으로부터 정치 비평 담론으로의 그러한 번역에 참여한다.
>
> 발화로서의 '스타나다이니stanadayini'는 저자의 '진실'을 주인공의 '이데올로기'와 구분되는 것으로 타협하면서 이를 수행한다. 우리는 그 결말의 진지하게 찬동하는 판단을 읽어내면서 지금까지 그 이데올로기를 '틀 지어왔던' 그 '진실'이 그 이데올로기 없이, 혹은 그 밖에서는 어떤 원천을 가지고 있는지는 더 이상 확신할 수 없다. (IOW 266)

여성에 의한 제3세계 문학의 동질화에 대한 저항을 이유로 저자의 자기 작품에 대한 해석에 의문을 제기하는 스피박의 노력 속에서 번역가와 비평가의 과제는 하나로 묶인다. 이러한 동질화는 갤럽에 의해 잘 절합된 양가성의 시행을 통해 발생할 수 있다. "나는 비록 마하스웨타 데비에 대한 스피박의 전치가 불편하거나 불안하게 느껴질지라도, 자크 데리다에 대한 스피박의 전치를 지지하고 즐기고 있다. 나는 원본에 대한 번역의 관계를 둘러싼 나의 양가성을 이분법적 대립에 투영시키면서 유발하고 있는 것처럼 보인다. 즉 그것을 이 남성에게 적용하는 것은 좋고 이 여성에게 적용하는 것은 나쁘다"('Translation of Deconstruction' 59). 단순히 그러한 양가성을 유발(혹은 시행)하는 것은 이중 잣대를 부과하면서, 그 결과 제3세계 여성 작가들의 작품을 하찮게 보이도록 만들지도 모른다. 스피박에게 있어 데비의 번역가로서의 글쓰기는 이러한 이중 잣대가 있을 수 없다. 만약 민족적 알레고리가 '최신 번역투'에 대한 문학-비평의 현재적 대응이라면, 스피박의 비평가로서의 신중한 노동은 데비와 데비의 배경 간 관계를 복잡하게 하면서 자신의 번역을 보완한다.[19]

스피박의 매우 놀라운 통찰력 중 일부는 데비의 이야기에서 서발턴 재현으로의 회귀로부터 유래한다. 이 재현은 '성별화된 동인의 작동방식'과 밀접한 관련이 있다. <서발턴은 말할 수 있는가?>에서, 묘사와 대체의 절합으로서의 재현은 제도적으로 유효한 행위로서의 동인을 위한 필수적인 전제조건이다. 내가 약술한 것처럼, 이것은 또한 '번역'에 연루되어 있다. 스피박은 <번역의 정치학>을 통해 사회적 실천에서 형상의 분열을 암시하고,

마하스웨타가 그 자신의 배경과 닮지 않아서 그녀에게 호의를 갖고 있다고 말할 때, 우리는 빙산의 일각만을 볼 뿐이다. 선집에 자주 실리는 논문인 〈번역의 정치학〉은, 성별화된 동인의 작동방식에 대한 데비의 비평이 자기 텍스트의 수사적 각색conduct과 관련해 바로 그 작동방식 속에 어떻게 연루되는지를 우리가 보기 위해서 〈서발턴의 문학적 재현〉에 대항하는 것으로 다시 읽혀야만 한다. 언제나 명확함이 부재한 이 두 논문의 스피박과 매우 가까운 드 만의 용어로, 데비의 텍스트는 수행적이고 진술적인 것의, 혹은 〈서발턴은 말할 수 있는가?〉에서 마르크스주의 정치학에 대한 스피박의 간섭이라는 선입견인 '재현'의 두 가지 의미의 영구적 붕괴를 실행하는 읽을 수 없음unreadability의 알레고리를 생산한다.[20] 재현은 일종의 번역이다. 〈젖어미〉와 같은 문학 작품에 등장하는 번역의 실패는 사회적 텍스트에서 능동형으로, 여기에서는 서발턴의 반란이라는 역동성으로 지속된다. 우리는 미하일 바흐친이 헤테로글로시아로 명명한 것을 목격한다. 〈젖어미〉를 우화로 읽는 것은 그 반란을 일으킨 서발턴의 복잡한 '재현'을 생략한다. 데비 이야기에 대한 스피박의 번역과 이에 대한 그녀의 논평은 사회적 텍스트에서 재현을 번역으로 이중화하면서 이러한 연결선의 일부를 복원한다.

번역가로서 스피박의 실천은 변했다. 실천에서 변화는 이론에서의 변화를 의미해왔는가? 이러한 질문을 던지기 위해서 나는 마하스웨타 데비 작품 중 스피박이 가장 최근에 번역한 《초티 문다와 그의 화살Chotti Munda and His Arrow》(2003)을 살펴보고자 한다. 1980년에 원래 벵골어로 인쇄된 데비의 소설은 20세기 초부터 시작해 인도의 독립과 1970년대 인디라 간디가 선언한 비상사태emergency를 거쳐 온 문다족Mundas의 동명의 '부족' 리더와 그 삶의 우여곡절을 이야기한다. 소설 속 1970년대에는 낙살라이트Naxalite*의 무장 반란이 부족들 사이에서 지지를 이끌어냈고, 그들은 19세기 후반에 비르사 문다가 이끌었던 반식민 봉기의 이야기를 전해준다. 연중 계속되는 담보 노동을 조건으로 문다족은 땅주인과 지방 공무원, 경찰과의 계약을 지속적으로 협상하고 재협상하면서 생계를 유지한다. 명궁이지만 활을 이용해 인간의 목숨을 빼앗는 걸 꺼려하는 초티 문다는 이처럼 연약하지만 가끔씩 폭력적인 삶의 방식이 숙고하는 형상이다.

《초티 문다와 그의 화살》의 언어는 번역가로서 스피박의 실천에서 새롭고 대담한 출발을 보여준다. 데비의 소설 〈드라우파디〉의 1981년 번역본 서문에서 스피박은 데비가 부족원들의 구어로서 벵골어를 재현하는 것이 어떻게 그녀의 번역이 영어에 도전이 되는지에 관해서 썼다.

> 나는 부족들이 말하는 특이한 벵골어를 통해서만 일상적인 '번역가의 문제점'에 봉착한다. 일반적으로 우리는 벵골인이 벵골

* 인도 중부, 동부 등지에서 활동하는 무장반군 조직과 공산주의 정치운동을 통칭하는 말이다.

어에 대해서, 작고한 피터 셀러스가 우리 영어를 대한 것과 동일한 인종차별주의적 태도를 지닌다고 교육했다. D. H. 로런스의 '보통 사람들'이나 포크너의 흑인들이 쓰는 일부 언어를 사용해온 것은 당혹스러운 일이었을 것이다. 거기에다 그 구체성은 미시논리적micrological이다. 나는 '직설적인 영어'를 사용해왔다. 그것이 무엇이 됐건 간에 말이다. (IOW 186)

만약 <드라우파디>에서 부족원들의 담화가 '직설적인 영어'로 번역된다면, 《초티 문다와 그의 화살》에서 놀라운 것은 새로운 언어의 발명이 될 것이다. 이 은어에서 주목할 만한 것은 미국 속어와 구어적 표현을 포함하는 어휘 그리고 영어로부터 어휘화된 차용어를 포함한 음역된 벵골어다.[21] 이는 음성학상으로 자음과 모음의 지속적인 생략으로 특징된다. 소설 초반부에 등장하는 다니 문다와 경찰관 사이의 대화가 여기에 있다.

왜 당신은 시장에서 문다 부족을 괴롭히면서 배당금을 가져갔나요?
(Why're ye jerkin' t' Mundas aroun' at market and takin' cuts?)
누가 그래요?
(Who said?)
내가 말하고 있잖아요. 당신이 문다 부족에게서 다시 배당금을 가져간다면, 다로가에게 말할 거예요. 알겠어요? 그땐 다로가 역시 대답해야만 할 겁니다. 그래요, 나는 문다 부족 사람들을 괴롭히지 않을 겁니다. 근데 심지어 고르멘 부족조차 새로운 고문도, 문다 부족이 학대 받는 것도 원하지 않고 있어요.
(I say. Daroga must be told. If ye cross t' Mundas - takin' cuts again! Understan'? Then Daroga too will hafta answer. Yes, I'll not tease t' Munda people. But e'en t'Gormen don' want new torture and t' Munda roughed up.) (*Chotti Munda* 6)

이처럼 변형된 영어는, 살아있는 인간이 한 말이 아니기 때문에, 엄격히 말해, 가장 느슨한 의미에서만 '방언'이다. 그러나 만약 그 대화가 원래 언어인 벵골어였다면, 그러한 방언이 적용되지 않았을까? 스피박은 자신의 업무를 번역가로 묘사한 <번역의 정치학>에서 일반적인 방식으로 이것을 인식하는 듯하다.

처음에 나는 빠르게 번역한다. 만약 내가 그 영어에 무슨 일이 발생하고 있는지를 생각하기 위해 멈춘다면, 만약 내가 관객을 가정한다면, 만약 내가 의도하는 주제를 하나의 도약대 이상으로 간주한다면, 나는 뛰어들 수도 없고 항복할 수도 없다. […] 이런 방식으로 텍스트에 투항하는 것은 대부분 직역임을 의미한다. 번역본 하나를 이런 식으로 생산했을 때, 나는 문장을 교정한다. 가능한 관객과 관련해서가 아니라 내 앞에 있는 그것the thing의 프로토콜을 통해서 일종의 영어로 교정한다. 그리고 만약 직역주의적 굴복에 의해 생산되는 사이주의 담론inbetween discourse의 규칙을 통해 교정 속에서 몸짓으로 표현되는 언어의 역동적인 상연을 향하는 눈으로 그 텍스트가 번역된다면, 교실에 있는 학생은 그것이 단지 사회적 사실주의의 조달업자에 불과하다고 생각할 수 없을 거라는 희망을 나는 계속 품고 있다. (OTM 189-190)

번역이 자신의 프로토콜을 부여하고 자신의 삶을 지닌 '사이주의 담론'으로서 처음 출현한다는 것은 로렌스나 포크너를 통해 발명된 서발턴 언어에 또한 분명히 적용될 것이다. 그들의 등장인물들이 실제 영어로 말하는 사람들에게 기반한다는 사실은 본질적 차이가 아니다. 이러한 관점에서 볼 때, <드라우파디>에 대한 서문에서 스피박이 쓴 당혹스러움에 대한 원인은 실제로 존재하는가? 만약 그 원인이 그 담론을 형성하는 인종차별주의라고 한다면, 아마도 정말로 존재할 것이다. 그러나 만약 인종차별주의가 그 의도하는 주제의 통제 밖에 있는 무엇이라면, 스피박이 묘사하는 번역에서의 굴복은 그 인종차별주의가 정말로 말을 하도록 해줄지도 모른다. 스피박은 <드라우파디>를 번역했을 때, '직설적인 영어'를 사용하면서 이러한 위기에 맞서 자신의 번역에 대한 보험을 들었다. 이러한 관례는 《상상의 지도들Imaginary Maps》의 번역된 이야기에서 전반적으로 유지된다. 그런데 《초티 문다와 그의 화살》에서 발명성은 너무 급진적이라서 그녀에게 우려 지점이자 저자에 의해서 제기될 문제가 된다. 스피박이 쓰고 있듯이, "그 소설의 매우 놀라운 특징 중 하나는 발화자의 품위를 잃지 않고서 서발턴 담화를 지속하는 아우라다. 그것은 마치 규범성이 지방 상류층의 담화에서 빠져있던 것과 같다. 오랫동안 나는 이러한 특징을 번역하려는 시도에 두려움을 가졌다"(*Chotti Munda* vii). 그 시도의 결실은 내가 앞서 간략히 인용했던 특이한 속어다. 스피박은 그것을 읽은 데비의 반응에 기뻐한다. "'가야트리, 당신의 번역에서 내가 정말 즐거웠던 점은 방언이 품위를 갖출 수 있다는 것을 보여주는 방식입니다.' 보여줬다! 그 텍스트에서 이것을 '보여주면서' 나에 대한 신뢰를 시험한 것은 바로 그녀였다"(*Chotti Munda* vii). 만약 〈서발턴의 문학적 재현〉에서 도전받는 저자의 권한 회복이 이러한 연서countersignature(連署)에 없다면, '일종의 영어'를 생산하는 무언극이 원본의 벵골어를 생산하는 그것과 다르지 않음을 번역가가 작가로부터 배웠다는 의미가 있다. 작가와 번역가는 동일한 게임을 하고 동일한 위험을 무릅쓴다. 즉, 원본과 그 이후의 정교화로부터 자유로운 사이주의 담론의 자율성이나 검증불가능성이 신뢰받지 못할 것이며, 그것은 가장 엄격한 의미에서 '사회적으로 상징적인 행위'인 것처럼 읽힐(즉, 칭찬받거나 비난받을) 것이다.[22] 작가로서 데비는 읽기의 협소한 활동주의적인 정치학에 저항하면서 협력자가 된다. 데비와 스피박의 대화에서 여러 번 언급된 화두인 서발턴의 '품위'와 그/그녀의 담화(*Chotti Munda* ix-xxiii)에 그들의 성패가 달려있다는 사실은 그 문제의 진상으로 우리를 데려가지 못한다. 엘리트 지식인과 서발턴 부족원의 관계 혹은 비-관계에 관한 무엇(즉 《상상의 지도들》에서 데비가 말하는 '접촉 지점 없음'[xxii])을 제안하면서, 그 무엇은, 추측컨대, 스피박이 <책임>(19)에서 책임을 실행하는데 있어 그것을 지속적으로 무효화하면서 상연하는 것이라는 의미에서의 윤리적인 것을 위한 장소-표시가 될 지도 모른다. 소통의 독립성에서 윤리적인 것의 아포리아는 데비의 소설 <익룡, 퍼싸, 그릭 푸란 사하이>에 대한 스피박의 논평에서 고집하는 주제이다. 그녀는 이 소설을 번역해서 《상상의 지도들》에 포함시켰다. 그 이야기에서 옹호 저널리스트로서 푸란은 굶주리는 부족 마을을 방문한다. 그곳에서 기적처럼 살아있는 익룡이 나타났다. 그 생명체는 옹호의 역학이 가지는 애로사항을 그에게 알려준다. 스피박이 쓰고 있듯이, "그 익룡은 가늠할 수 없는 타자일 뿐만 아니라 우리의 현재와 미래에 출몰하는 선조들의 유령이다. 우리는 푸란이 <익룡>에서 그러하듯이, 소통의 불가능성이라는 관점에서 '사랑'(윤리적인 단수성-내-책임responsibility-in-singularity을 위한 소박한 이름)을 배워야만 한다. 결국 우리는 그 익룡이 우리에게 메시지를 준다고 확신할 수조차 없다. 그러나 우리는 그것이 이야기를 하고 싶었다고 생각해야만 한다"(*Imaginary Maps* 200-212n8).[23]

번역은 진행 중인 작업이고, 이론이 언제나 실천으로 이어지는 것은 아니다. 《그라마톨로지》의 경우처럼, 번역되는 것이 '이론'일 때조차도 말이다. 그러나 아마도 스피박이 최근 몇 년간 번역에 관해서 쓴 글들에는 '품위'를 다룬 전략 이론이 있을 것이다. 스피박에게서 《그라마톨로지》의 서문에서부터 데비에 관한 텍스트에 이르기까지, '원본' 없는 대체 경제로서의 텍스트라는 발상과 사회적 철두철미함 및 번역가가 책임지는 단수성과 관용어성idiomaticity을 소유하기로서의 텍스트라는 발상 사이에서 거의 지속되는 왕복을 알아차리더라도, 이러한 왕복의 두 가지 도달점을 절합하는 방식들이 있다.

에밀리 앱터가 "절대 그런 식으로 틀 지어진 적이 없는 번역서"('Afterlife' 204)로 생각한 책에서 가장 최근 장들 중 하나인 〈문화로서의 번역Translation as Culture〉(2000)에서 스피박은 번역의 개념을 일반화하고 그것에 새로운 방향성을 부여하기 위해서 심리학자 멜라니 클라인의 저작을 참고한다. 이는 사회적 텍스트 속 동인에 기여하는 일상의 전치를 통해 그녀가 번역가의 작업을 자신의 텍스트에서 절합하는 것이 가능하도록 해준다. 그것이 우리의 주제를 결집시키기 위해서 '여성적 동인'이나 '서발턴 호전성'이든지, 혹은 '품위'의 생산이든지 말이다. 《아이들의 정신-분석》(1932)을 통해 1930년대에 시작되어 추후 많은 논문들에서 지속된 프로이트와 오이디푸스 콤플렉스에 대한 클라인의 수정에서 모든 것은 그녀가 묘사한 것처럼 윤리적 책임이 기원하는 사례들로 이해될 수 있다. 초기 유아기의 양심(혹은 초자아) 발달을 설명하기 위해서 소개된 클라인의 핵심 개념은 보상reparation이다. 클라인에 따르면, 유아는 영양분을 빼앗긴 것에 대한 보복으로, 그가 환상 속에서 어머니의 젖에 입힌 상처에 대해 상징적 방식으로 보상을 한다. 그 유아와 이러한 부분-대상과의 관계는 그와 어머니, 다음으로 아버지 그리고 궁극적으로 타자로서의 자신을 포함한 모든 타자들과의 관계를 위한 근간이 된다(일례로, Klein, 'Love, Guilt and Reparation' 참조). '번역'이라는 단어, 즉 클라인의 텍스트에는 효력 없는 단어를 소개하면서, 스피박은 클라인을 매우 통합적이고 도발적인 방식으로 설명한다.

> 멜라니 클라인은 […] 번역 작업이 '삶'이라는 끊임없는 왕복 버스라고 주장한다. 유아는 어떤 하나를 잡고 나서 다른 것들을 잡는다. 내부와 구분할 수 없는 외부의 이러한 잡기begreifen는 왔다갔다하며 잡은 것(들)을 통해서 모든 것을 기호-체계로 부호화하면서 내부를 구성한다. 우리는 이러한 대강의 부호화를 '번역'이라고 부를 수 있다. 이러한 결코 끝이 없는 엮기에서 폭력은 양심과 악덕으로 번역되며 그 역도 성립한다. […] 따라서 '자연'은 폭력의 작동에서, 혹은 왕복하는 폭력의 자리에서 '문화'의 일부가 되고 다시 된다. […] 위태로운 보상과 책임의 주체의 폭력적 생산 […] 따라서 멜라니 클라인을 통한 이와 같은 번역에 대한 이해에서 번역이라는 단어 그 자체는 문자 그대로의 의미를 상실하고 용어의 오용catachresis이 된다. […] 내가 클라인으로부터 끌어내고 있는 의미에 따라, 번역은 정말로 문자 그대로의 의미에서 그것의 정박지를 상실한다. 이런 일반적 의미에서 번역은 번역하고 있는 주체의 통제하에 있지 않다. 진정으로 인간 주체는 내부에서 외부로, 폭력에서 양심으로, 이러한 왕복하는 번역을 통해 생겨났었을 무엇이다.

즉 윤리적 주체의 생산이다. 따라서 이 본래의 번역은 영어 단어 번역의 의미를 그 의미 생산의 외부에서 왜곡한다. ('Translation as Culture' 13-14)

만약 '보상과 책임의 주체'가 스피박이 클라인으로부터 끌어낸 번역의 과정을 통해 생산된다면, 일반적 의미에서 번역은 종교에 의해 제공된 형상적 언어와 '규정적인 정신분석 전기psychobiography'의 안과 밖으로 왕복하는 서발턴의 호전성을 지닌 주체 그리고 데비의 <젖어미>에서와 어느 정도 동일한 실천을 하는 여성적 동인을 지닌 주체의 생산을 이해하는 데 있어 강력한(심지어 용어의 오용일지라도) 개념이다. 스피박이 강조하고 있듯이, 이러한 과정이 의도를 가진 주체의 통제하에 있지 않다는 것은 매우 중요하다. 만약 '원본'이 번역에 앞서 존재하는 어떤 것으로 이해된다면, 번역은 원본이 아니라는 의미에서 근원적originary이다. 그것은 일련의 흔적들 안에 있는 흔적이다. 인간으로서, 나는 이러한 끊임없는 이동의 미덕을 통해서만 존재한다. 그러나 다른 한편, 데리다가 <프로이트와 글쓰기의 장면>에서 말하듯이, 정신 기구psychic apparatus에는, '번역가능성을 도입하고 우리가 "언어"라고 부르는 것을 가능하게 만들며 절대적인 관용어를 언제나 이미 넘어서버린 한계로 변형시키는 힘'(*Writing and Difference* 213)이 존재한다.

흥미로운 여담으로, 스피박은 "좁은 의미에서 번역은 [...] 그 내부의 언어, 우리가 '책임지는' 언어, 그것을 많은 언어 중 하나로 보는 죄책감을 향한 보상이라는 특이한 행위기도 하다. […] 나는 내 모국어를 번역한다"('Translation as Culture' 14)라고 언급한다. 그렇다. 그런데 스피박이 데비를 번역할 때, 그것이 모국어가 아닌 사람들이 말하는 모국어를 번역하기도 한다. 그 언어에 책임을 진다는 것은 무엇을 의미하는가? 이는 데비와 스피박이 '존엄'에 관한 단어들을 교환할 때 그들의 성패가 달려있는 것이다. 만약 '존엄'이 누군가에 대한 가치나 가치있음worthiness이라면, 우리는 좋은 젖과 나쁜 젖 사이에서 클라인적인 왕복 혹은 진동의 결과물인 가치-부호화 그리고 그것이 책임의 주체 생산을 위해 수반하는 전부를 가진다. 우리는 '존엄'에 대한 이야기를 하면서 보상making-good(Wiedergutmachung*은 클라인이 독일어로 출판했던 시기에 여전히 사용한 용어다)을 한다. 번역은 어머니뿐만 아니라 절대 어머니가 될 수 없었던 사람에게도 보상이 된다. 그리고 그들을 위한 '존엄'(과 그와 같은 용어들)은 그 혹은 그녀가 결코 말한 적 없거나 이해한 적 없는 언어로 만들어진 수리의 상징적 형태다. 번역 속에 '존엄'이 있다. 그들의 교환이 갖는 복잡성은 한없이 깊다. 그 복잡성 앞에서, 번역이 인정하기도 하고 맞서기도 하는 그 비-관계 앞에서 '인종차별주의'라는 단어는 중요하다.

---

* 독일어로 '보상'을 의미한다.

해체, 번역, 그리고 새로운 비교문학

데비 소설의 스피박 번역은 세계 문학, 즉 생산의 맥락으로부터 떨어져서 유통되며 번역본으로 읽히는 문학[24]에 만연한 번역투에 대안을 제시한다. 국제적인 번역 산업은 현지 문학사와 그 안에서의 저자가 갖는 차이에 무지한 채, 제3세계 문학을 단순화된 문학으로 생산하면서 이를 동질화한다(IOW 267, OTM 182 참조). 스피박은 번역가로서의 목표를 '새로운 비교문학'이라는 발상에 결부시킨다. 그 시발점에서, 마하스웨타 데비에 대한 논평에서 나타나듯이 이러한 발상은 해체의 변형적 실행setting-to-work에 연결된다. 분과학문으로서 비교문학은 "해체를 그것의 급진주의에도 불구하고 유럽적 기원에 정박시켜 왔을 지도 모른다. […] [그리고] 주요 비교언어학comparatism의 남성 지배적 중심으로부터 불편한 거리를 둔 채 성적 차이 안에서 해체에 대한 흥미를 유지해오기도 했다. […] 비교문학을 상상하라는 정언명령은 해체를 재상상하라는 정언명령이기도 하다"('Deconstruction and Cultural Studies' 22). 동양이 연구의 한 지역area으로 상상되고 남반구가 대상화될 때, 해체는 언어의 관용어법과 문화 생산의 부호들에 참여하면서 윤리적 독특성에 대한 응답을 독려할 수 있다. "남반구에서 전지구적 타자(들)의 관용어 포용engagement은 <해체와 문화연구Deconstruction and Cultural Studies>의 대체된 교훈이다. 그 포용은 인류학과 구술사의 대상화하는 불연속적 관광객-응시를 통해서라는 것을 제외하면 유럽-미국 대학 구조에서는 비제도화되어 있다"('Deconstruction and Cultural Studies' 30). 따라서 번역은 해체, 문화연구, 비교문학의 결합체에서 중심에 있다.

스피박은 개별 번역가의 작업 이상의 무언가를 마음에 담고 있다. 관례적인 방식에 있어서 관용어에 명예를 부여하는 남반부에서 번역을 옹호하는 것은 스피박에게 지역 연구Area Studies와의 동맹을 의미해 왔다. 후자는, 세계를 연구의 전략적 '지역들'로 나누는 냉전 지정학의 미국에서 만들어진 것으로, 학자가 특수한 '지역'에서 연구를 수행하기 위해 필요한 언어나 언어들을 습득하는데 있어 언제나 엄격한 기준을 유지해왔다고 스피박은 믿고 있다(*Death of a Disciplin* 7). 자세히 읽기close reading라는 비교문학의 방법론과 결합해서[25], 전통적인 지리적 범주 외부에 있는 언어들의 학습에 대한 이러한 실질적 헌신은 비교문학에 혁명을 불러 올 잠재력을 지니고 있다(*Death of a Disciplin* 9). 새로운 비교문학은 "언어학적 엄격함과 역사적 상식을 가지고서 모든 문학을 공부하는, 제약을 두지 않는 가능성을 포함시키기 위해서"(*Death of a Disciplin* 5) 분과학문의 약속을 이행할 것이다. 스피박의 발상은 현재 콜롬비아대학교에서 실행에 옮겨지고 있다. 1998년에 스피박은 콜롬비아대학교 비교문학과사회센터Center for Comparative Literature and Society 건립의 동력이 되었다. 그곳은 '민족' 언어 및 문학(영어, 불어, 독어 등등) 관련 학과들, 사회과학을 포함한 여타 인문학 학과들, 법학 및 건축학 사이의 교류를 촉진하는 이니셔티브가 되었다. 이 모든 것의 목표는 어떤 번역 프로젝트, 즉 〈문화로서의 번역〉에서처럼 멜라니 클라인을 통해 일반화된 것을 남겨둔다. "문학을 가르치는 것을 상상력, 즉 내재된 훌륭한 타자화의 수단을 단련시키는 것으로 재선언하기 위해서 구식 비교문학이 할 수 있다고 알려진 만큼 우리가 열심히 작업한다면, 우리는 언어로부터 언어로가 아니라 몸으로부터 윤리적 기호체계semiosis로, 즉 '삶'이라는 끊임없는 왕복으로, 번역이라는 환원불가능한irreducible 작업에 근접할 지도 모른다"(*Death of a Disciplin* 13).

3장

데리다 이후의 마르크스

1993년 자크 데리다는《마르크스의 유령들》을 출간했다. 좌파 이론가들은 데리다가 칼 마르크스의 저작을 다루기를 오랫동안 기다려왔다. 단언컨대, 해체에 영향을 받은 사상가들은 마르크스주의 이론을 혁신적인 출발점으로 이끌어냈다. 그런데 대다수가 기다려왔던 것은 해체 이후의 마르크스주의가 아니라[1], 어떤 의미에서는 데리다 이후에 권한을 부여받은 마르크스였다. 그들이 받아들였던 것은 마르크스의 전작에서 유령의 형상에 대한 매혹적이지만 완곡한 고려였다. 그중에서도, 3권으로 된《자본: 정치경제학 비판》보다는 그의 초기 저작들, 즉《독일 이데올로기》,《공산당 선언》,《루이 보나파르트의 브뤼메르 18일》에 집중했다. 이러한 텍스트에 대한 데리다의 읽기는 하이데거와《햄릿》에 대한 분석과 맞물리면서 소비에트 공산주의 종말 이후의 마르크스의 유산에 대한 명상록으로서 분명히 소개되고 있다. 발터 벤야민으로부터 유래한 메시아적 주제는 데리다를 통해서 뉴 인터내셔널과 '도래할 민주주의'라는 사상으로 발전했다.《마르크스의 유령들》에 대한 반응들은 그 책에 대

한 기대치가 높았던 것만큼 엇갈려 있었다.[2]

《다이아크리틱스》에 실린, 가야트리 차크라보르티 스피박의 〈대필Ghostwriting〉(1995)은 데리다의 책의 몇몇 지점에 매우 비판적이다. 그녀에 따르면, 데리다는 상업 자본과 산업 자본의 구분에 실패했기 때문에 주요한 비판을 받고 있다. 이 구분은 1867년에 출간된 《자본》 1권에서 마르크스가 제시했던 중심축이 된다. 스피박은 1980년 이후에 데리다에 대한 비판을 어떻게든 해왔고, 또 지속해 오고 있다('Remembering Derrida' 20). 그런데 그것은 〈대필〉에서 데리다에 대해 쓴 스피박의 글에 예외적인 풍자로 나타난다. "나는 마르크스를 다루는 데리다에 대해 항상 어려움을 겪어왔다. 한 친구는 아마도 내가 마르크스에 대한 소유권이 있다고 느끼기 때문이라고 말했다. 누가 알겠는가? 그럴 수도 있다고 본다. 어쨌든, 나는 내 어려움을 다룬 글을 출간했다. [⋯] 내 주요 문제는 데리다가 산업 자본과 상업 자본의 차이에 대한 존중을 거부하는 것처럼 보인다는 것이었다"('Ghostwriting' 65). 스피박의 논문이 지닌 어조는 데리다의 분노를 유발하기에 충분했다.[3] 1980년 스리지에서 열렸던 '인간의 종말들/목적들: 자크 데리다의 업적으로부터'라는 콜로키엄에 참여해서 그것을 처음 지적한 후 10년이 넘었지만, 데리다가 여전히 동일한 실수를 반복하고 있다는 사실에 스피박은 어떤 좌절감을 느꼈을지도 모른다. 그리고 더욱이, 스피박의 마르크스 읽기에 대한 기준에 부합하지 않는 단순한 실수일 뿐만 아니라 궁극적으로는 마르크스 텍스트를 데리다가 자기만의 방식으로 읽어내는 실천의 실패이기도 하다. 스피박은 상업 자본과 산업 자본 사이를 구분하는 읽기가 데리다적 주제론의 안내를 받고 있다는 것을 분명히 보여준다. 학생은 교사를 존중하지만 교사는 학생의 말에 귀를 닫고 있다. 데리다는 학생이 아닐 뿐만 아니라 그 교훈을 인정조차 하지 않고 있다.

스피박이 설명하듯, 상업 자본과 산업 자본의 차이를 마르크스가 곧바로 이해하지는 못했다. 그 차이에 대한 스피박의 강조는《자본》1권에서 사용가치와 교환가치라는 개념에 대한 이해와 상호 연결되어 있다. 또한 그녀에게 그것은 자본주의에서 사회주의로의 이행에 대한 거대한 질문과 관련이 있다. 이는 마르크스 사후 10년이 넘은 1894년에 프리드리히 엥겔스가 편집해서 출간한《자본》3권 말미에서 마르크스가 제기한 화두다. 산업 자본/상업 자본, 사용가치/교환가치, 자본주의/사회주의 등 차이들의 관계망은 계속 스피박의 마르크스에 대한 혁신적인 글쓰기에 활기를 불어넣는다. 그것은《자본》에 대한 윤리적 대리보충을 찾는 중심에 놓여 있다. 수년간 스피박은 조금씩 다른 방식으로 여러 번 사용가치의 화두로 돌아왔다. 일반적으로 사용가치에 대한 용인된 이해에서는 그것이 교환 회로를 회피한다. 즉 사물은 사용될 수 있지만, 상품이 될 수는 없다. 스피박에 따르면 이처럼 사용가치에 대한 수용된 개념이 비마르크스주의자와 마르크스주의자에 의해 똑같이 널리 받아들여질지라도, 마르크스가《자본》에서 실제로 썼던 것을 제대로 평가하지는 못한다. 사용가치는 노동력이라는 개념의 근간을 이룬다. 스피박은 마르크스에 대한 글쓰기에서 마르크스의 텍스트를 설명하기 위해 꾸준히 데리다를 이용한다.

〈마르크스 읽기에 관한 고찰〉(1983/1987)에서 스피박이 선언하듯, 그녀는 마르크스에 대해서 쓸 때 "새로운 텍스트들을 읽고 난 후에 소중히 여기는 텍스트들을 읽는다"('Speculation' 30). 그녀는 1976년에 《그라마톨로지》를 번역 출간한 후에 곧바로 마르크스에 대한 첫 저서를 출간했다. 스피박은 〈마르크스 읽기에 관한 고찰〉의 출간 시기를 1978년으로 정하면서, 어떤 의미에서 1981년에 불어로 출간되고 1993년에는 《교육기계 안의 바깥에서》에 싣기 위해 영어로 번역되면서 수정된, 스리지에서의 발표보다 앞서서 마르크스에 대해 가장 먼저 나온 글이라 할 수 있다.

〈마르크스 읽기에 관한 고찰〉에서 스피박은 마르크스에 대한 접근이 어떻게 데리다의 안내를 받았는지를 매우 명확히 밝히고 있다. 스피박에 따르면, "데리다를 통한 마르크스 읽기를 강요하는 것은 경제적인 것의 텍스트성을 발생하게 한다"('Speculation' 43)라고 쓴다. 《그라마톨로지》의 역자 서문에서 중심 주제는 명백하다. 데리다가 쓴 논문인 〈백색 신화〉(1971)에 대한 그의 주석을 자신의 출발점으로 삼은 스피박은 마르크스가 1857년부터 1859년까지 쓴 비망록인 《정치경제학 비판 요강Grundrisse》에서 돈이 어떻게 대리보충으로 작동하는지를 설명한다. "돈은 재산에 이미 내재해 있는 소외의 원칙에 대한 표식이다. [...] 데리다가 대리보충성의 제약을 두지 않는 도식을 가지고서 접근하는 것은 정확히 이러한 필수적이고 내재적인 소외, 즉 내재적인 모순 속에 내포된 언제나 만회 가능한 부인negation의 연쇄다. […] 그리고 일단 돈이 마르크스에게 있어 인식되지 않는 대리보충으로 여겨진다면, 그것은 글쓰기의 모든 표식을 보여준다"('Speculation' 36). 스피박은 데리다가 어떻게 "동일한 방식으로 사용가치와 교환가치 사이의 대립을 해체하기 위해 이용될 수 있는지"('Speculation' 36)를 보여주고자 한다. 이것은 그녀를 돈과 교환의 회로, 《요강》의 주체 문제로부터 《자본》과 생산의 영역으로 이끌고 있다. 거기에서 우리는 "노동력의 그 자체에 대한 필수적이고 본질적인 초일치화super-adequation, 즉 노동력은 소비하는 것 이상의 더 많은 가치를 창조하는 것이 본성"임을 알게 된다('Speculation' 38). 스피박은 《자본》에서 교환가치가 텍스트이자 재현이라고 주장한다. 다시 말해 그것은 상이한 특징을 지니고 있다. 이는 사용가치가 이론적 허구라는 것을 의미한다. 마르크스는 그것을 교환가치가 사물로부터 추출될 때 남겨진 것이라고 정의한다('Speculation' 40). 여기에서 스피박은 '그 정전에서 확고한 구절'에 대해서 언급한다. "상품들의 교환-관계에서 그것들의 교환가치는 우리에게 그것들의 사용가치와 완전히 독립되어 있는 것처럼 보인다. 그런데 만약 우리가 노동의 생산물로부터 사용가치를 추출한다면, 우리가 방금 내린 정의대로 그것들의 [교환] 가치를 획득한다. 따라서 상품의 교환 관계나 교환가치에서 스스로[sich darstellt]를 표현하는 공통 요소는 가치다"(*Capital* 1: 128).

이것은 그녀가 수년간 반복하며 재고하는 구절이다.

'적합한 것'을 갖춘 데리다적 점유를 글쓰기와 대리보충성이라는 모티프에 추가하면서 스피박은 자신의 논문의 핵심에 접근한다. 그녀는 "부적합한 것의 여정을 마르크스에게 위치시키는 것이 가능한가?"('Speculation' 49)라고 묻는다. 이러한 질문은 《요강》에 관한 그녀의 분석에서 부분적으로 이미 답이 내려졌다. 그러나 《자본》의 맥락에서 그 질문은 노동력과 관련 있기 때문에 보다 첨예해진다. "자유로운 인간의 노동은 그 자체로 부적합할 수도 있기 때문에 자본에 의해 전유될 수 있다. [⋯] 노동력이라는 독특한 재산property은 자기일치화의 과잉 속에서 부적합할 수 있다"('Speculation' 53). 이러한 논평은 스피박을 노동력과 사용가치의 관계에 대한 놀라운 관찰로 이끈다.

> 또한 마르크스에게 부-적합한 것의 여정은 그 시작과 끝을 의미하는 용어인 사용가치에 넘쳐흐르며, 교환가치의 우발적인 회로는 그에 맞서 있다. "사물의 유용함이 그것을 사용가치로 만든다. [⋯] 따라서 바로 그 상품의 몸체는 사용가치이다. 그러므로 사용가치의 특징은 그 유용한 속성[Gebrauchseigenschqften]의 전유가 사람들에게 많거나 적은 시간을 할애하도록 하는지의 여부에 달려 있지 않다. [⋯] 사용가치는 오직 사용이나 소비를 통해서만 그 자체를 실현시킨다"(*Capital* 1: 126). 그런데 이러한 상품의 몸체는 [⋯] 인간과 자연 사이의 교환-상황을 의미한다. 그것은 추상 작용으로 조직되는 '나쁜'

> 교환이 시작되기에 앞서 구체적인 개인에 의해서 행해지는 '좋은' 교환이다. […] 여기에서 다시, 대리보충성에 대한 데리다의 주장은 우리에게 도움을 준다. 만약 계급적 대립이 두 개념(정체성/관계성, 사용가치/교환가치) 사이에 세워진다면, 덜 선호되거나 논리적으로 뒤에 오는 개념은 상대 개념에 내포된 것으로 보이며, 언제나 이미 거기에 있었던 그 상대 개념에 결핍을 줄 수 있다. […] 사용가치와 교환가치의 대립은 해체될 수 있고, 양쪽 모두 부적합impropriety의 표식을 공유하는 것으로 보일 수도 있다. 사용가치의 범주는 자본과 노동력의 관계를 묘사하기 위해 이용될 때, 고대-목적론적archeo-teleological 파토스가 비워진다. 살아있는 노동의 자본화는 자본에 의해 상품으로 여겨지는 노동이라는 사용가치의 실현이다. ('Speculation' 54-55)

스피박은 이후 마르크스에 관한 논문에서 했던 것과 달리, <마르크스 읽기에 관한 고찰>에서는 아직 산업 자본과 상업 자본의 차이를 틀 짓기 위해서 노동력에 대한 이러한 이해를 적용하고 있지 않다. 그런데 그녀는 노동력의 상품으로서의 특이한 본성을 강조하기 위해서 그 이해를 활용하고 있다. 그 노동력의 이중적 본성은 자본의 정치적이고 윤리적인 함의의 특수성을 이해하는데 있어 매우 중요하다. 마르크스가 쓰듯, "잉여가치의 추출은 […] [노동력의] 구매자[자본가]에게 행운의 일부이지만, [노동력의] 판매자[노동자]에게는 부당하다"[*Capital* 1: 301] […]

혁명적 실천을 위해 순수하게 철학적인 정당화는 발견될 수 없다"('Speculation' 50). 그밖에 스피박은 마르크스가 자본에 의해 전유될 자유로운 인간의 노동 능력은 "자본주의와 함께 생겨난다. [오히려] 자본주의는 자본의 자기-결정권이라는 취지로 그것을 합리화한다"('Speculation' 53)라고 덧붙여 말한다. 스피박에 따르면, 마르크스의 텍스트는 이러한 결론을 완전하게 도출한 것은 아니다. 그 텍스트는 소외된 노동에 대한 적대와 우리가 우리 자신을 위해서 하는 일에 몰두하고 있다. 스피박이 주장하듯, "사회적이거나 혁명적인 정의"의 이름으로 철학적 정의를 결국 놓아줘야만 하는 윤리와 정치를 수반하는 노동의 본질적 부적합을 드러내기 위해서는 데리다적 읽기가 필요하다('Speculation' 53).

스피박이 〈마르크스 읽기에 관한 고찰〉에서 데리다를 전유하는 또 다른 방식을 언급할 필요가 있다. 슈트르너가 《독일 이데올로기》에서 보여준 "이른바 동의어와 동일시하는 것"에 대한 마르크스의 비판에 관해, 스피박은 "그 '동일한' 단어의 동의/정체성이 모순되거나 비대칭되는 메시지를 단일한 주장으로 가려지도록 허용할 때 무슨 일이 발생하는지를 알아차리면 해체의 첫 발걸음을 떼게 된다"('Speculation' 35)라고 강조한다. 스피박은 데리다가 《그라마톨로지》에서 분석했던 것처럼 서구 형이상학에 관한 텍스트에서의 '글쓰기'를 암시하고 있는 것일 수도 있다. 다른 곳에서도 반복하고 있듯이(IOW 155), 이러한 지점은 〈서발턴은 말할 수 있는가?〉가 마르크스의 《브뤼메르 18일》

에 대한 읽기에서 이론가들에 의해 자주 하나로 통합되는 단어인 '재현representation'을 두 가지 의미로 구분할 때 논의를 펼치는 중심축이 된다. 나는 마르크스에 관한 스피박의 여타 핵심 텍스트를 살펴본 후 이를 상세히 검토할 것이다.

1980년 스리지에서 열렸던 데리다에 관한 콜로키엄에서, 스피박은 마르크스의 사용가치에 대한 통찰력으로 데리다를 비판한다. 1981년에 〈인간의 종말〉이라는 회보 형태로 출간된 논문을 확장 및 수정한 〈데리다에 나타난 마르크스의 한계와 열림Limits and Openings of Marx in Derrida〉(1993)에서 스피박은, 〈대필〉에서 그랬던 것처럼 비판을 위한 틀을 짠다. "데리다는 마르크스의 주된 주장을 모르는 것처럼 보인다. 그는 산업 자본을 상업 자본, 심지어 고리대금과 혼돈하고 잉여가치를 투기로 낳은 이자와 혼돈한다"(OTM 97). 스피박은 "데리다가 그의 텍스트에서 돈과 정치 경제의 은유를 중요하게 사용하고 있다"(OTM 103/'Il faut' 508)라는 것을 알아차린다. 〈마르크스 읽기에 관한 고찰〉에서처럼 그녀는 바로 데리다로부터 이러한 은유에 참여하는 계기를 얻는다. "철학적 텍스트에서 특권화된 은유에 참여하는 것은 물론 데리다에게서 배우는 교훈이다"(OTM 103/'Il faut' 508). 스피박은 하이데거의 논문 〈예술작품의 근원〉을 다룬 데리다의 《회화의 진실》에 실린 대화체 텍스트인 〈지칭에서의 진실의 반환Restitutions of the Truth in Pointing〉의 구절을 핵심적인 예시로 든다. 데리다는 반 고흐의 신발 그림에 대한 하이데거의 사유에 집중한다. 스피박은 다음 구절에 대해 논평한다.

"다시 닳아빠져서 유용성[utilité]을 잃은 신발을 벗긴다면 그 신발의 사용가치를 벗겨내는 것인가? [⋯] 노출된 사물blosse Ding은 일종의 상품Zeug이지만 그 신발의 상품으로-되기being-as-product를 벗어버린 상품이다"(*Truth in Painting* 300, OTM 105/'Il faut' 509에서 재인용). 스피박이 주장하듯, "반 고흐에 대한 하이데거의 논평에서 '사용가치'라는 용어의 부재와 〈반환〉에서 분명히 대화체로 등장하는 두 목소리가 서로를 반복하는 것처럼 보인다는 사실은 '사용가치'를 이렇게 쓰는 것이 데리다의 지지를 받게끔 할 수 있다"(OTM 105/'Il faut' 509). 《자본》에서 마르크스가 생산을 고려할 때 "사물로부터 사용가치를 축출해버리는 것과 같은 것은 없다"라고 스피박은 지적한다(OTM 105). 그녀에 따르면, 데리다는 "정치경제를 비판하는 담론의 특수성을 무시하고 있다"(OTM 106/'Il faut' 510). 그래서 그녀는 《자본》에서 사용가치와 잉여 가치의 관계를 상세히 설명한다. "자본은 인간 노동력, 즉 유동적이고 추상적인 평균 노동의 사용가치를 소비하면서 끊임없이 그 자신의 한계를 넘어선다. 자본은 그 사용가치를 소비하면서 이러한 흐름을 중단시킨다. 잘 갖춰서 말하자면, 상품으로서의 노동력이 사용가치로는 부정되면서 (교환[가능한]) 가치로 지양된다sublate"(OTM 106/'Il faut' 510).[4]

〈마르크스 읽기에 관한 고찰〉에서처럼, 스피박은 사용가치의 분석에 대한 정치적 함의를 주장하면서, 이번에는 자본주의로부터 사회주의로의 변화와 더불어 일과 상품의 마르크스적 아포리아에 관한 간결한 개요로 그 함의를 갱신한다(1993년에는 다음 구절에서 마지막 두 문장이 추가되었다).

> 마르크스에게 (더 가치 있는) 잉여가치는 인간과 그 자신의 필수적인 초일치superadequation를 표시한다. […] 자본의 관계Verhältnis에서는 철학적인 불공평injustice이 없다. 자본은 육체라는, 즉 초일치를 위한 육체의 축소할 수 없는 능력이라는 자연스럽고 합리적인 목적론의 대리보충일 뿐이다. 자본은 육체를 사용가치로서 사용한다. 자본주의는 그 자신의 이익을 위해 자본에 내재한 모순을 관리한다. 마르크스는 사회적 인간을 도모하기 위해서 자본의 모순을 관리하는 사회주의에 적합한 사회적인 것을 꿈꾼다. 따라서 그는 일과 상품의 대립을 강조해서는 안 될 뿐만 아니라, 적극적인 계산calculus을 위해 그 일과 상품의 상품으로서의 공통된 이중적 본성을 이용해야만 한다. (OTM 107/'Il faut' 510)

그러므로 1970년대에 출간된 텍스트들에서 데리다가 정치경제political economy의 특수성을 무시해왔던 것처럼 보이며, "정말로, 거의 15년이 지나 그의 사유에서 많은 미묘한 변화가 일어난 후에도, 데리다가 잉여가치의 파악을 추진하지는 않았던 것처럼 보이는"(OTM 111) 시기에 큰 성패가 달려 있던 것이다. 그 사이의 긴 시간 동안 스피박은 게으름을 피우지 않았다. 그녀는 〈가치문제에 관한 단상들Scattered Speculations on the Question of Value〉(1985)을 통해 자신의 초기 두 편의 논문에서 보

여준 통찰력을 더 발전시킨다.[5]

이번에는 스피박이 '원시 축적primitive accumulation'이나 '시초 축적original accumulation'이라는 마르크스의 핵심 개념을 통해 가치에 대한 질문에 접근한다. 《자본》에서 마르크스는 돈이 자본이 되고, 자본이 잉여가치가 되며, 잉여가치가 다시 자본이 되는 끊임없는 순환으로부터 벗어나는 방법을 찾기 위해 이러한 개념을 적용한다. "하지만 자본의 축적은 잉여가치를 상정한다. 잉여가치는 자본주의적 생산을 상정한다. 자본주의적 생산은 상품 생산자들의 손 안에 상당한 양의 자본과 노동력의 이용가능성을 상정한다"(*Capital* 1:873, IOW 160에서 재인용). 스피박이 언급하듯이, 마르크스는 "기원보다는 과정을 언급하면서 [그 불연속성을] 해결한다"(IOW 160). 마르크스의 글처럼, "소위 원시 축적은 생산자를 생산 수단으로부터 분리시키는 역사적 과정에 불과하다"(*Capital* 1:874-875, IOW 160에서 재인용). 스피박은 결론을 맺는 문단에서 《자본》에 대한 자신의 해석을 원시 축적이라는 지배적인 마르크스 개념으로부터 뿐만 아니라, 이것이 단지 역사적 과정일 뿐이라는 마르크스 자신의 발상으로부터도 분리시킨다. 스피박에게 있어 그 역사적 과정은 역사적 가능성possibility에 의해 승인된다.

> 자본이 완전히 발전되었을 때, […] 즉 잉여가치의 추출, 전유, 그리고 실현의 과정이 추가적인 경제적 강제 없이 작동하기 시작하는 구조적 순간에, 자본 논리는 그와 같은 자본을 탄생시

키기 위해 출현한다. 이러한 순간은 생산의 전 자본주의적 양식을 통한 잉여가치의 강제적coercive 추출에 의해서도, 또는 이익interest 자본이나 상인 자본의 축적에 의해서도 발생하지는 않는다. […] 마르크스가 강조하듯이, 그 순간은 노동력으로서의 주체에 대한 확정적인 단언의 역사적 가능성을 수반한다. 실제로, 노동력을 '자유롭게 하기freeing'가 이러한 단언의 사회적 가능성에 대한 묘사일지도 모른다고 주장할 수도 있다. 여기에서 주체는 확실히 필수 노동보다는 잉여-노동을 생산하면서 자기 자신과의 구조적인 초일치로 단정된다. 그리고 그와 같은 자본의 기원은 바로 그 주체의 확실한 초일치라는 필수적 가능성이기 때문에, 마르크스는 자본이 노동력의 사용가치를 소비한다는 놀라운 주장을 한다. (IOW 161)

스피박은 자신이 하는 정치적 함의가 무엇인지를 <마르크스 읽기에 관한 고찰>이나 <데리다에 나타난 마르크스의 한계와 열림>에서보다 더욱 상세하게 기술해 간다. 그리고 다시 한번 그녀는 철학적인 것을 사회 정의와 대립시킨다.

정치경제에 대한 비판이 단지 사용가치의 사회를 복원시키는 것에 대한 질문이라면, 이는 아포리아적 순간이 될 것이다. 자본 논리나 임금-노동 외부에 있는 노동을 상정하면서 그러한 복원에 전념하는 '유토피아적 사회주의'에 '과학적 사회주의'는 스스로를 대립시킨다. […] 실제로, 혁명적 실천에서 사회

> 정의 속 '이익interest'은 비논리의 힘을 자본과 자유 노동 사이에서 선한 사용가치의 조화, 즉 철학적 정의philosophical justice를 위해 '불합리하게' 도입한다고 말할 수 있을지도 모른다. 혁명적 실천은 논리적 결과를 추구할 경우 이론적-목적론적으로 타당한 이유를 댈 수 없기 때문에 지속되어야만 한다. 이러한 확장가능성openendedness의 상황을 텍스트성으로의 삽입insertion이라고 부르는 것은 아마도 완전히 허황되지는 않을 것이다. '생산의 모든 사회적 양식들에 공통적인 형태들의 토대'에 맞춰 작동하는 극대화된 사회적 생산성에서 관련 노동에 대한 보다 신중한 개념은 그러한 삽입의 힘을 제한하는 하나의 대안이다[*Capital* 3: 1016]. (IOW 161)

마르크스에 대한 스피박의 후속 글들은 사회주의의 이름으로 《자본》의 철학적 정의를 대리보충할 윤리를 발견하기 위해서 이러한 '텍스트성으로의 삽입'을 다양한 방식을 통해 탐구한다. 그녀는 〈대필〉에서 "상품으로서의 노동력을 통한 잉여 가치의 창조라는 산업 자본주의의 비밀, […] 상품으로서의 노동력은 육체의 유령성ghostliness이다"(72-73)라고 재차 지적한다. 스피박은 데리다의 《마르크스의 유령들Specters of Marx》을 비롯한 여러 저작의 안팎에서 연구하면서 그에 대한 자신의 수정사항들을 지속적으로 추가하고 강조하며 밀도 높은 문장들로 표현한다. "'교환-가치의 기원은 자본의 탄생이 아니다'[*Specters* 147]. 그것은 단지 자본의 가능성에 불과하다. 잉여가치가 자본의 탄생이다. 그것은 이익으로 돌려주기 위해 '필수불가결한 것으로서의 잉여가치'가 아니라 인간적인 것에 대한 확실한 단언으로서 이해되는 '선물gift 대리보충'이다[Derrida, *Given Time* 24]. 사회주의는 그 선물 대리보충을 책임으로 되돌리는 것으로 묘사될 수 있다"('Ghostwriting' 77). 이 질문에 대해서 쓴 1990년대 초반의 글들에서는 사회주의가 점차 자본주의의 차연처럼 보인다. 스피박은 그 글들을 요약하면서('Supplementing Marxism', OTM 107ff) 다음과 같이 쓰고 있다.

> 상품으로서의 노동력이라는 물신화된 특징이 파악될 수 있고, 자본주의를 사회주의로 비틀어버리는 중심축이 될 수 있는 것은 오직 [노동자가 일을 사회화된 일반적 추상 노동으로 파악할 때] 뿐이다. [...] 마르크스는 실제로 무언가를 무시했다. 자본주의와 사회주의 사이의 차이 놀이는 보다 근원적인 갈등에 해당된다. 즉 자아와 타자 사이의 갈등이다. 아마도 차이화differantiation는 생계living라는 비즈니스에 필수적일 것이다. 그 차이화는 삶들의 타협temporizing 속에서 시간이라는 선물의 포르-다fort-da*로서 묘사될 수 있다. ('Ghostwriting' 68)

---

* '포르fort'는 '가버린'을, '다da'는 '여기에(현재 있음)'를 각각 의미하는 독일어이다. 프로이트가 《쾌락 원칙을 넘어서》에서 자신의 어린 손녀가 실패를 던졌다가('포르') 다시 당겨오는('다') 놀이를 표현하기 위해 사용한 용어들이다. 손녀는 이러한 실패 던지기 놀이를 통해 엄마가 외출하고 다시 돌아오는 상황을 표현한다. 프로이트에 따르면, 이를 통해 어

마르크스주의가 책임을 통해 어떻게 대리보충될 수 있는지에 대한 일련의 새로운 숙고로 스피박을 이끈 것은 바로 이러한 성찰이다. 스피박은 이를 수행할 수 있는 책임에 대한 발상과 실천을 위해, 한편으로는 멜라니 클라인('Ghostwriting' 68, 70)과 레비나스('From Haverstock Hill' 70)를 참조한다. 다른 한편으로는 "유령 춤"('Ghostwriting' 70)과 "자본주의에 결여되어 있는" 이러한 사회적 형성물을 참조한다. 〈잘못을 바로잡기〉에서 이를 언급하고 〈하버스톡 힐로부터From Haverstock Hill Flat to U.S. Classroom, What's Left of Theory?〉(2000)에서는 마르크스에 대한 구체적 참조를 통해 이를 탐구하고 있다. 이 장의 마지막 부분에서 이 부분을 논의할 것이다.

〈하버스톡 힐로부터〉에서는 노동력과 사용가치에 대한 질문을 보다 상세하게 설명하기 위해서 《자본》에서 프리드리히 엥겔스의 편집자 서문을 자세히 검토하고 있다('From Haverstock Hill' 1-7). 여기에서 스피박이 데리다를 비판하거나 정정하고 있다는 인상은 덜 분명하다. 또한 해체에 진 빚에 대한 양심적인 인정이나 그 거장이 알아봐주기를 바라는 어떤 노력 역시 덜 분명하다. 그 통찰력만 홀로 빛나고, 이 텍스트와 그에 선행해서 〈마르크스 읽기에 관한 고찰〉, 〈데리다에 나타난 마르크스의 한계와 열림〉, 〈가치문제에 관한 단상들〉로 시작했던

린 아이들은 부모의 부재 상황을 상징적으로 극복하게 된다.

1980년대 초기 텍스트들이 마르크스주의 이론에 기여한 독창성과 탁월함에 있어서는 의심의 여지가 없다.

동시기에 시작된 〈서발턴은 말할 수 있는가?〉가 어떻게 마르크스주의 정치 이론에 대한 세밀한 고찰인가에 대해서는 자주 언급되지 않고 있다. 1982~1983년에 초고가 나왔고, 뒤이어 1983년 여름에 마르크스주의 문학 그룹[6]이 어바나-샴페인에서 조직한 '마르크스주의와 문화 해석' 콘퍼런스에서 발표되었다. 이 글은 스피박의 가장 유명한 논문으로서 데리다 이후의 마르크스로의 귀환('Speculation' 30 참조)이 절정에 달했을 때 나왔으며, 마르크스주의 추종자를 위해 등장했다. 〈서발턴은 말할 수 있는가?〉에는 노동의 국제적 분할과 주변부 노동자들의 착취에 대한 참조가 분명히 있다. 그런데 거기에서 마르크스주의의 주요 초점은《루이 보나파르트의 브뤼메르 18일》이 '재현'을 다루는 방식에 맞춰져 있다. 이러한 읽기가 데리다를 통한 스피박의 마르크스 읽기와 어떻게 연결되어 있는지, 즉, 이른바 '하나의 주장이 성공을 거둘 수 있는 다른 방법'이 없을 때, 그 주장이 관철될 수 있도록 상이한 개념들을 융합시키기 위해 사용되는 동일한 단어의 제시와 어떻게 연결되어 있는지를 파악하는 것은 쉽지 않다.[7] 결국, 일반적으로 놓치는 것은 어떻게 마르크스주의가 스피박에게 해체의 실행setting-to-work이 되느냐이다.

'서발턴은 말할 수 있는가?'

〈서발턴은 말할 수 있는가?〉에서 스피박은 좌파 정치를 위해 재현의 두 가지 의미가 융합하는 것의 함의를 탐구한다. 나는 이 논문이 《포스트식민 이성 비판》에 실리기 위해 수정되면서 부바네스와리 바두리의 자살과 그녀의 여성 친족들의 이에 대한 해석을 다룬 긴 '여담'의 일부를 요약하고자 한다. 스피박은 〈지식과 권력Intellectuals and Power〉으로 발행된, 1972년에 있었던 미셸 푸코와 질 들뢰즈의 대담으로 시작한다(*Language, Counter-Memory, Practice* 205-217). 들뢰즈가 "더 이상 재현은 없다. 즉 행위 외에는 아무것도 없다. […] 이론의 행위와 실천의 행위, 이들은 교체 대상으로서 서로에게 연결되어 있으면서 관계망을 형성한다"라고 선언할 때, 그는 "이론의 생산은 또한 실천이기도 하다"라는 중요한 점을 지적한다. '그런데but' 스피박은 "그 주장에 있어 들뢰즈의 절합이 문제적이다"라고 지속적으로 말한다. 재현의 두 가지 의미, 즉 정치에서처럼 "대변하기speaking for로서의 재현"과 예술이나 철학에서처럼 "다시-나타내기re-presentation로서의 재현"이 함께 작동하고 있다(CSS 275/CPR 256). 이 경우, "정치경제의 상태 형성물과 체제 내에서의 이데올로기적 주제-구성에 대한 비판은 지워질 수 있으며, 또한 '의식의 변화'라는 적극적인 이론적 실천 역시 지워질 수 있다"(CSS 275/CPR 257). 두 요소의 지워짐은 "자기 자신에 대해서 아는 정치적으로 영리한 서발턴들. […] 그들을 재현하면서 지식인들은 스스로를 투명한 것으로 재현한다"(CSS 275/CPR 257)라는 좌파 지식인들에 대한 이미지의 근간을 형성한다. 따라서 그 결과로서 '서발턴은 말할 수 있는가?'라는 질문을 유발한다. "그러한 [이데올로기적 주체-구성에 대한] 비판과 ['의식의 변화'라는] 프로젝트를 포기하지 않는다면", 스피박의 전략은 마르크스의 《브뤼메르 18일》을 통해 연구하는 것이다. 여기에서 그녀는 "대변하기vertreten(첫 번째 의미의 'represent')와 표상하기darstellen(두 번째 의미의 're-present')의 행위를 분석한다. [...] 여기에서 마르크스는 묘사적이고 변화하는 개념으로서 '계급'에 접근한다"(CSS 275-276/CPR 257). 스피박의 분석에서 하나의 전환을 맞이한 것은 《포스트식민 이성 비판》의 3장 〈역사〉에 두 번째 부분으로 넣기 위한 〈서발턴은 말할 수 있는가?〉의 재구성을 예상토록 하면서, 스피박이 '비유topology로서의 재현/수사법과 설득으로서의 재현/수사법 사이의 오래된 논쟁, 즉 표상하기는 그 첫 번째 무리에 해당하고 대변하기는 대체를 더욱 강력하게 시사하는 두 번째에 속한다'를 둘러싼 묘사적인 개념성과 변화하는 개념성 사이의 관계를 어떻게 틀지었는가를 우리에게 확인시켜 준다(CSS 276/CPR 259). 이는 또한 진술적인 것constative과 수행적인 것performative 사이의 관계로 이해될 수도 있다(cf. CPR 283). 이어서 스피박은 "[대변하기와 표상하기가] 관련되어 있으나, 특히, 억압된 주체들이 그 양쪽 너머에서 스스로for themselves 이야기하고 행동하며 인지한다고 말하기 위해서, 그것들(대변하기와 표상하기)을 함께 운용하는 것은 본질주의적이고 유토피아적인 정치로 이끈다”(CSS 276 / CPR 259)라고 주장한다.[8] 추가된 예시들이 말해주듯이, 이것은 “계급이 아니라 젠더라는 단일 화두로 이전되면서 전지구의 금융화에 대한 의심의 여지없는 지지를 보낼 수 있으며, 그 지지는 신용-미끼에 낚이는 시골 여성 안에 일반 의지를 무자비하게 구축한다. 비록 이것이 그 여성이 ‘발전’할 수 있도록 UN 행동계획Plans of Action을 통해 그녀를 ‘구성format’하는 것일지라도 말이다”(CPR 259). 내 생각에 초기 판본에서는, 비유와 설득으로의 용어상terminological 전환이 일어나더라도(CSS 277/CPR 260), 거기에서 제시한 급진적인 지적 실천에 대한 분석의 함의가 서술Darstellung이라는 복잡한 문제 안에 남아 있다. 비평가의 과제는 언어적 표상 너머에 놓여 있는 것을 폭로expose하는 것이다. “대변하기와 표상하기의 공모 그리고 그 실천의 장소로서 그것들의 차이 내 정체성은 단어의 책략으로 융합되지 않을 때에만 그 가치를 인정받을 수 있다. 이러한 공모는 마르크스가 《브뤼메르 18일》에서 한 것처럼 마르크스주의자들이 정확히 폭로해야만 하는 것이다”(CSS 277/CPR 260, 저자 강조).

나는 〈서발턴은 말할 수 있는가?〉가 《포스트식민 이성 비판》에서 재구성되고 수정되면서 일부가 달라졌다고 주장하고자 한다. 스피박은 폴 드 만의 후기 글들에 등장하는 비유와 설득의 어휘가 지니고 있는 암시를 심화하면서 초기 판본에서 폭로로서 이해된 것(그 수행으로서의 논문은 언제나 이러한 이해를 초과하는 것처럼 보였다), 그리고 타산적인interested 재현에 대한 질문은 '영구적인 파라바시스'로 다시 쓰인다. 《포스트식민 이성 비판》의 2장 〈문학〉에서의 장엄한 주석은 이러한 변화하는 번역을 암시한다. (기표와 기의 사이의) 거리는 다음과 같은 스피박의 논의에 따라 지속적인 분열로 변해간다. 스피박은 "알레고리에 대한 드 만의 해체주의적 정의를 추천한다. 그 정의는 '다르게-말하기speaking otherwise'의 행동주의activism를 고려하는 '아이러니'로 넘쳐흐르기 때문이다. 그리고 지금의 요점은 끈질긴 개입으로 거리를 변화시키는 것이다. 그 개입에는 책임 있는 최소한의 정체성주의identitarianism에 의해 추정되는, 위치시킬 수 없는 타자성에 위치하는 다르게-말하기allegorein의 동인이 다르게otherwise라는 타자 속에 자리하고 있는 것으로 보이기 때문이다"(CPR 156n). 나는 1장에서 이러한 정식화를 생산하는 드 만의 《독서의 알레고리》 및 여타 텍스트들을 통해 스피박의 비판적 친밀성에 대해 탐구했다. 여기에서 파라바시스(연극 용어로는 역할에서 벗어나는 것)로서의 아이러니에 관한 알레고리(혹은 다르게-말하기)라는 표현과 별개로, 드 만이 다른 텍스트적 곤경들 사이에서 읽기의 알레고리를 수행적이고 진술적인 것(혹은 그가 인지적이라고 부르곤 하는 것)의 분열로서 제시한다는 사실을 충분히 인지하고 있어야만 한다. 여기, 다른 예시에서는 스피박이 드 만을 변형적으로 사용하고 있다. 수사적 곤경으로서의 윤리성(*Allegories* 206)이 윤리적인 것과 연루된 수사성으로 전환된다. 비록 동등하지는 않더라도, 설득으로서의 수사법과 비유로서의 수사법 사이의 구별과 간섭은 같은 계열에 속하는 것으로 보인다. 표상하기(진술하기)와 대변하기(수행하기)로서의 재현에서 언어를 통한 묘사portraiture와 대리 행위proxy의 공모 역시 마찬가지이다. 따라서 우리는 《포스트식민 이성 비판》에서 재현에 관한 전략의 중대한 발전을 보게 된다. 그 재현은 파라바시스를 통해서 더 이상 단지 폭로로서 이해될 뿐만 아니라 분열로서 수행된다.

이러한 변화의 함의들은 이 분열적인 '영구적 파라바시스'가 《포스트식민 이성 비판》의 부록에서 "해체의 실행", 즉 "유보 없는without reserve 해체의 실행"(CPR 430)으로 착수될 때 훨씬 더 심오하게 드러난다. 부록의 독자들은 마르크스의 재현에 대한 초기 설명을 다시 읽게 되는 입장에 놓인다. 비극을 익살극으로 기입하는 《브뤼메르의 18일》은 의회 온정주의parliamentary paternalism로부터 비켜서 있는 파라바시스를 작동시키며 해체의 실행으로서 나아간다. 그 부록은 실행에 옮겨진 해체가 학계의 이론적 정식화와 이론적 실천을 넘어설 때 그 판돈stakes이 얼마나 큰지를 분명하게 보여준다. 이 서슴없는 해체를 아이러니에 대한 드 만의 정의로 묘사하면, "의미의 주요 체계에 대한 지속적인 펼침unfolding, 즉 해체의 정식화를 비롯해 추상이라는 다른 차원에 놓인 전지구적 발전의 논리에 '다르게'(다르게-말하기allegorein=speaking otherwise) 연결된 원천으로부터의 영구적인 파라바시스 혹은 일관된 방해"이다(CPR 430). 이 파라바시스는 독자를 위한, 그리고 다르게-읽기를 위한 이동하는 장소로서 극화되며, 이것은 《포스트식민 이성 비판》의 4장

<문화>를 통해 저자가 "순회"를 하듯이(CPR 377), 하나의 사례에서 다음 사례로 급히 전환해 가면서 이 책을 점차 특징짓는다. 이런 경우에 읽기는 협소한 의미에서의 읽기가 아니다. 스피박이 "세상 읽기의 문학적 습관을 훈련하는 것"이나 "초국가적인 리터러시"(CPR xii, 357)를 통해서 언급하고자 한 것은 마르크스의 《자본》의 내포 독자인 공장 노동자로부터 유추한 내포 독자이다. 그 노동자들은 "자본주의의 희생양이 아니라 생산의 동인으로 스스로를 재고"(CPR 357)하도록 요청받는다. 그러나 스피박의 내포 독자들은 공장 노동자들이 아니라, "[유럽중심의 이민자들과 정치적 망명 신청자들로 구성된] 집단에 느슨하게 속해있는 외국계 미국인"이다. 그들은 마르크스로부터의 균열된 유추를 통해 가능한 착취의 동인으로 스스로를 재고할 지도 모른다. 이어서 스피박은 "그러면 그들이 이제 고국이라고 부르는 민족-국가가 국제적 자본의 새로운 통합을 공고히 하기 위해서 그들이 아직까지 문화라고 부르는 민족-국가에게 '도움aid'을 준다는 발상은 내가 '초국가적 리터러시'라고 부르는 것으로 이끌지도 모른다"(CPR 357)라고 말한다.

나는 다음 장에서 페미니즘에 관한 스피박의 글에서 이러한 분석의 함의를 탐구할 것이다. 한편, <서발턴은 말할 수 있는가?>가 어떻게 데리다 이후의 마르크스에 대한 읽기를 대변하는지에 대해 더 살펴보고자 한다. 해체와 마르크스주의와 관련된 보다 너른 함의들 중 일부를 개략적으로 소개하면서 몇 가지 질문들로 결론을 맺을 것이다.

이러한 다르게-말하기와 다르게-읽기, 즉 '서슴없는 해체의 실행'이 "자본의 사회적 생산성을 자본-주의적으로 활용하는 것의 지속적인 밀어내기, 즉 차이와 지연"(CPR 430)으로 특징된다면, 마르크스주의 그 자체도, 특히 그것이 자본주의에서 사회주의로 이행하면서, 해체의 실행으로서 묘사될 수는 없을 것이다.[9] 이에 대한 스피박의 짧은 대답은《포스트식민 이성 비판》에서의 몇몇 언급들에서 알 수 있듯이, 긍정yes이 될 것이다(CPR 67 and *passim*). 그러나 그 긍정 이면에 있는 논거는 간략한 설명이 필요하다. 고전적인 마르크스주의 용어에서 자본주의와 사회주의의 차이는, 비록 그것들이 생산의 사회화를 공통적 요소로 특징화하고 있지만, 자본주의에서는 생산에 의한 잉여는 사적으로 전유되는 반면에, 사회주의에서 그것은 사회적으로 분배된다는 것이다. 스피박은 이러한 고전적 용어들을 자신의 내포 독자들, 즉 상대적으로 특권화된 대도시의 이중첩자double인 토착정보원Native Informant(NI)을 위해 바꿔 말하는 것으로 읽힐 수 있다. 최근에 이 NI는 금융화된 전지구적 경제에서 새로운 이민자New Immigrant로 고쳐 쓰인다. 독자에게 말 걸기라는 맥락에서 서슴없는 해체의 실행은 자본주의자로서 사회화된 자본의 재현(표상하기), 즉 결과적으로 자본주의를 위한 존재로서 일반 의지의 재현(대변하기)이라는 폭로와 활발한 분열로 이해될 수 있다.《포스트식민 이성 비판》의 3장 〈역사〉의 마지막 페이지와 레닌의《제국주의》에 달린 주석이 지칭하듯이, 우리를 그 책의 부제인 '사라져가는 현재'에 더 가까이 데려가면서, 자본주의의 가장 최신 무대는 '제국주의'가 된다. 이 지점에서 궁극적으로 그것은 신용-미끼credit-baited로 낚인 시골 여성에게 일반 의지를 구축하는 전지구적 금융화의 문제다. 그런 여성의 노동은 강력하게 사회화돼왔을 뿐만 아니라(CPR 68), 결국 차입 자본의 이자를 지불하는 저당 잡힌 노동이기도 하다.[10] 이러한 일반 의지의 구축에서, "부바네스와리의 가장 큰 언니의 장녀의 장녀의 장녀. [⋯] 즉 새로운 미국 이민자"(CPR 310)는 거칠게 말해 예시적인 공동collaborative 동인이다. 그 책의 내포 독자로서 스스로를 가능한 착취의 동인으로 보도록 요구받는 새로운 이민자는 그러한 과정에 협력하지 않도록 요청을 받고 있다. 여기는 문화 정치가 중심축이 되는 곳이며, 《포스트식민 이성 비판》의 4장 〈문화〉에서는 실천을 제안한다. 새로운 이민자, 혹은 좀 더 정확하게, 그녀의 딸이나 손녀딸은 '초국가적 리터러시'를 발전시키라는 명령을 받는다. 행위play에서 재현의 두 가지 의미를 비판적으로 절합하면서 이러한 초국가적 리터러시는 '문화적 향수의 보고'인 이민자들의 출신 국가에 대한 미국의 다문화주의적 재현(표상하기)의 폭로, 그리고 남반구에 사는 시골 여성들의 시민 사회에서의 유의미한 재현(대변하기)을 극대화하려는 노력에 동반되는 활약으로 이끌 것이다. 여기에서 다문화주의는 초국가적 자본주의를 이러한 여성들에게 납득시키고 전지구화를 위한 일반 의지를 그들 안에 구축시키기 위해 작동하는 반면에, 스피박은 "그들이 남반구에서 자기 자신의 출신 국가라는 입구를 통해 전 세계에 걸친 사회 운동에 가담한다면, 축적을 사회적 재분배로 계속 향하게끔 할 가능성이 그들의 사정거리 안에 들어와 있을 수 있다"라는 사실을 지적하면서 자본주의적 축적을 사회적 재분배로 전환시키는 것을 옹호한다(CPR 397-402). 이러한 조건에서의 착수를 통해 《포스트식민 이성 비판》이 마르크스주의를 해체의 실행으로 다시 쓰는 방식은 명확해진다. 초국가적으로 글을 읽고 쓸 줄 아는 새로운 이민자는 문화 정치로 시작하지만 거기에서 끝내지 않으면서, 자본의 사회적 생산성의 자본주의적 이용을 밀어내고 차이로 지연하기 위해 애쓴다. 그녀는 문화의 타산적인 재현(표상하기)을 폭로하면서 남반구 여성의 재현(대변하기)이라는 명목으로도 그렇게 한다. 후자, 즉 그녀의 환영의 이중첩자는 토착정보원으로서의 NI이자 파라바시스가 작동되는 이름 안에서는 (불)가능한 형상이다. 비록 이러한 조건에서는 토착정보원이 한계를 정하고 선구적 행동vanguardism을 저지하는 사람이 될지라도, 이 파라바시스의 목표는 정통적인 것으로 남아있다. 즉 서발턴성을 보존하는 것이 아니라, 그 수반된 공모를 무시하지 않고서 서발턴을 의회 대표parliamentary representation로 내세우는 것이다(CPR 309-310).[11]

여기에서 한 가지 의문이 제기된다. 만약 스피박의 책이 중간 관리자층과 기업, 혹은 학계에 있는 내포 독자들을 위한 '《자본》'이라면, 그것은 아래로부터의 사회주의를 위한 프로젝트를 포기해버린 것인가? 다른 한편, 《포스트식민 이성 비판》은 그 내포 독자를 위와 같은 방식으로 정의함으로써 전지구적 운동과의 연대에 '가담'하려는 신분 상승한 대도시 이민자를 독려하는 제한적인 프로젝트를 시작한다. 그러니 이것은 그림의 일부일 뿐이다. 무엇보다 '전지구적 발전'을 향해 파라바시스를 작동시키는 현지화된 "대항-세계화, 혹은 대안-개발 활동주의"가 있다(CPR 429). 물론 다른 차원도 있다. 그 책이 만약 공공연하게 대도시 이민자를 위해 쓰였다면, 이 책은 또 다른 '리터러시'에 착수한다. 그 리터러시는 대도시에서 실현 가능한 것과 본질적으로 대응 관계를 형성하고 있으며, 여기서는 새로운 이민자가 한계와 마주친다.

> 새로운 이민자의 형상은 근본적인 한계를 지닌다. 그것은 바로 3만 년 넘게 거주해온 사람들이다. 우리는 한계 그 자체에 가치를 부여할 필요는 없지만 그 한계를 고려할 필요는 있다. 여기에는 인간의 대안적 비전이 있는가? 이 굉장히 느린 타협을 통해 배우는 학습 속도는 우리를 디아스포라로부터 확실히 벗어나게 할 뿐만 아니라, 답이나 결론을 손쉽게 내리지 못하게 할 것이다. 디아스포라 문제에 있어 이것을 타자의 이름으로 그냥 둘 필요가 있다. 그 문제는 역사적으로 필수적인 저항의 장으로서 근래 들어 너무 당연하게 여겨지며 이 이름에 대한 망각을 표시한다. 프라이데이? (CPR 402)

쿳시의 소설《포》에 등장하는 인물인 프라이데이는 한계의 형상, 즉 변두리에 위치한 형상이다. 프라이데이는 언어가 없어서 말을 하지 못한다. 말하지-않기라는 한계가 그 자체로 가치를 부여받지 못하더라도[12], 그것은 마르크스주의를 스피박의 다시-쓰기에서 해체의 실행으로 만드는 타자성의 한 판본이다.

나는 1장에서 대항-기입을 위해 필요한 파라바시스를 작동시키는 토착정보원의 불가능한 관점/형상을 식민주의와 포스트식민주의의 구체적인 텍스트성이 어떻게 생산하는지를 제안했다(CPR 37). 그러나 누군가 부록을 비롯해 차연 및 "질문을 지켜내기로부터 완전한 타자에의 요청"(CPR 425)에 이르는 데리다 사유의 발전에 대한 그 부록의 평가를 읽어 내려갈 때 특히 충격적인 것은, 《포스트식민 이성 비판》이 타자성을 위한 (해체의 실행으로서의) 마르크스주의의 책임을 위한 장소를 강조하는 방식이다. "사회주의를 자본주의로부터 분리시키는 것은 자기-보존과 타자의 요청 사이에 있는 선행 경제에 근간하는 것으로 인식된다"(CPR 430). 다시 한번, 읽기에서 정수를 뽑아 단일 질문으로 만드는 것은 불가능하다. 만약 그 체제가 자아에 선행하며 또한 누군가 언제나 이미 대리인(대변하기)이 되어주는 형상이기도 한 타자의 형상의 투사(표상하기)에 의해 지속적으로 초과되고/되거나 분열된다면, 《포스트식민 이성 비판》에 의해서 행해진 그 재구성 작업은 마르크스주의나 사회주의 윤리가 가능하다고 주장하는 것인가? 만약 그렇다면, 〈서발턴은 말할 수 있는가?〉와 《포스트식민 이성 비판》에서 착수되고 추구되는 표상하기와 대변하기의 영구적인 파라바시스는 완전한 타자의 요청에 대한 응답으로서의 다르게-읽기에 대한 또 다른 정식화가 될 것이다. 그리고 이것은 결국, 스피박이 "자본의 사회적 생산성을 자본-주의적으로 활용하는 것의 지속적인 밀어내기, 즉 차이와 지연"(CPR 430)이라고 부르는 것이 대리하는 이름을 통해 타자성이 될 것이다.

자본주의의 결함

스피박은 《지구를 재상상하기 위한 정언명령Imperatives to Re-imagine the Planet》(1999)과 〈하버스톡 힐로부터〉(2000)에서 새롭고 흥미로운 방식으로 이 어려운 질문들에 답한다. 《포스트식민 이성 비판》에서 재구성된 〈서발턴은 말할 수 있는가?〉의 결말에서, 스피박은 금융 자본과 신용-미끼 및 기타 활동들에서 토착정보원/새로운 이민자의 역할에 대해 논의한다. 이러한 전환은 노동력, 산업 자본, 자본주의로부터 사회주의로의 이행에 관한 마르크스 텍스트에 대한 스피박의 신중한 분석에 있어 어떤 함의를 지니고 있는가? 금융 자본에 대한 스피박의 분석은 이러한 이행에 어떤 영향을 미치는가?

이는 오늘날 마르크스주의 글쓰기에서 중요한 질문들이다. 많은 선행 연구자들처럼 데이비드 하비는 《새로운 제국주의New Imperialism》에서 그가 말한 "탈취를 통한 축적"을 포함해, 국가 자산의 평가절하와 사유화 같은 형태들로 주변부에서 더 높은 수익을 남기기 위한 투자로 이끄는 선진화된 자본주의 경제에서 과잉 축적의 위기를 목격한다. 이것은 마르크스가 말한 '원시 축적'의 동시대적 형태이다. 답을 찾기란 쉽지 않다. 하비의 해결책은 반세계화 운동을 다양성으로 포용하는 것이다. 물론 '잃어버린 것에 대한 향수'에 연루되어서는 안 된다(*New Imperialism* 178). 현재의 국면에 대한 스피박의 분석은 조금 다르거나, 혹은 최소한 보다 미시논리적인 접근을 취한다. 다른 한편, 〈서발턴은 말할 수 있는가?〉에서 의회 대표에 대한 그녀의 분석은 시민으로서의 서발턴과 아래로부터의 민주주의라는 발상에 대해 추후에 몰두하게 될 것을 예상하게 한다('A Dialogue on Democracy' 참조). 메도보이Medovoi와 다른 학자들이 〈서발턴은 투표할 수 있는가?〉에서 니카라과의 선거를 분석하면서 스피박의 만족(CPR 309-310)에 대해 지적한 것처럼, 신용-미끼라는 맥락과 세계화를 위한 일반 의지의 창출에서 투표는 브레이크가 될 수 있다. 아마도 시골 남반구의 유권자는 선거 프로파간다에 의해 지속적으로 조종되기 때문일 것이다. 그 유권자의 강압적으로 재조정된 욕망들이 자신의 이해관계로부터 벗어날 때, 영구적인 파라바시스는 더욱 복잡해진다.

보다 급진적인 발상은 스피박의 가장 최근 글에서 제기된다. 내가 1장에서 논의했듯이, 〈잘못을 바로잡기〉에서 스피박은 "자본주의에 결여된defective for Capitalism" 윤리적 체계의 봉합을 옹호하면서 그 체계들이 자본 축적의 논리를 대리보충하고 자본주의를 사회주의로 전환시키도록 한다. 이러한 발상은 〈하버스톡 힐로부터〉, 이론에서 남은 것은 무엇인가?〉와 《지구를 재상상하기 위한 정언명령Imperatives to Re-imagine the Planet》에서 보다 상세하게 착수된다. 여기에서는 그 발상은 금융 자본,

세계화 그리고 스피박이 '시골적인 것의 유령화spectralization' 라고 부르는 것과 연결된다.

《자본》 1권에서 사용가치에 대한 핵심 구절을 읽을 때, 어떻게 '내포 노동계급 독자를 위해 무언가를 보다 명확하게 만들려는 의도를 가지고서 마르크스가 이론화하고 엥겔스가 대신 처리하는지'에 대한 평가를 마친 후에('From Haverstock Hill' 3), 스피박은 오늘날에 대해 다음과 같이 쓴다.

> 지본, 즉 세계무역에서 경제적 · 이데올로기적으로 관리되는 추상적인 것의 구속받지 않는 힘인 전지구의 금융화는 내부로부터의 대립적 관점에 의해서 관리, 즉 대리보충될 수 없다. 오늘날 마르크스의 유령은 개발된 자본 환경 속의 인권Human Rights, 혹은 전미래future anterior의 제한 없는 메시아성messianicity이나, 심지어 서구 전통에서의 (선택하거나 요청받는) '책임'보다 더욱 강력한 제물offerings을 필요로 한다. 이러한 요구는 '자본주의에 결여defective'되었던, 자기 돌봄으로서의 타자 돌봄이라는 윤리적 실천을 향한다. 마르크스는 자본의 이처럼 지독하게 강력한 형태를 사회적인 것으로 돌려놓기 위해서는 자본주의 경쟁에서 길을 잃은 이들을 몇 번이고 돌아봐야 한다. ('From Haverstock Hill' 7)

자본주의에 결여된 윤리적 실천들이라는 발상은 푸코의 후기 글들에 영향을 받았으며, 아마도 문자 그대로 분석될 필요가 있다. 어원학적으로 라틴어에서 유래한 'defect'(결함)는 접두사 'de-'가 '만들다' 혹은 '하다'를 의미하는 어근 'facere'와 결합한 것으로 분석된다. 'defeat'(패배)라는 단어도 같은 어근을 가지고 있다. 따라서 '결여된'은 무언가 부족하다는 의미와 더불어, 좀 더 문자 그대로 봤을 때, 무언가를 무효화 한다un-doing는 의미도 지닐 수 있다. 스피박이 이러한 윤리적 실천들의 함의를 보다 상세히 서술할 때 그녀에게 있어 이 두 가지 의미가 모두 작용하고 있는 것처럼 보인다.

이러한 실천을 언급할 때의 문제점 중 하나는 마흐무드 맘다니의 《시민과 주체》에서 아프리카 '관습법'의 식민주의적 성문화codification에 대한 분석을 참조한 스피박이 말하듯이, "사회적인 것을 목표로 노동과 결부시키기 위해 남겨진 (진정한) 무언가가 없다"('From Haverstock Hill' 10)라는 사실이다. 보다 자세히 말하자면, "책임에 기반한 문화적 실천의 구조적 외형들이 잉여 발판으로 쇠퇴하기 시작한다. 산업 자본주의적 제국주의가 지배적 구조를 부여하고 그 동력은 권리에 기반하기 때문이다"('From Haverstock Hill' 12). 또 다른 문제점은 스피박이 따옴표 안에 쓴 것처럼, "문화가 책임을 체계화하자마자 '책임'의 우발성은 '이질적인alien' 우세한 것의 개입조차 없이 쇠퇴하기 시작한다"('From Haverstock Hill' 12). 스피박은 이것이야 말로 "남성의 식민주의적 지배에 대해 반동하는 이러한 체계들이 점차 젠더-타협적으로 변화하곤 하는" 방식이며, 또한 그러면서 문화주의가 "여성을 뒤처지도록 유지하는 방식"일지도 모른다고 주장한다('From Haverstock Hill' 10, 16).

이러한 문제점에도 불구하고, 스피박은 귀신 들리기 위한 기도와 유령 춤에 참여한다. 〈하버스톡 힐로부터〉와 마찬가지로 원래 1997년에 했던 강의였던 《지구를 재상상하기 위한 정언명령》에서 인용한 긴 구절을 통해 다음과 같이 주장한다.

> 극적인 인식론적 전환transformation 없이는 산업 및 금융 자본이 지속적으로 견제받으면서 사회적인 것의 이득을 향해 돌아설 수는 없다. 나는 이 책임에 대한 사회적 실천이 타자성으로부터 의도된 채 상상되는 정언명령에 기반하기에 오늘날에는 어떤 유명한 기초지식과도 관련지을 수 없다는 주장으로 나아가고자 한다. […] 나는 자본 논리라는 합리적 기계가 개인에 대한 이러한 이해의 타파를 요구했고, 따라서 그 이해를 '전 자본주의적'이라고 묵살하고 있는 역사적 우연을 영광스러워하기보다는, 우리가 민주적 보장의 추상적 구조에 활기와 영감을 주면서 그 이해를 상상할지도 모르며, 그 구조는 정말로 위대한 선이라는 주장으로 나아가고자 한다. ('From Haverstock Hill' 14-15)

책임에 대한 이러한 실천들이 위축되기 때문에, 스피박이 〈잘못을 바로잡기〉에서 쓰고 있듯이, 그것들은 "재발명되고 시민 사회의 민주적 구조들이라는 추상적 개념abstractions 속으로 재성좌를 이뤄야reconstellat[ed]만" 한다('From Haverstock Hill'

15, 17).

그 과정에서 호혜적인 변화가 있을 것이다. 도시와 관련된 '시민 사회'라는 발상은 동시대 자본의 기능을 조명하면서 변해야만 한다. 시골지역은 암묵적으로, 윤리적인 실천들이 남아있는 곳이다. 그러나 세계화와 더불어, "시골의 유령화spectralization"가 진행된다('From Haverstock Hill' 27). 이것은 스피박의 사유에서 금융 자본으로의 전환과 연결되어 있다.

스피박은 핵심 구절을 통해 자신의 《자본》 읽기에 대한 전체 집합체를 재위치시킨다.

> 1870년대 유럽의 불경기가 지난 후에, 레닌은 유령화를 다룬 주요 무대가 상업 자본으로 전화되었다는 사실을 이미 알고 있었다. 자본 축적에서 이미 유령화된 노동력, 사용가치는 생산의 동인으로서 자본을 사회화하기 위한 그것의 고유한 힘을 상실했다. 레닌의 책 《제국주의》의 여러 장 중 하나의 제목이 〈은행들〉이다. 그는 아직 세계은행World Bank을 상상할 수 없었다('From Haverstock Hill' 27).

만약 사용가치와 노동력이 자신들의 (고유한) 힘을 상실했다면, 그것은 또한 스피박의 사유에서 노동력의 동인, 이른바 노동자가 자본을 사회적인 것으로 전환시킬 그/그녀의 (고유한) 힘이 상실됐다는 사실을 의미하기도 할 것이다. 이것은 마르크스 텍스트에 대한 스피박의 꼼꼼한 해체unpicking가 가져온 중대한 전환이다. 현재 그 동인은 누구인가? 《자본》은 더 이상 그녀가 필요로 하는 답을 제공하지 못할 것이다. 세상 읽기는 그녀의 유일한 해결책으로 남아 있다. 《포스트식민 이성 비판》에서는 새로운 이민자이자 국제 금융의 조력자로서 NI가 존재하는 것으로 나왔다. 〈하버스톡 힐로부터〉에서는 그것이 아주 명확하지는 않다. 단서는 금융 자본이 시골 사람들에게 직접 접근한다는 사실에 있다('From Haverstock Hill' 29, cf. CPR ix). 이는 조력자로의 NI를 배제하지 않을 것이다. 그런데 스피박이 자주 언급하는 관용구를 사용하기 위해서는 노동의 전지구적 분할의 다른 측면에서 그 동인이 반드시 차이가 나야만 한다. 스피박이 이 동인에게 증여한 이름은 원주민aboriginal이다. 생체음모와 신용-미끼에 직면한 이 동인은 무엇을 할 것인가? 다시 말하자면, 저항이란 아이러니한 '영구적인 파라바시스'로 여겨지기에 오직 가장 수수께끼 같은 단서들만이 존재할 뿐이다.

> 세계 무역을 통한 [금융 자본의] 부호화에서 […] 그것은 땅과 체화된 여성 주체를 언급한다. 그리고 항시 부분적으로 유령화된 '시골 사람들'은 전지구적으로 직면하는 것face-to-face의 힘에 맞선다. […] 종자와 DNA의 시간은 '실제real'나 '현지local' 시간이 아니다. 그것은 동인의 열린 장소에만 오직 개방되어 있기에 주체-발화와는 상관이 없다. '서발턴'의 정의는 현재 다시 쓰이고 있다. 그것은 비록 일반적인 이동의 선들로부터 단절되어 있더라도, 혹은 아마도 그렇기 때문에, 전지구적인

> 전기통신을 통해 직접 접촉되는 집단이다. 토착 지식의 유령성 spectrality, 가장 멀리 떨어진 집단들의 DNA-양식의 데이터베이스화, 가장 빈곤한 시골 여성들을 낚는 신용-미끼 등으로 말이다.('From Haverstock Hill' 30-33)

의문에 놓인 파라바시스의 동인들인 '저항의 네트워크'에 대한 스피박의 암시들 그리고 '큰 승리를 거둔 전지구적 금융 자본/세계 무역에는 아이러니를 통해서만 저항할 수 있다'('From Haverstock Hill' 33)라는 발상이 구체성이 떨어진다면, 아마도 이러한 동인들이 행하는 것을 따르면서 "사회적 텍스트를 '읽는' 문학 비평"('From Haverstock Hill' 31)이 제시되기 때문일지 모른다. 그러나 문학 비평이 이러한 파라바시스를 수행하는 확고한 방법으로 지방에 대한 리터러시 및 교사 훈련을 제안하면서 이끌어 간 것은 1장 말미에 논의된 텍스트에서였다. <잘못을 바로잡기>를 통해 명확히 드러나듯이, 자본주의에 결여되어 있는 윤리적 실천들이 민주주의의 구조들을 통해 수정되고 활성화되어 재차 무리를 이루게 되면서, 이러한 문학 비평은 신뢰의 엄청난 위험과 믿음의 도약을 수반한다. 지금까지 스피박이 이 분야에서 써온 모든 글은 잠정적인 것이다.[13] 다음 장에서 나는 세상을 읽기 위한 스피박의 제안들을 통해 페미니즘에 대한 함의로 들어가고자 한다. 《포스트식민 이성 비판》에서는 신용-미끼를, <하버스톡 힐로부터>에서는 체화된 여성 주체를 각각 참조해서 이에 대한 힌트를 얻을 수 있다.

4장

국제화된 페미니즘

스피박의 페미니즘에 관한 글쓰기는 넓게 퍼져있다. 단테나 예이츠를 비롯한 여러 작가에 대한 페미니즘적 읽기(IOW 15-76)를 추구하며 진출한 초기의 문학 비평과 문학 이론 이후 더욱 명백하고 확실한 경향이 자리를 잡았다. 혹자는 일련의 출발점들을 눈치챌 것이다. 미국에서 스피박의 초기 페미니즘 비평이 해체주의적이고 정신분석학적인 비평 사이에서 진화해가며 하위학문으로서의 패턴들을 따르면서 그녀는 대도시 페미니즘과 의문의 여지없이 수용되는 그것의 가설들 및 화두들에 맞서며 스스로를 정의하기 시작한다. 서구 페미니즘과 제3세계 페미니즘 사이에서, 또한 프랑스 페미니즘과 국제적 페미니즘 사이에 균열을 만들어내면서 이러한 질문을 멈춘 적이 없다.

다른 질문, 즉 독창적인 출발점이 되는 논문들에 등장하는 일부 언급들에서 초기 형태를 찾아 볼 수 있는 질문은 페미니스트로서 세상을 읽는 또 다른 질문에 영향을 미친다. 주장하건대, 그 다른 질문은 두 질문 중에서 더 유효한 것이며, 페미니즘 이론, 코멘터리, 문화비평에 대한 스피박의 보다 훌륭한 기여를 의미한다. 그러한 질문의 두 번째 단계는, 처음에 하나의 단위로 재현되어왔던 것에서 분할을 초래하면서 첫 번째 질문을 반복한다. 먼저 그 단위가 차별화되지 않는 페미니즘이나 '여성'이었고, 스피박의 변화가 서구나 프랑스 페미니즘과 제3세계 여성들의 국제적인 페미니즘 사이를 구분하는 것이었다면, 이번에는 그 비평 용어 자체가 비평의 대상이 된다.

처음부터, 결국 이러한 요소가 우위를 점하게 되리라는 암시가 있었다. 그것은 제3세계 여성이라는 용어 안에서의 분열로, 나중에 대도시 페미니즘의 쟁점들 속에서 그 쟁점들이 식민주의와 신식민주의, 세계화에 연루되면서 공모로서 표현된다. 〈서발턴은 말할 수 있는가?〉를 《포스트식민 이성 비판》에 넣기 위해 개정했을 때, 여성 NI(새로운 이민자/토착정보원)를 전지구적 자본의 동인으로 전면에 내세우기 위해, 전지구의 금융화 속에서 여성의 차별적 위치를 지적하기 위해, 우리는 이것을 심문과정의 정점이 훨씬 이르게 시작되었다고 볼 수 있다. 〈서발턴은 말할 수 있는가?〉의 원래 버전에서 우리는 식민 권력의 체계화에 대한 식민 주체들의 협력에 대한 강한 비판을 확인하고, 뒤이어 그 논문의 결말에서 부바네스와리 바두리의 자살과 그녀의 여성 친지들에 의해 유포되는 관련 이야기에 대한 극적인 코다를 확인할 수 있다. 식민 시대에 힌두법에 의한 판결과 영국인에 의한 사티의 금지는 남성의 가부장적인 이해관계의 융합을 대변한다. 후대에 스피박이 보여주듯이, 우리는 식민 권력과 그녀의 죽음에 관해 내놓은 해석들 모두에 저항했던 주체의 말하지-않기에 대한 여성 공모를 발견할 수 있다.

그러나 스피박이 이러한 공모를 전면에 내세운 것은 이번이 처음은 아니다. 그리고 놀라운 것은, 그러면서 처음부터 그녀는 자신을 때로는 수수께끼 같은 방식으로 자신에 대한 비판을 포함시키고 있다는 것이다. 이러한 포함을 뒤따르면서 본 장은 네 개의 섹션으로 적절히 나누고자 한다. 처음 두 섹션은, 초기의 차이내기differings에 따라, 두 편의 핵심적인 텍스트들인 〈국제적 틀에서 본 프랑스 페미니즘〉(1981)과 〈세 여성의 텍스트와 제국주의 비판〉(1985)을 다룬다. 한편으로, 그 논문들은 서구 페미니즘 및 페미니즘적 개인주의에 대한 비판과 더불어, 그것과 제3세계 여성 사이의 균열을 '음핵절개'라는 폭력적 형상을 통해 잇기 위해 시도한다. 앞서 2장에서 보여준 것처럼, 스피박에게 이는 해체의 실행을 나타낸다. 다른 한편으로, 이 두 섹션은 구체적으로 스피박이 어떻게 자신을 자기비판의 주체로 만드는지를 고려한다. 그녀는 익숙한 논문 형식으로 글을 쓰면서 〈국제적 틀에서 본 프랑스 페미니즘〉을 통해 '특권'을 심문한다. 그리고 어릴 때 《제인 에어》를 읽었다고 어딘가에서 넌지시 내비칠 때, 그녀는 그 소설 주인공과의 형성적이고 개인주의적인 동일시를 암시하고 있는 것일지도 모른다.[1] 세 번째 섹션은 스피박의 식민 및 포스트식민 주체 형성에 대한 자신을 연루시키는 설명의 정교화를 다루고 있다. 그것은 매판 계급에 대한 프란츠 파농과 응구기와 시옹오의 설명과 대조를 이루며 젠더를 중심에 놓는다. 이 섹션에서 나는 미국에서 특권층에 위치한 스피박과 함께 국제 분업에 대한 그녀의 분석을 검토할 것이다. 그 분석은 국제 분업이 '사라져가는 현재'와 함께 변하면서, 그녀가 1990년대 중반에 초국가적 리터러시('Teaching for the Times' 참조)라고 부르기 시작했던 것, 즉 세계 읽기를 위한 예시가 된다. 그리고 그것은 마리아 미스와 같은 여타의 동시대 페미니즘 분석가의 작업과 평행을 이루면서 다른 학자들의 연구에 영향을 미쳐왔다. 그들의 "여성의 사회적 지위를 정치적, 경제적, 사회적 관계의 초국가적인 체계 안에 위치시키고자 하는 비평적 노력은 스피박 사유의 가장 중요한 유산들 중 하나이다"(Morton, *Gayatri Chakravorty Spivak* 139). 마지막 섹션에서는 주체-형성에 대한 비평 및 금융 자본에 맞서는 초국가적 자본에의 연루에 대한 비평을 결속시키는 1990년대와 2000년대의 스피박 사유의 진화와 그것이 남반구에서 취하는 형태들, 즉 신용-미끼와 '세계화를 위한 일반 의지'를 만들어내는데 있어 '보편적 페미니즘'과 대도시 이민자/중산층 여성 포스트식민지인NI의 역할을 추적한다.

프랑스 페미니즘

1981년 《예일 프렌치 스터디즈》 특집호에 '페미니즘 읽기: 프랑스적 텍스트/미국적 콘텍스트'라는 제목으로 처음 소개된 <국제적 틀에서 본 프랑스 페미니즘>에서, 스피박은 자신의 페미니즘적인 지적 궤적의 윤곽을 보여준다. 이 논문은 자신이 '수단의 여성 할례에 관한 구조 기능주의적 박사논문을 썼었다'고 말하는, '사우디아라비아 대학의 사회학과 교수인 젊은 수단 여성'에 관한 일화로 시작한다. 이는 스피박을 놀라게 했는데, 그것은 '하나의 체제를, 이 경우에는 성적인 체제를 제대로 기능한다는 이유에서 찬양하고 있음'을 함의하기 때문이다. 그러나 그것은 또한 "소위 제3세계 여성들에 관한 정보 검색의 망"에서 학계 이민자로서 그녀 자신의 탈취를 스스로 절실히 느끼게 한다 (IOW 134-135).

> 나는 수단 동료의 연구에서 내 자신의 이데올로기적 희생자 상태victimage에 대한 알레고리를 발견했다.
>
> 50년대 콜카타에서 상류층 젊은 여성의 영어 우등반 '선택'은 그 자체로 매우 중층결정적overdetermined이었다. 미국에서 영문학 교수가 되는 것은 '두뇌 유출'에 해당됐다. 적절한 시기에 페미니즘에 헌신하는 것은 접근 가능한 시나리오 중에서 가장 좋은 것이었다. 페미니즘의 이론적 실천을 다루는 형태학은 남근중심주의에 대한 자크 데리다의 비판과 프로이트에 대한 뤼스 이리가레이의 독해를 통해 명확해졌다. (미국 중서부에서 활동하는, 특출 날 것 없는 아이비리그 출신 박사의 프랑스 아방가르드 비평에 대한 우연한 '선택'이 그 자체로 이데올로기-비판에 대한 관심의 부재를 의미하는 것은 아니다.) 예측 가능하듯이, 나는 그처럼 '여성 학자'와 페미니스트로 정체화하면서 출발했다. 나는 미국에서 '국제적 페미니즘'이라고 불렸던 페미

> 니즘 학문 분야가 정말로 존재했다는 사실을 점차 알게 되었다. 보통 그 분야는 영국, 프랑스, 서독, 이탈리아, 그리고 미국적 관심사에 가장 접근하기 쉬운 제3세계에 해당하는 라틴 아메리카에서 페미니즘으로 정의된다. 누군가 보다 너른 범위에서 소위 제3세계 여성들에 관해 사유하고자 할 때, 내 수단 동료가 그랬듯이, 기껏해야 '내가 그들을 위해서 무엇을 할 수 있을까?'에 의해 영감을 받는 정보 검색의 망에서 구조 기능주의에 붙잡혀있는 자신을 발견하게 된다. (IOW 134-135)

스피박이 다른 데에서 그랬듯이, 여기에서 '알레고리'는 우리가 그것을 어원학적으로 다르게-말하기로 읽는다면 핵심어가 된다. '알레고리'의 원천으로서 그 국외 거주자인 수단 학자는 낯선uncanny 분신이자, 그녀로 하여금 자신의 삶을 다르게 생각하고 쓰도록 이끄는 이와의 조우이다. 그 결과로 생긴 교수 약력은 여태까지 내려진 결정들을 검토하고 영향들을 인정한다. 또한 그것은 이후의 출발 지점들을 위한 몇몇 트랙들을 놓아준다.

스피박은 페미니즘의 고전적인 노선을 따라서 관련 의식 고취에 개입하며, 미국의 여성 학자로서 '이데올로기적 희생자 상태'인 자신의 특권을 재고하고, 동료들에게는 다른 실천을 하도록 호소한다. 의식의 예상된 변화는 상당히 중요하다. 그 주체는 역사를 통해 만들어진다. 즉 '선택'에 의해서 '고도로 중층결정'되면서 스피박은 역사의 원천이 아니게 된다. 페미니즘에 대한 헌신이 이러한 관점으로 보이는 것이 아니라면, 제3세계 여성들에 관해서, 혹은 그들로부터 배울 기회는 없다(IOW 136 참조). 이러한 발상은 하나의 구호로 응축된다. 그것은 자신의 특권을 잊어버리기이다(일례로, *Post-Colonial Critic* 30, 42, 57 참조). 이 구호는 스피박의 추종자들에게 어떤 나르시시즘을 허용해주는 것처럼 보였기 때문에, 다른 구호, 즉 아래로부터 배우는 법을 배우기를 위해서 후에 폐기된다(일례로, 'Setting to Work' 165 참조). 한편, 그 구호는 주관적인 자기중심성에 대해 냉정하게 반복적으로 질문하는 여정을 위해 필수적인 길잡이로서의 역할을 한다. 만약 특권이 자신을 위한 법privi-legium이라면, 그 특권을 잊는 것은 타자를 입법자로 받아들이는 것이다. 반복해서, 자율성은 타율성에 의해 대리보충된다. 어쨌든, 그것은 부수적인 것parergon 혹은 '프레임'이 된다.

스피박이 알려주듯이, 그녀의 형태학은 해체적이다. 당시까지 그녀는 자신의 영향력 있는 서문이 달린 《그라마톨로지》의 번역본뿐만 아니라, 데리다에 대한 꼼꼼한 논의들을 〈본보기가 아직 없는 혁명〉과 〈《조종》-조각〉으로 출간했다. 그런데 〈국제적 틀에서 본 프랑스 페미니즘〉에서 특히 흥미로운 점은, '영어'로부터 '프랑스 아방가르드 비평'으로의 의식 회복coming-to-consciousness과 학문적 전환에 따라 쓰인 자서전에 함의된 해체적 형태학은 그 자체로 정밀한 검토의 대상이 된다. 스피박이 쓰고 있듯이, 프랑스 페미니즘 텍스트는 '동양'에 관한 '서양'의 지식 충동을 그저 재생산하면서 문제가 될 수 있다. 혹은 "서양과 동양의 바꿀 수 없는 대립을 뒤집고 대체하면서(단지 "일부 프랑스 텍스트"와 "특정 콜카타"를 병치하면서) 해결책 같은 것"(IOW 135)이 될 수도 있다. 따라서 전도reversal와 대체displacement라는, 데리다가 <서명, 사건, 맥락Signature Event Context>(329)에서 건네는 해체의 공식은 스피박의 논문을 통해 하나 이상의 층위에서 작동한다. 이주민 문학 이론가의 배치를 중층결정하는, 동양과 서양이라는 지정학적 이분법의 뒤집기와 희생자 상태로의 특권의 재기입을 연결시키면서 말이다.

이 모두에서, 제3세계 여성은 스피박이 동일시하기를 주장하지 않으며, 지식에, 어떤 전위 사상적 정치에 한계로서 상정된다. 비록 제3세계 여성은 스피박의 글들에서 다른 이름들, 일례로, '토착민'이나 '서발턴' 등으로 소환될지라도, 자신이 형상화하는 한계가 영구적인 것이 된다. <국제적 틀에서 본 프랑스 페미니즘>은 나아가 (평론가들에 의해 자주 논의되는) 두 번째 일화를 소개한다. 그것은 '지울 수 없는 어린 시절의 기억'이다.

> 1949년 어느 겨울날 오후, 나는 비하르와 벵골의 경계 지역에 있는 조부의 토지를 혼자 걸어가고 있다. 강에는 나이 든 두 여성 빨래꾼이 옷을 돌에 두들기며 빨고 있다. 한 명이 다른 빨래꾼에게 자기 쪽 강을 침범해왔다고 비난하고 있다. 나는 비난받는 쪽의 조롱하는 듯한 갈라진 목소리를 들을 수 있다. "이 바보야! 이 강이 네 꺼니? 강은 그 회사Company 소유야!" 그 동인도 회사를 통해 인도는 인도 개혁 정부를 위한 법령(1858)에

따라 영국에 넘겨졌다. 영국은 1947년에 인도의 책임 권한을 인도 총독에게 이양했다. 인도는 1950년에 독립 공화국이 될 것이다. 이 쇠약한 여성들에게 있어 학습할 지도이기보다는 이용할 토양이자 물인 그 땅은, 그 날에 앞서 119년 동안 그러했듯이, 여전히 동인도 회사에 속해있다.

나는 그 말이 틀렸다는 것을 알 만큼 조숙했다. 그들이 진술한 사실들은 틀렸지만 그 진상은 옳았다는 것을 알아차리기까지, 좀처럼 명확하게 표현하기 힘든 질문들과 맞서는 경험과 31년이 필요했다. 그 회사는 여전히 그 땅을 소유하고 있다. (IOW 135)

자신감 넘치며 아는 체하는 아이에게 복수하는 데 이용된 그 일화는 정보-검색(인식론)에서 대화의 상호작용(윤리학)으로의 전환에 동기부여를 한다. "학문적 페미니스트는 그들로부터 배우고, 그들에게 말하고, 정치적이고 성적인 장면에 대한 그들의 접근은 우리의 우월한 이론과 계몽된 연민에 의해서 그저 정정되는corrected 것은 아니라고 의심하는 법을 배워야한다"(IOW 135). 위에서 주장했듯이, 인식론적인 것에서 윤리적인 것, 행동하기를 통한 앎의 대리보충적 분열로의 이러한 전환은 스피박의 이후 연구 활동 전체에 기본이 된다. 다른 맥락에 보면, 이러한 전환이, 데리다의 연구 활동에서는 '질문을 보호하기'로부터 '완전한 타자에의 요청'으로의 변화로 묘사된다. <국제적 틀에서 본 프랑스 페미니즘>에서는, 1980년 스리지라살에서 열린 '인간의 종말'이라는 콘퍼런스에서 스피박이 시작한, 데리다의 사유에 대한 변화(CPR 425)[2]는 그녀가 국제적 페미니즘에 대한 질문과 관련된 해체를 가져오면서 데리다가 분명히 기대하지 못했던 방식으로 발생한다.

훨씬 더 흥미로운 점은 스피박의 논문에서 완전한 타자에의 요청을 향한 전환이 일련의 형상들figures을 거쳐서 일어난다는 사실이다. 저 일화에서 아이가 '혼자' 있다는 것은 몇 가지 이유에서 중요하다. 유일한 목격자가 되면서, 그녀의 "지울 수 없는 [⋯] 기억"은, 엄밀히 말하면, 입증할 수가 없다. 그 이야기가 진행됨에 따라 빨래꾼들은 그녀를 위해 존재할지라도 그녀가 빨래꾼들을 위해 존재하지 않는다는 의미에서 또한 그녀는 혼자이다. 그녀는 혼자이지 않은 채 혼자가 되고, 선지자들은 자신들의 소명을 받는다고 우리에게 알려주는 성서적 전통의 조건이 된다. 스피박의 경우, 비록 자신의 소명이 완전히 세속적이지는 않더라도, 그러한 혼자이지 않은 채 혼자됨은 삼십일 년 후에 자신이 질문을 던지기 위한 가능성의 조건이 되어왔을 것이다. 반복은 기억을 만들고, 그것이 처음이 되도록 한다. "나는 여전히 그 목소리를 [⋯] 들을 수 있다." 그리하여 잘 받아들이지만 상황 파악을 못하는 그 아이는, 자신이 되었을 '학문적 페미니스트'를 위한 형상의 인물이다.

이것들이 유일한 형상은 아니다. 만약 그 늙은 여성이 직접 말을 하면서 궁극적으로 토착정보원의 소굴을 넘어 이질성heterogeneity의 형상으로 서 있다면, 그녀는 특별한 방식으로 이야기하는 것을 들어왔다고 기억된다. 그녀가 하는 질문의 유형은 그녀를 파라바시스의 일반적인 의미에서 아이러니의 형상으로 만든다. 그것은 다르게-말하기로서의 알레고리에 관한 두 페이지에서 수단 여성에 이어 두 번째 예시로 등장한다. 늙은 여성이 그 아이에게 말을 걸고address 있지 않지만, 그 아이는 그녀의 말을 엿들으면서 부름을 받는다. 즉 데리다의 공식화에 따르면 그녀에게 호명된다. 만약 플라톤의 《소크라테스의 변명》이 에이론eiron*에 대한 고전적인 예시라면, "이 바보야! 이 강이 네 꺼니?"하고 물은 아이러니한 질문자는, 무지를 숨기면서 알고 있다는 주장을 우스꽝스러운 것으로 만드는 사람이다. '그 강은 그 회사 소유'라는 사실의 명확한 진술은 오어법catachresis**을 포함한다. 그 영리한 아이가 관찰한 대로, 동인도회사가 그 강을 소유하고 있다고 말하는 것은 알려진 사실만으로는 분명해지지 않는다. 그녀로 하여금 깨닫는데 삼십일 년이 걸리도록 한 것은 그녀가 여전히 듣고 있는 목소리로 입 밖에 나온 말들이 그녀의 미성숙한 귀가 알아차릴 준비가 되지 않은 수사법 속에서 나타나고 있다는 것이다. 이러한 맥락에서, 알고 있다는 주장에 논박하는 것은 또한 소유권에 대해 질문하는 것이다. 오어법은 공

* 고대 그리스 희극에서 알라존과 짝이 되는 대조적인 인물. 자신을 비하하는 인물로 힘은 약하지만 겸손하고 영리하여 무지를 가장해 알라존과의 대결에서 승리한다.

** 비유의 남용이나 말의 오용을 가리키는 수사학적 용어.

통적으로 수용되는 사실들에 역행하고, 형상은 존재를 보장하지 않으며, 빨래꾼의 진술은 사실의 소유권을 요구하지 않는다. 그녀가 절합하는 탈소유는 토지에 대해 말하는 사람, 토지의 주인들, 그리고 (스피박의 조부를 포함해 그들을 위해 토지를 관리했던) 사용자들 못지않게 그녀에게도 적용된다.[3] 역사적인 변화가 있으나, 스피박이 말하고 싶어 하듯이, 모든 균열은 또한 반복이다. 총독들은 정말 거주민에 불과하다. 말하자면, 영국의 통치와 인도의 독립은 모두 회사의 토지 위에서 이뤄진다. 스피박은 페미니즘 관련 글뿐만 아니라 자신의 모든 글에서 강조하는 자본 논리의 체계적 반복을 의미하고자 그 오어법, 즉 비록 틀렸더라도 입증할 수 없는 '옳았던 사실'을 이용한다. 변형적 동인의 조건이자 그 동인을 제한하는 주체의 특권화된 자기-소유를 무효화하기 위해서 말이다. 그 주체-동인의 필수적 대리보충은 완전한 타자이자, 타율성이라는 낯선 자율성 안에서, 내가 모르지만 나를 호명하고, 나를 그녀에게로 호명하는 자의 형상이다. 혼자인 존재는 혼자가 아닌 존재다. <서발턴은 말할 수 있는가?>의 결말에서 스피박의 부바네스와리 바두리 읽기에 대해서 동일한 이야기를 할 수 있을 것이다.

스피박이 "거의 불분명한 질문"에 대해 언급할 때, 그 질문은 빨래꾼이 던진 질문을 통해서 중계되고 있다. 그러나 그녀 논문의 직접적인 맥락에서 그 질문은 "국제적인 페미니즘의 지지층은 누구인가?"(IOW 135)이다. 잘 알려져 있듯이, 스피박의 논문은 프랑스 페미니스트 사상가들의 연구 활동의 범위와 한계를 탐구한다. 그 사상가들은 〈국제적 틀에서 본 프랑스 페미니즘〉이 처음으로 등장했던, 《예일 프렌치 스터디즈》의 '페미니즘 읽기' 호에 기고한 미국 학자들에게 특히 중요했다. 스피박이 논의한 주요 텍스트들은 텔켈 그룹의 중국 방문에 대한 보고서인 쥘리아 크리스테바의 《중국 여성들》과 파리에서의 출간을 원하는 젊은 작가에게 조언을 해주는 논문인 엘렌 식수의 〈메두사의 웃음〉이 있다. 스피박은 문학적이고 철학적인 아방가르드에 대한 크리스테바와 식수의 관계를 신중하게 고려한다. 타자를 위해서가 아니라 '서구 형이상학이 천년 동안 간직했던 우수성, 주체의 의지라는 주권sovereignty, 단언predication의 힘 등'을 위해 '서구가 아닌 모든 것'에 접근한 프랑스 이론가들과 마찬가지로 크리스테바는 비판을 받는다(IOW 136). "서구의, 형이상학의, 자본주의의 타자와 접촉하기에 대한 이따금씩의 흥미에도 불구하고, 그들의 반복되는 질문은 강박적으로 자기-중심적이다. 만약 우리가 공식적인 역사와 철학이 말해주는 우리가 아니라면, 우리는 누구이고(이지 않고), 우리는 어떠한가(하지 않는가)?"(IOW 137) 이것은 스피박이 〈서발턴은 말할 수 있는가?〉에서 말하는, 자아를 공고히 하기 위해 타자를 이용하는 경향이다(CPR 266). 만약 제3세계 여성들의 재현을 추동하는 것이 서구에서 정치적 대안을 찾는 것이라면, 타자-지향은 없다. "그러한 당파partisan 갈등 안에서 중국의 '얼굴 없는' 여성들에게 어떻게 말해야 하는지에 대한 질문을 던질 수는 없다"(IOW 140). 크리스테바의 책은 구분되지 않는 서구를 대신해서 말하면서 스피박 스스로가 벗어나고자 투쟁하고 있는, 보다 큰 형성물의 일부가 된다. "크리스테바가 일반화된 서구를 대변한다는 사실은 나 자신의 이데올로기적 희생 상태에 비교되는 '특권으로 변형된 자연화'이다"(IOW 140). 그래서 스피박은 크리스테바에게 '불가리아에서 그녀 자신의 전 역사'를 검토하도록 촉구한다(IOW 140).

국제적 틀에서 볼 때, '프랑스' 페미니즘과 '앵글로-아메리칸' 페미니즘의 차이가 특별히 깊지 않다고 주장하면서, 스피박은 "동시적인 다른 초점: 단지 내가 누구인가? 뿐만 아니라 다른 여성은 누구인가? 나는 그녀를 어떻게 명명하는가? 그녀는 나를 어떻게 명명하는가? 이것은 내가 논의하는 문제의 일부인가?"를 촉구한다(IOW 150). 이 다른 초점은, 스피박의 논문에 활력을 불어넣는 데리다적 용어로, (연구적 집중의) 전환과 (아는/행동하는 중심의) 전치이다. 물론, 말은 쉬워도 행동하기는 어렵다. 그래서 이번에는 프랑스 페미니즘 아방가르드(식수, 이리가레이 등)[4]를 본받은 스피박이 재차 하나의 형상을 소개한다. 음핵절개의 형상을 대담하게 '서구'와 그것의 '타자들'과 연결시킨다. 장소-조건을 뒤바꾸고, 재생산으로서의 여성들이라는 가부장적 이데올로기 안에 함의된 돌보기mothering의 담론에 대한 비평의 특권을 치환하면서 말이다. 그러나 스피박이 강조하듯이, "여기에서 연구의 무대는 그저 먼 곳의 원시적인 사회가 아니다"(IOW 151). 스피박이 배운 교훈은 프랑스 페미니즘의 "여성 쾌락의 묘사" 내부로부터(IOW 150), 비록 음핵이 "재생산적

틀로부터 벗어나"더라도 "성화된 주체의 기표로서" 삭제된 그것에 대한 강조로부터 유래한다(IOW 151). "음핵의 소실에 대한 연구(여기에서 음핵제거는 '재생산의 주체로서의 법적 대상'이라는 여성의 정의를 위한 환유이다)는 자궁의 사회적 조직화의 탈정상화를 지속적으로 추구할 것이다"(IOW 152). '프랑스 페미니즘의 최고 선물'은 '이데올로기적-물질적 대립을 아우르며 허물어버릴' 저작이다. 스피박이 "여기, 내 동료를 수단Sudan에서 해방시킬 수 있는 주제, 그리고 강가의 늙은 빨래꾼이 이해할 수 있는 주제가 있다"라는 발상으로 결론을 맺을 때, 특정한 유토피아주의, 즉 "우리의 공통적이면서도 특정한 역사에 국한된history-specific 운명이라는 감각"이 존재한다(IOW 153). 우리가 빨래꾼이 지닌 독특한 발상의 속성에 대해 질문을 할 수 있다면 (마찬가지로 이데올로기적-물질적 대립을 아우르고 허물어버리면서, 회사 소유물로서의 강이라는 그 빨래꾼의 관점을 읽어낸 경우를 제외할 때, 그리고 심지어 그럴 때에도 그것은 정말로 그녀'에게 이야기하는 것'일까?) 스피박의 낯선uncanny 알레고리화된 분신인 수단 교수에서의 종결로 회귀하는 것은 스피박 스스로 질문에 대해 이해를 하도록 해준다. 스피박이 후에 질문하는 것처럼, "만약 그 '비유럽' 여성feminine이 사회문화적으로나 다른 방식으로 구축된 여자로 일반화할 수 없다면, 유럽중심적인 페미니즘의 타당성은 무엇일까?"('Feminist Literary Criticism' 613). 페미니스트들이 만드는 단절break은 텔켈의 자기-중심적이며 자기-공고화하는 정치적인 관광이 될 수는 없다. 그 단절이 관심을 가지고

다가가려할 때 내부로부터 나와야 한다. 그 단층선은 타자뿐만 아니라 자아를 횡단해야만 한다.

개인주의

<세 여성의 텍스트와 제국주의 비판Three Women's Texts and a Critique of Imperialism>(1985)에서의 몇 가지 핵심 언급들과 더불어, 스피박의 서구 페미니즘 비판은 프랑스 철학과 문화로부터 그녀의 젊은 시절을 형성하는데 도움을 준, 영국 특유의 지적이고 정치적인 전통들로 전환된다. 만약 <국제적 틀에서 본 프랑스 페미니즘>에서 프랑스적 사유가 '영국' 문학 연구와 수업에서 추정되는 연속성에 균열을 낸다면, <세 여성의 텍스트>는 초기의 주체-형성으로, 그리고 뒤이은 균열에도 불구하고 그 주체-형성이 계속해서 의미하는 것으로 돌아간다.

<세 여성의 텍스트>가 주로 문학 비평에 대한 연구일지라도, 그 안에서 스피박이 영국의 문화 제국주의의 희생자, 즉 '영국'을 선택하는 것이 '매우 중층결정되는' 인도 대학생으로서뿐만 아니라, 그녀가 샬롯 브론테, 진 리스, 메리 셸리의 소설들에 대한 논의를 통해 드러내고 비판하며 (적극적이고, 개혁적이며, 심지어 교화하는) 페미니즘의 임무에 대한 동인으로서 공모하는, 식민이나 포스트식민 주체로서 자신을 암묵적으로 제시하는 것에 대한 읽기를 넘어서는 가치를 지닌다.[5] 스피박의 목표는 학계의 페미니즘뿐만 아니라 개인주의, 즉 C. B. 맥퍼슨이 '소유적 개

인주의'라 칭한 것을 훨씬 더 크게 형성하는 것이다. 이러한 형성이 19세기 이후 앵글로-아메리칸 및 유럽 세계에서 페미니즘을 보증해왔다고 스피박은 주장한다. "대도시의 사회적 관계와 제도 속에 있는 페미니즘은 19세기 유럽의 상승지향의 계급-이동이라는 부르주아 계급 정치에서 개인주의를 위한 투쟁과의 관계성 같은 어떤 것을 지니고 있다"(CPR 147-148).

페미니즘적 개인주의와 자비로운 자매애 그리고 제국주의 권력 사이의 연결고리는 더 이상 단순히 이론가가 상상해낸 허구의 것이 아니다. 오늘날 이러한 협업은 번성하고 열정적으로 옹호된다는 사실은 1999년 '미국 젠더 연구의 현재' 심포지엄의 발표자 카밀 파글리아가 좋은 예시이며, 또한 스피박을 통해서도 언급된다.

> 미래 행동future action에는 두 가지 목표가 있다. 첫째, 기본적인 시민권과 교육 기회가 제3세계 여성들을 위해 획득되어야만 한다. 둘째, 서구 여성들의 교육과 훈련은 그들이 사업과 정치에서 지도자 위치를 대비할 수 있도록 보다 잘 고안되어야만 한다. […] 페미니즘 이론이 아니라 군대의 역사가 필요하다. 전쟁에 대한 이해가 없다면 여성들은 정부의 최상위 요직을 맡기 힘들 것이다. (213; 강조는 인용자)

파글리아의 지적은 이 글을 쓰는 시점에서 지정학적 전략가인 콘돌리자 라이스가 미국의 국무장관이라는 사실과 힐러리

클린턴이 미래의 대통령 후보로서 자신의 자격을 갈고 닦기 위해 상원군사위원회에서 바쁘게 일하고 있다는 사실로 입증된다. 이러한 예는 오직 그 함의들이 얼마나 철저한지를 보여준다. 누군가는 자아의 주권과 국가/제국의 주권을 통합하며 '총사령관'으로서의 전쟁 벌이기를 포함시키고자, 파글리아의 개인주의는, 데리다('Autoimmunity' 124 참조)와 다른 학자들에 따르면, 주권의 서구적 사유에 있어 필수요소인 죽음에 이르게 할 특권을 지닌다.

문학 연구에서, 살인이라는 주권적 특권은 대체되어 타자의 자발적 죽음으로 재현될지도 모른다. 스피박이 어린 시절에 읽었던 브론테의 소설 《제인 에어》에 대한 그녀의 읽기('Setting to Work' 171)에 따르면, 영국 여성이 독립된 개체individual이자 개인주의자로 스스로를 자각하기 위해서는 대타자Other 여성이 자신을 파괴해야만 한다. 스피박은 인도에서 '양처'의 최종 행위인 사티와 이것을 대담하게 연결시킨다. 브론테의 소설에서는 버사 메이슨이 도무스domus에 불을 지르며 분신을 하면서, "제인 에어는 영국 소설에서 페미니즘적 개인주의자로서의 여성주인공이 될 수 있다"(CPR 127). 그러나 진 리스는 《드넓은 사르가소 바다》(1966)에서 버사를 기반으로 재창조한 크레올* 신부 앙투아네트가 집을 불태워버리는 꿈을 꾸도록 《제인 에어》를 다

* 유럽인의 혈통으로 식민지에서 태어난 사람.

시 쓴다. 그런데 이 소설은 그녀가 초를 들고 "이제야 비로소 나는 내가 여기에 온 이유와 해야 할 일을 알게 되었다"(CPR 127에서 재인용)라는 말을 남기고서 강요된 고립으로부터 벗어나는 모호한 방식으로 끝이 난다. 그녀가 자기희생의 대본을 완성하는 것을 거부하면서, 리스의 책은 "본질적이고 수사법적으로 제국주의의 자명함을 비판한다. […] 리스는 식민지 출신의 그 여성이 자신의 자매를 통합시키고자 정신 나간 동물로서 희생되는 건 아니라고 확신한다"(CPR 115, 127).[6]

스피박은 자신의 읽기가 함의하는 바를 요약한다.

> 제국주의 시대에 페미니즘적 개인주의의 성패는 인간 존재의 구축, 주체의 개인적일뿐만 아니라 '개인주의적'인 구성과 '질문interpellation'에 정확히 달려 있다. 이러한 성패는 두 가지 명부에서 기입된다. 그것은 자녀양육과 영혼-만들기이다. 첫 번째는 '우애적 사랑'으로 충당되는cathected 성적-재생산을-통한-가정-사회이다. 두 번째는 사회적-임무를-통한-시민-사회로서 충당되는 제국주의적 프로젝트이다. 그다지-남성적이지-않은-게-아닌, 여성적 개인주의자가 관계성을 성패가 달려있는 무언가로 전환하면서 자신을 절합함에 따라, (담론 내의 기표로서) '토착 서발턴 여성'은 이러한 신생 규범 안에서 어떠한 공유로부터도 배제된다. (CPR 116-117)

이 논문의 원래 버전에서는 '토착 서발턴 여성'이 '토착 여성'으로 나온다('Three Women's Texts' 245).[7] 《포스트식민 이성 비판》에서 '서발턴'을 삽입한 것은 효과적이다. '토착 여성들'이라는 실체entity 안에서 계급 차이를 인식하면서, 그것은 식민지 주체를 자격 없는 희생자에서 자격을 갖춘 희생시키는 사람으로 변형시킨다. 원래는 키츠에게서 유래한 용어인 영혼-만들기soul-making는 문학 연구를 위한 매튜 아놀드의 계급-이동 프로젝트를 위한 스피박의 약칭으로, 식민지들에 수출되어 테스트를 받았다(또한 'Burden of English' 참조). 《포스트식민 이성 비판》에서 주석을 통해 "서발턴은 […] 식민지에 새롭게 등장하는 부르주아에 대항하며 돌아보게 된다. 여성 해방에서 그들의 몫은 또 다른 이야기이다"(CPR 117n)라고 구체화한다. 이러한 수정본은 비평적으로 자신을 연루시키고 있다. 스피박과 같은 사회적 계급의 인도 여성들은, 최소 당시에만 해도, 의심스러운 희생자가 아니다. 비록 그녀가 강조하듯이, 19세기 초에는 상류층 인도 여성들이 100년 후에나 될 개인주의자로서의 설명을 아직 요구받지 않더라도 말이다(CPR 131). 〈서발턴은 말할 수 있는가?〉의 결말에서 구체화된 부바네스와리 바두리에 적용되는 의미에서 그들은 서발턴이다. 그러나 수정본에도 불구하고, 그 논문의 수사적 힘은 그녀 스스로를 토착정보원으로 소개하는 에세이스트(나를 위한 '토착 여성'의 대체)형상의 가능성에 궁극적으로 의존한다. 수정본은 그것이 (탈)동일시의 이러한 심연을 밀어내기 위해서 할 수 있는 것을 한다. 개인주의에 대한 비판에서 그 '나I'를 완전히 함의 하는(하지 않는) 것은 아니다. 그렇지만 1985년 이후의, 특히 《포스트식민 이성 비판》과 그 이후의 텍스트들에서, 이러한 비유적 대체는 미국 다문화주의에서 '국가적 기원 비준'의 정치학이 틀렸음을 드러내면서, 그리고 포스트식민 여성 주체의 특권이 가차 없이 폭로되면서 차츰 의문시되고 있다.

국제 분업에서 식민지 및 포스트식민 주체

의미론적으로, '포스트식민'이라는 단어는 두 가지를 뜻할 수 있다. 스피박이 눈에 띄게 기여한 포스트식민 연구의 용어에서 그것이 일반적으로 탈식민화decolonization 이후의 기간을 언급한다면, 이는 또한 식민화colonization 이후의 기간을 언급하는 것으로 이해될 수도 있다. 나는 스피박의 주체-형성에 대한 설명을 고려할 때 후자의 의미로 받아들이는 것이 생산적이라고 주장하고자 한다. 그 안에서 신식민지 노동계급 주체가 다른 방식으로 생산될 지라도, 그 오래된 주체는 부르주아 민족주의 주체로서 지속적으로 생산된다.[8]

식민지 주체-형성에 관해 영향력이 큰 비평들이 남성-중심적이라는 사실에는 거의 아무도 반박하지 못할 것이다. 이것은 마르크스주의적 관점뿐만 아니라 정신분석학적 관점으로도 쓰인 비평들에도 해당된다. 프란츠 파농이 《검은 피부, 하얀 가면Peau Noir/Black Skin, White Masks》(1952)에서 마요트 카페시아의 《나는 마르티니크 여자》를 통해 '백인성whiteness'과 사랑에 빠지는 방식을 보여준 고뇌 외에도, 인종주의의 내면화에 대한 그의 분석이라는 예시적 형상, 그리고 그가 자신의 신조어로서 '표피화epidermalization'라고 부르는 것도 남성이다. 그 파리의 아이가 '저기 봐, 깜둥이야!'라고 외칠 때, 시선에 들어오는 사람은 남자다(*Black Skin* 111-112). 수천 조각으로 부서져왔던 것은 바로 그의 '육체적 도식corporeal schema'이다(*Black Skin* 17ff). 아마도 오늘날 식민주의 및 신식민주의 문화 정치에 대한 가장 일관된 마르크스주의적 설명은 케냐 작가인 응구기 와 시옹오Ngugi Wa Thiongo의 작품일 것이다. 《구금Detained: A Writer's Prison Diary》(1981)와 《정신의 탈식민화》(1986)에서 그는 케냐의 민족 부르주아national bourgeoisie가 국제 자본주의와 현지 자원 및 시장 사이에서 중개인이라는 매판 계급으로 작동하는 방식을 폭로한다. 응구기는 유물론적 분석을 식민화의 심리학과 결합한다. 그가 주장하길, 특권 계급의 구성원들은 결국 동포들에게 해를 끼치면서 경제적으로 사리를 도모할 뿐만 아니라, 영어 교육과 그 문화적 수하물의 규범을 매우 깊게 흡수해오면서 그들은 아프리카인이 아니라 유럽인과 실제로 동일시하기 시작했다. 케냐 정부가 〈지저스 크라이스트 슈퍼스타〉와 같은 공연을 지지하면서도, 응구기가 개입된 민중의 기쿠유어Gĩkũyũ 연극 계획은 억압하고, 그 개입을 이유로 그를 재판 없이 일 년간 구금했다는 사실이 그가 묘사한 절차들이 실제라는 증거가 된다.

아프리카 소설, 드라마, 시의 언어에 관한 일련의 익숙한 논문들로 구성된 《정신의 탈식민화》에서 응구기는 영어를 이용한 글쓰기로부터 토착어로 하는 일련의 실험들까지 그 자신의 진화를 추적한다. 파농처럼, 그는 식민 및 포스트식민 주체-형성의 성별화된 역동성을 분석하기 위한 많은 노력을 기울이지는 않는다. 비록 스피박이 식민 주체-형성을 매우 상세히 논의하지 않더라도, 그녀의 그 화두에 대한 언급들은 그것을 자신의 페미니즘에 대한 글쓰기에서 중요한 순간으로 만든다. 우리가 보아온 대로, 처음부터, 〈국제적 틀에서 본 프랑스 페미니즘〉에서 '상류층의 젊은 여성'과 함께, 스피박은 응구기처럼, 그녀 자신의 형성과정을 체계적 질문들로의 진입점이자 그 질문들을 위한 교훈적인 프레임으로 만들어왔다.

페미니즘에 관한 스피박의 초기 논문들은 후속 연구에서 지속적으로 채택될 견본을 구축한다. 이 견본은 두 개의 중심축으로 구성된다. 첫 번째는 체계적이며, 식민주의, 제국주의, 신식민주의, 초국가화, 세계화, 금융화 등 다양한 역사적 단계들에 위치한 세계 자본주의를 특징으로 한다. 처음 두 단계가 각각 마르크스 및 레닌과 관련이 있고 신식민주의가 파농과 응구기의 초점이라면, 스피박의 특별한 기여는 그 이후의 형태들에 대한 분석에 있다. 두 번째 중심축은 주체적subjective이다. 체제 내에서 주체와 그 동인의 형성은 그 체제와 불화하면서 스피박의 연구를 전형화한다.[9] 내가 1장에서 《포스트식민 이성 비판》에 관한 논의에서 언급했듯이, 식민 주체는 포스트식민 주체와 다양한 종류의 NI로 미끄러져 들어간다. 스피박이 자신을 이러한 형상들 각각으로 무대에 올린다. 이에 상응하면서 '서발턴'은 이러한 주체화의 한계로서 형상화된다. 자신의 마르크스주의적 견본을 대리보충하면서, 스피박은 푸코의 《지식의 고고학》으로부터 가져온 주체-위치라는 개념을 적용하고, 다양한 방식들로 정신분석학을 채택한다. 일례로, 내가 5장에서 논의하듯이, 그녀가 '규정적 정신분석 자전regulative psychobiography'이라는 개념을 고안하고 그것을 부바네스와리 바두리의 삶과 죽음을 이해하기 위해 이용한다(CPR 298, 307).

식민 주체 및 그것과 페미니즘의 관계에 대한 스피박의 가장 상세한 설명은 〈문학 평론가가 보는 여성의 정치경제〉(1989)에서 발견된다. 거기에서 그것은 신식민지의 국제적 분업 속에 있는 주체들의 생산과 대립한다.

> 영토 제국주의라는 위대한 시대에, 자본에 흐름을 만들어내면서 법전을 편찬하고 교육을 본격화할 뿐만 아니라 용이한 운송을 위해서 그 국가를 식민화하려는 어떤 노력이 필요했다. 따라서 제국주의의 사회적 임무-양상은 일부 사람들에게 그것의 중심적 과제와 정당화가 되었던 이데올로기적 지배를 취한다. 이와 더불어, 동인도 회사의 19세기 초반 문서를 인용하자면, 그 훈련은 '사람들의 습관과 태도의 점진적 개선을 어느 사이엔가 가져오는' 소비주의가 되었다. […]
> 따라서 새로운 성문법, 새로운 교육 체계, 새로운 요구 인식이 마음의 형태와 사람을 폭력적으로 변화시키면서 인식론적 폭

> 력을 작동시켰다. 그 폭력은 개인주의를 위한 투쟁으로 진입할 기회를 잡은 오랜 식민 주체를 생산했다.
> 주체의 이러한 정교한 구성은 포스트모던이나 전자 자본주의의 국제적 하청계약하에서 필수적인 것은 아니다. 합법적 구조가 일군의 '영구적인 자유노동자들'을 위해 정해질 필요는 없으며, 오직 기본 노동과 안전 규정의 회피만이 화두에 올라 있다. 소비주의에 대한 지속적인 훈련은 더 이상 필요 없다. 산업들은 앞으로 나아갈 수 있다. 시장들은 어디에나 있다. (224)

그리하여 스피박은 파농과 응구기 등등의 주요 관심사로서 토마스 배빙턴 매콜리의 〈인도 교육에 관한 비망록〉(1835)에서 옹호된, 교육, 법의 성문화, 소비 훈련을 통한 주체-형성의 과정을 이해한다. 매콜리는 영국식 교육을 통해 통역가들이라는 중재자 계급의 출현을 목격했다. 그밖에 디포의 《로빈슨 크루소》에서 프라이데이라는 인물은 "성공적인 식민 주체의 원형"이다(CPR 187). 그런데 스피박에게 있어 "국제적인 신식민 주체의 '생산'은 식민 주체의 생산과 다르다"('Political Economy' 223).

옛 식민 주체는 무엇이 되었는가? 스피박의 설명은 비록 신식민 주체가 어떤 의미에서 식민 주체를 대체하면서 수출 가공지구export-processing zones(EPZs)를 갖춘 초국적 자본을 대표하더라도, 옛 식민 주체가 하는 역할은 최소한 전지구적 금융화의 시대까지는, 새롭게 등장하는 것이 아니라 잔존하는 것이다. "새로운 국가들에서, 그들은 새로운 문화 정체성을 만들어내는데 있어 강력한 영향력을 미치고 있었다. 이것은 대도시의 문화정치적 상황에 언제나 꼭 들어맞는 것은 아니었다. 토착 엘리트들은 기존의 새로운 정보원 입장을 취하지 않았기 때문이다"(CPR 359). 그러나 스피박이 〈국제적 틀에서 본 프랑스 페미니즘〉을 쓸 때쯤, 그 상황은 변했다(또한 CPR 360 참조). 그 논문의 페르소나는 제3세계 여성들에 관한 정보-검색의 매트릭스와 그 매트릭스와의 싸움에 분명히 연루되어 있다. 비록 EPZ에 사는 여성 노동자로서의 전형적인 신식민(혹은 포스트식민) 주체에 관한 스피박의 이론화가 그때 완전히 시작되지는 않았을지라도, 그 두 세계에 있는 여성들을 서로 연결시키기 위해 혹은 북반구의 여성이 자신의 위치가 남반구 여성의 그것에 어떻게 의존하는지를 최소한 이해시키기 위해 애쓰는 수사적 전략이 이미 존재하며 작동한다.

세계를 읽고 스피박이 후에 '초국가적 리터러시'라고 부르는 것을 발전시키려는 그러한 전략은 독일 사회학자 마리아 미스의 연구와 비교 될 수 있다. 거의 같은 시기에 《가부장제와 자본주의Patriarchy an Accumulation on a World Scale: Women in the International Division of Labour》를 쓴 미스는 국제적 분업을 당당하게 분석한다. 미스는 자신의 북반구 독자들에게 다음을 이해하도록 요청한다.

> 새로운 IDL은 그 세계를 생산자와 소비자로 나누는데, 그것은 또한 여성들을 국제적이며 계층적으로 생산자와 소비자로 나

뉜다. 이 관계는 제1세계 여성이 구매하는 상품들을 통해서 제3세계 여성이 주관적으로가 아닌 객관적으로 제1세계 여성에게 연결되는 그러한 방식에서 구조화된다. 이것은 모순적인 관계일 뿐만 아니라, 그 관계 안에서는 지구의 양쪽에 있는 그 두 동인들이 서로에 대해서 아무것도 알지 못한다. (*Patriarchy* 120-121)

만약 미스에게 이러한 분석이 "산업화된 국가에서는 또한 여성들을 위한 '미래의 이미지'가 [제3세계 여성들]이기 때문에, 부유한 국가의 여성은 이 통합적인 착취 체계에 객관적인 관심이 없다"(*Patriarchy* 143)라는 대안적인 자기인식을 고취시키기 위해 계획된 것이라면, 스피박에게 그 소명은 윤리적이다. 스피박은 〈국제적 틀에서 본 프랑스 페미니즘〉에서 간략한 언급들을 통해 이러한 방향으로의 초기 변화를 보여준다. 일례로, "[주택을 구매하는 미국 여성 학계의] 스펙트럼의 다른쪽 끝에서, 그것은 다국적 기업들이 저개발 국가들에서 절대적인 잉여가치 추출에서의 원거리 통제를 통해 고용하는 저임금 노동의 가장 낮은 수준인 여성들에 대한 명확한 억압을 작동시키는 성화된 주체의 기표로서 음핵의 이데올로기-물질적 탄압이다"(IOW 153). 그녀가 주석에서 다음과 같이 선언할 때 특권과 착취에 대한 미스의 계산에 가장 근접하고 있다. "심지어 종신직 여성들을 더 많이 고용하거나 컨벤션에서 페미니즘 세션을 추가하는 것과 같은 그런 순수한 업적들이 저개발 국가들의 여성에 대한 프롤레타리아화의 증가로 이끌지도 모른다. 대부분의 미국 대학이 미심쩍은 투자를 하고, 대부분의 컨벤션 호텔이 제3세계 여성 노동자를 가장 억압적인 방식으로 이용하기 때문이다"(IOW 291n44). 따라서 페미니즘적 개인주의가 국제적 분업의 불공평에 깊이 연루된다. 그리고 암묵적으로, 대도시의 학계 이주민으로서의 (포스트)식민 여성 주체 또한 연루된다(CPR 360 참조).

'절대적인 잉여 가치'와 국제적인 분업이 쟁점이 될 때, 그 강조점은 산업 자본주의에 있다. 그러나 스피박의 언급에 따라, 북반구의 여성 학계와 주변부에 있는 산업 자본주의의 관계가 금융 자본을 통해 중재된다. 스피박은 재화와 서비스의 소비뿐만 아니라 투자를 강조한다. 금융 자본이 주변부에 있는 대도시 이민자들과 시민들의 노동을 착취하는 것뿐만 아니라 직접적인 대출을 통해서 작동하기 시작하면서, 우리는 상이한 단계에 진입해왔다. 이러한 단계에서 대출자는 공장 노동자일 필요가 없다. 자본가는 언제나 임금을 예상이익에 대비되는 선금으로, 노동자는 채무자로 상상해왔다. 그/그녀는 대출 이자를 상환하기 위한 돈을 위해 필요한 절대적 잉여 가치를 얻고자 그 혹은 그녀 자신의 노동일을 조정할 것이다. 이제 나는 체제의 이러한 단계에서 NI의 위치에 대한 스피박의 분석을 살펴볼 것이다.

'젠더 및 개발'과 전지구의 금융화

오늘날 페미니즘은 어디에서 실행되는가? 스피박은 최근의 많은 연구를 통해 이 질문에 체계적으로 대답한다. 《포스트식민 이성 비판》은 "오늘날의 보편적 페미니즘이라는 문명화 사명"과 "이 책의 구멍들에 있는 새로운 세계 질서에서 UN형 계획 initiative의 역할"(CPR 13n)만을 고려할 수 있다. 여기에 주석들과 괄호들에 금융화와 신용-미끼에 대한 간략하면서도 호소력 있는 논의들을 추가할 수 있다(CPR 250, 252, 361). "사라져가는 현재의 역사라는 유동적 기반socle mouvant 위에서 불안정하게 서 있는 한 여성"(CPR 359)에 의해서 만들어진, 이러한 논평들의 결말은 세계 무역과 임금 노동이 금융 자본에 밀렸고, 소액대출을 옹호하는 페미니스트들은 해결책보다는 문제점의 일부가 될 지도 모른다는 것이다(CPR 102n, 220n). 스피박의 두꺼운 책은 전부를 말하는 것의 불가능성, 그 책이 작가로부터 달아나는 그 순간을 포획하는 것의 불가능성을 무대에 올린다. 따라서 1999년에 《포스트식민 이성 비판》이 출판되었을 때, 전지구적 자본주의 속 여성들에 관한 이론가인 스피박의 개입에서 주로 몰두하는 문제가 이미 되었을 그 책은 새로운 세계 질서의 원리를 향해 손짓을 보낸다. 그녀가 가장 최근에 다시 읽은 마르크스에 덧붙여, 그것은 최첨단 개발을 따르고 여기에 철학적으로 연루되려는 시도를 하면서 사유를 과시하는, 스피박의 작품 중에서 가장 흥미로운 저작일 것이다.

《붉은 실Red Thread》이 등장할 때까지는, 스피박이 이러한 질문들을 다루며 도달했던 종합의 차원을 알게 되는 것은 불가능할 것이다. 그러나 이론의 개요들을 보여주는 많은 텍스트들을 통한 공식화들이 있으며, 이들은 너른 범주의 상이한 경우들을 위해 만들어졌다. 1999년에 《여성들: 문화 논평》으로 출간된 '미국 젠더 연구의 오늘' 포럼에서 스피박이 한 발표는 접근성이 매우 높다. 내가 언급했던 것처럼, 카밀 파글리아가 자비로운 제국주의 페미니즘을 옹호하기 위해 그 포럼을 이용하는 반면에, 스피박은 그 조직적 국면과 페미니스트들의 동인에 대한 분석을 시행한다. 페미니즘적 동인은 '초국가적 동인들'을 통해 규정되어 왔다.

> 젠더 이슈들은 이제 초국가적 동인들과 UN의 손에 달려있다. 내가 알기로 세계은행은 1995년 베이징에서 열린 제4세계 여성 콘퍼런스와 공동으로 자신의 '개발과 여성women in development'이라는 지시문을 '젠더와 개발'로 바꿨다. 젠더에 관한 이론화가 도달하게 되는 것이 무엇이든지 간에, 이러한 노력들은 '여성'이라는 단어에 대한 일반적이고 너른 구어적 이해를 하고, 그래서 빈곤, 교육과 훈련, 건강, 폭력, 무력 분쟁, 경제, 의사 결정, 제도적 메커니즘, 인권, 미디어, 환경, 여자-아이, 제도 및 금융 협정과 관련해 상정된 사람들과 집단들의 삶의 향상에 개입되고자 노력한다.
>
> 이것은 베이징 콘퍼런스에서 발표한 행동 강령의 '관심 영역'이

다. 눈치 챘듯이, 경제적이고 행동주의적 쟁점들이 거기에 섞여 있다. 이 혼합은 경제적 구조조정이 젠더 문제들을 표면적인 목적으로 취할 수 있는 여러 방안을 나타낸다. 먼저, 나는 경제적 구조조정을 통해, 동일한 교환 경제가 전 세계에 걸쳐 구축되어 헌법상의 교정 가능성을 낮추기 위한 국가 경제와 해외 자본의 장벽 제거, 그리고 두 번째로는 금융 자본의 자유로운 흐름에 기여하는 중앙은행 제도에 대한 통제를 의미하고자 한다.

세계 경제를 위해 젠더화를 이용하려는 조치는 1975년의 멕시코 선언에서 이미 시작되었다. '새로운 세계 경제 질서'에서 여성을 동등한 파트너로 대우하려는 초기 프로젝트는 분명히 선의에서 비롯되었지만 세계 경제와 지정학의 현실에서는 실행이 불가능했다. 조만간 인구 통제 및 종자seed/비료fertilizer 통제에 대한 제약적 투자는 민중이 스스로 목소리를 내는 비판에 필요한 기반시설 개장의 가능성 없이, 서발턴 여성들의 삶에 불리한 방식으로 영향을 줄 것이다. 나는 '서발턴'을 통해서 대도시 공간의 모든 유색인 계급이 아니라, 사회적 이동성에 대한 접근권한을 거의 가지고 있지 않은 사람을 의미하고자 한다.

'개발과 여성'은 여성들을 외국이 직접 투자하는 제조업(특히 직물 및 전자 산업)과 수출 가공 지구로 여성들을 데려가면서 최하층 범위에서의 사회적 이동을 약속하는 것처럼 보였다. 이 불공평한 상황은 많이 보고되었다. 그러나 '젠더와 개발'은 서발턴 여성에게 소상공인을 위한 소액대출을 제공하면서 보다 공평한 기회를 준 것처럼 보인다. 원칙적으로 이것은 좋은 일이나, 사실 넓은 미개척 시장을 상업 구역에 적합하게 만드는 방식에 불과하다. 이것은 오늘날 그러한 계획의 거대한 물결이 자영업 여성 연합Self Employed Women's Association(SEWA)과 같은 선구적 조직을 닮지 않았기 때문이다. 이 연합은 은행 건립에서 시작되었고, 기반시설의 변화를 비롯해 여성들의 문화 저변을 자유의 본보기로 만드는 것에만 주로 관심을 두고 있었다. 오늘날 신속한 소액대출 계획은 기반 시설 변화에 관심이 없고, 초국가적 동인들에 뒤얽혀 묶여 있다. 또한 젠더 문제 영역에서 가장 중요한 것, 즉 서발턴 여성들에게 그들이 신용거래에 있어 적합한 수령인이자 서비스 제공자가 되도록 '젠더 훈련'이라고 부르는 것을 제공하기 위해서 북반구 노동자들을 훈련시키는 것에 관여한다. 만약 젠더 문제가 관련되어야만 하는 어떤 영역이 있다면, 초기 노력들과 그 초기 노력들을 현재 전유하고 있는 이러한 동시대 노력들 사이의 차이에 대한 검토에 있다. ('American Gender Studies' 217-218)

많은 내용이 위의 네 문단을 가득 채운다. 가장 놀라운 것은 스피박이 급속히 변화하는 자본주의 형태와 남반구의 여성들을 대신해서 수행된 국제적 페미니즘의 활동주의 형식 간의 관계를 주장한다는 사실이다. 초국가적인 금융 기관들과 관련된 각각의 프로그램들은 세계 경제로의 증가된 통합으로 보이는 '개발'에 연루되어 있다. 1975년의 멕시코 선언에서 기원하는 '개발과 여성'이라는 프로그램은 EPZ들에 널리 퍼져있는 임금 노동

체제와 나란히 진행되었다. 스피박은 <여성들의 정치경제>에서 그 체제를 신식민주의와 연결지었던 적이 있다. 반대로, '젠더와 개발'은 금융 자본의 지배적 입장과 시골 여성들, 즉 스피박이 '서발턴'으로 언급하는 이들에 대한 그것의 직접적인 접근에 부합한다. 북반구에서 주류 매체가 방글라데시에서 여성에게 대출을 해주는 그라민 뱅크에 무비판적으로 찬사를 보내던 시기에, 스피박은 그러한 계획들을 맥락에 위치시킨다. 먼저 그 계획들은 초국가적인 기관에 연결된다. 따라서 서발턴인 시골 여성들은 정부의 보호 없이 세계 경제로 직접 이끌려 간다. 둘째로, 그 계획들은 기반시설의 변화를 가져오지 않는다.

스피박은 특히 '젠더 훈련'에 비판적이다. 국제적 기관이 부여한 그 명명은 젠더 불평등에 대한 의식을 고양시키기 위한 그들의 노력에 따른 것이다.[10] 젠더 훈련은 남반구 여성들 사이에서 소유적 개인주의를 촉진하기 위한 노력이라는 의미가 스피박의 비판에 함의 되어 있다.

> 여성들을 위한 임시변통의 자유로운 선택은 내가 사티에 관해 연구하기 시작한 이후 20년 동안 연구 대상이 되어 왔다. '자유로운 선택'을 만들어낼 것을 제안하는 '젠더 트레이너들'은 문화적으로 상이한 주체들이 충분한 준비 없는 의사결정에 집중하도록 애쓴다. [⋯] 존중의 피상적 몸짓으로 주체 생산에 관여하는 '젠더 훈련'은, 자본을 위해서, 여성들 위에 있는 여성들의 도움으로 문화적 통합이라는 가장 큰 위반을 가한다. ('Other

Things Are Never Equal' 42-43)

스피박이 '미국 젠더 연구의 오늘'에 관한 포럼에 기고한 것은 동인들의 결합과 융합의 도식적인 묘사다. 스피박은 여타 많은 텍스트들에서 페미니즘을 위한 이론적 함의를 언급하고 있다. 그녀는 다른 글에서 "만약 식민 주체가 대체로 계급 주체였다면, 그리고 포스트식민 주체가 다양하게 인종화되었다면, 세계화의 주체는 성별화된다. [...] 국제 시민 사회의 목표는 여성Woman이다"라고 쓴다('Claiming Transformation' 123; cf. 'Other Things Are Never Equal' 41-42). 만약 이것이 그 경우라면, 동인은(그녀 자신과 '같은' 이들, 즉 포스트식민 NI로부터 완전히 멀리 떨어진 게 아니라면) 시골의 서발턴 여성으로 전환되었다. "세계화를 위한 일반적인 성별화된 의도가 구성되고 있다. 이것은 소액대출의 여성 고객이다"('Claiming Transformation' 124).

페미니즘 이론가에게는 무슨 일이 남아 있는가? 스피박의 대답은 교육에 있다. 만약 문학 교사가 미국 대학에서 학생들의 욕망을 비강압적으로 바꿀 수 있다면, 서발턴 여성의 정신극장을 비강압적으로 재배치하는 방식이 있어야만 한다('Moral Dilema' 참조). 스피박이 적극적으로 시골의 교육에 개입하기 훨씬 전에 <국제적 틀에서 본 프랑스 페미니즘>이 규정하듯이, 그녀에게 이야기를 하면서 말이다. '젠더 훈련'의 대안은 상상이 가능하다. "만약 누군가 그 예측된 결론이 대출 이자상환capital servicing의 적합성이 아닌, 적절한 젠더 역동성을 창조해내기를 바란다면, 상당한 양의 비인류학화하는non-anthropologizing 인내가 요구된다"('Other Things Are Never Equal' 43). 이를 통해서 그녀가 의미하려는 것이 내가 1장에서 논한 〈잘못을 바로잡기〉와 여타 최근 텍스트들에서 시골 교사 훈련을 논의할 때 더욱 구체적으로 드러난다. 《사회계약론》에서 '일반 의지'에 대한 언급을 통한 루소의 호소invocation는, 스피박에게 있어 욕망이나 의지의 비강압적 재배치가 민주주의에, 그리고 궁극적으로는 금융 자본이 필요로 하는 초국가적 기관의 활동을 통한 민주주의의 조작에 깊이 연관되어 있다는 단서가 된다. 시골 학교들은 그 체계를 뒤집을 수 있을 것 같지 않다. 그들은 의미의 주요 체계에서 다르게 작동하는 영구적인 파라바시스일 뿐이다('Other Things Are Never Equal' 42; cf. CPR 430).

교사로서 스피박은 세계의 양끝에 개입한다. 시골 남반구에서 리터러시를 훈련시키는 것은 문학적 읽기를 설명하기 위한 은유로서 기능하기 시작한다. 그 설명은 반드시 초국가적인 리터러시의 개발을 포함해야만 한다. 세계를 읽는 것은 다른 사람들이 세계를 읽도록 가르치는 것으로 이끈다. 실제로 이것은 내가 이 책을 시작하면서 던진 질문들에 스피박이 대답해왔던 방식이다. 오늘날의 세계에서 책임은 문학 독자에 의해서 어떻게 이해될 것인가? 읽기는 말 그대로 책임감 있는 전지구적 리터러시로 이끌 수 있는가? 5장에서, 나는 뉴스와 프로파간다가 때때로 거의 분간하기 힘든 북미의 유리한 입장으로부터, 현재의 전지구적 국면에 대한 우리의 감각을 포화시켜왔던 두 개의 상호 연결된 쟁점들, 즉 전쟁 및 전쟁 행위로서의 자살에 대한 스피박의 반응을 검토한다.

5장

전쟁과 자살에 대한 사유

나는 전쟁에 대한 응답이 없다는 확신으로부터 출발했다.
전쟁은 우리 안에서 응답할 수 있는 것의 잔인한 캐리커처이다.
당신은 전쟁에 응답할 수 없다. 그러나 누군가는 침묵을 지킬 수 없다.
<테러>

전쟁

전쟁은 지식인에게 응답을 강요한다. 그런데 강요가 개입될 때, 누군가의 대답은 진정한 응답이라 할 수 있을까? 그에 대한 스피박의 대답은 '그렇지 않다'이다. 그러나 다른 누군가는 말한다. 말들은 허공 속에, 그리고 페이지 위에 축적된다. 말을 하도록 강요받는다면, 누군가의 말들은 전시wartime의 분위기에 절망적으로 오염된다. 누군가 진실을 아무리 가까이 따르더라도, 전쟁은 청렴한 것을 바보 취급하는 연설을 위한 기회가 된다. 전쟁은 누군가로 하여금 한쪽 편을 들도록 만든다. 그것의 호소는 하나의 채용 요청이다. 당신이 중립을 유지할 수 있는지를 확인하라. 그것은 큰 소리로 울려 퍼진다. 나는 당신이 평화와 인류애의 이름으로 응답할 것을 감히 요구한다. 나는 당신이 진실을 말할 것을 감히 요구하고, 내가 당신에게 대답을 강요하는 만큼 나는 당신이 강요를 피하도록 요구한다. 프로이트는 자신이 이러한 곤경에 처한 사실을 깨달았다. 그의 〈전쟁과 죽음의 시대에 대한 사유〉의 두 부분은, 결국 당파심partisanship의 끌어당김을 인정하고, 심사숙고를 통해 시대의 흐름을 회피하고자 애쓴다. 그 이중의 몸짓은 강요된 응답이라는 모순어법을 협상한다. 마치 니체 철학의 반시대성untimeliness에 대한 어떤 평판이 보다 생략적인 독일어 제목인 〈Zeitgemässes über Krieg und Tod(전쟁과 죽음의 시대를 따라서)〉에서 대접받는다고 주장하는 듯이, '사유'는 영어 번역가에 의해서 제목에 추가된 것이다. 그런데 반시대성에 대한 평판이 없거나 없을 수 있다. 그리고 그것은 분명 프로이트가 추구했던 것은 아니다. 시대에 대한 사유나 관찰은 결코 제시간에 이뤄지지 않는다. 그 사유와 관찰은 다른 시간, 즉 아마도 그 분쟁이 지나가버린 후의 환영reception의 시간, 그리고 이것이 글쓰기를 위한 가능성의 조건이 된 시기부터는 작가가 죽어버리고 난 후의 시간을 겨냥한다. 그러한 사유는 그 안에서 어떤 이해관계도 없이 후대에 의해 (마치 그러한 후대가 존재하는 것처럼) 평가되어 버리듯이, 저 미래 완료의 이름으로 현재의 갈등을 평가한다.

그 논문의 두 번째 부분에서 프로이트는 〈죽음을 향한 우리의 태도〉에 대해 논의했다. 그 무의식적인 죽음-동경은 중요하다. 사랑은 우리 안의 적대적인 충동에 맞서, 수천 년의 문화를 거치며 정교하게 만들어진 반응이다. 그러나 그것은, 비교해서 말하자면 얇은 부착물이며, 사람들 간의 전쟁은 불가피하다. 프로이트는 결론에서 적응을 추천한다. 프로이트는 "당신이 삶을 인내하고 싶다면, 죽음에 대비하라"(300)라며 옛 속담을 고쳐 말하고 있다. '시대에 발맞추고', 미래 완료를 반영하라는 약간의 충고와 함께, 심지어 '살인하지 말라'라는 계명에 적이 포함되었을 때 존재했었던 시대의 모습이 있다. 프로이트가 언급하기를, "계명의 이러한 최종적 확장은 더 이상 문명인에 의해 경험되지 않는다." 그 문명인은 유럽을 아무런 죄의식 없이 파괴 중인 전쟁에서 돌아올 것이다. 그렇지만, 전쟁에서 돌아온 그들은 "종종 길고 지루한 고행을 통해" 살인을 속죄하며 "세상 속 다른 어딘가에서 여전히 살아가면서 […] 야만인들(호주인, 부시맨, 티에라델푸에고인)은 무자비한 살인자와는 거리가 멀다"(295). 야만인들은 "다르게 행동한다"(295). 따라서 그 야만인들은 그들이 증오가 아니라 사랑으로 적에게 향하면서, 교양culture('Kultur'는 '문명civilization'으로 번역되는 단어다) 있는 인간들이 어떻게 그들과 다르게 행동할 수 있고, 심지어 자신들이나 자신들의 일부에게조차 등을 돌릴 수 있는지를 보여주는 예시가 된다.

스피박이 대응하는 전쟁은 "미국의 테러와의 전쟁"('Terror' 81)이다. 이 '전쟁'은 로날드 레이건 정부 때 개시되었고 클린턴 정부하에서 지속되었다. 그리고 오사마 빈 라덴의 알카에다 조직과 관련된 젊은이들이 여객기를 납치해 뉴욕시의 세계무역센터 쌍둥이 빌딩과 워싱턴 D. C.의 국방부 청사에 충돌시키며 그들을 포함해 약 3000여 명의 목숨을 앗아갔던 2001년 9월 11일 이후에는 한층 강한 열의를 가지고 추구되었다. 이에 대응하여, 2001년 12월에 미국은 다른 나라들과 동맹을 맺고 아프가니스탄을 침공했다. 2003년 3월에는 사담 후세인이 '대량 살상 무기'를 개발했고 그것을 동원하려 한다는 거짓 구실로, 미국 주도의 연합군이 이라크를 공격하고 점령했다.

두 질문이 스피박의 〈테러Terror: A Speech after 9-11〉(2004)에 영향을 미친다. "이미 존재하는 특정 대응들에는 무엇이 있는가? 그리고 그 대응의 불가능성에 직면해서 어떻게 대응하는가?"('Terror' 81). 스피박은 호주 원주민의 형상을 예로 들지 않으면서, '자본주의에 결함이 되는' 윤리적 실천들을 암시할 때 프로이트를 낯설게 뒤따르는 방식으로 그러한 것처럼, 그 대응들에 대한 굴복 없이 시대에 대한 글을 쓰고자 노력한다. 이러한 노력은 프로이트에게서처럼 생산적인 반시대성을 유발한다. 엄밀히 말해, 진정한 대응response이라고 할 수 없는 대응을 강요하는 전쟁의 힘을 스피박이 감지할 때 바뀔 수 있는, 심지어 힘없이without force 바뀔 수 있는, 인간 장치apparatus의 일부야말로 그녀가 의지하는 것이다. 그녀는 내가 1장에서 논의했던 윤리-시학적 계보를 가져오면서 그 일부를 상상력이라고 부른다. 스피박에게 이러한 능력은 욕망하기와 연결되고, 읽기를 통해 활성화되면서, "욕망의 비강압적인 재배치로서 이해되는" 인문학을 위해 탁월한 수단이 된다('Terror' 81). 스피박은 지난 10년간 많은 텍스트를 통해 이러한 견해를 지속적으로 피력해왔다. 그러나 〈테러〉에 따르면, 그 능력은 즉각적인 위급함을 불러일으킨다. 왜냐하면 욕망을 강제하고 진정한 대응이 아닌 대응을 강요하면서 그 능력을 방해하는 것은 바로 전쟁이기 때문이다.

스피박은 대응은 놈 촘스키의 대응과는 명백히 다르다. 스피박이 말하듯이, "우리가 타자를 상상하는 훈련을 받지 않는 한" 지속적인 평화는 성취되지 않을 것이다('Terror' 83). 이것은 가해자들을 확인해서 재판에 회부하는 것, 즉 촘스키가 《9-11》에서 아프가니스탄과의 전쟁을 벌이는 것에 대한 인터뷰에서 반복적으로 옹호하는 어떤 것과는 구분된다(*9-11* 23-26 and *passim*). 스피박에게 '정치-법적 계산'은 대안이 아니다. 타자를 상상하는 훈련은 또한 '윤리적인 것의 폭발eruption을 대비하는 훈련'이다. 스피박이 다른 어딘가에서 그런 것처럼 데리다와 레비나스를 인용하면서 설명하고 있듯이, "윤리적인 것은, 벌하거나 무죄를 선언하기 위해서가 아니라, 마치 자기 자신인 듯 타자의 목소리에 귀 기울이기 위해서 [인식론적인 구성과 법률적 계산을] 불완전하게 중단시킨다"('Terror' 83; cf. 95).

바로 이러한 조명하에서, 스피박은 "'세계화'나 '경제 제국주의', 혹은 '문화 가치'가 빈 라덴과 그의 관련자에게는 완전히 익숙하지도 않고 관심도 없는 문제라는 촘스키의 개념에 의문을 던진다"('Terror' 88; Chomsky, *9-11* 31 참조). 스피박의 시각에서 이것은 상상력의 실패다. "다른 한편으로, 만약 우리가 관련 행위자로서 오히려 촘스키의 스테레오타입과는 다른 정치화된 대학원생들에 관해 생각한다면", 우리는 그들에게 그들의 도시들과 국가들이 세계화와 세계 무역의 혜택을 받지 못할지도 모른다는 사실을 "이해하는 것의 비통함에 대해 고지하지 않을 필요는 없다"('Terror' 88). 최소한, 그들은 중앙아시아의 통제를 위한 19세기 이후의 주요 강대국들에 의해 벌어진 '거대게임Great Game'에 대해 어느 정도 알고 있을 것이다('Terror' 88; 또한 'Foucault and Najibullah', 'Globalicities' 81 참조).

자살

적으로서 자살 폭탄 테러범은 특수한 경우에 해당한다. 9월 11일 이후의 추모식에서 납치범들은 기억되지 않았다('Terror' 89-90)는 사실, 즉 공적 비판이 상상력을 통해 적과 관계 맺기라는 과제를 수행하지 못했다는 징후를 알려주면서, 스피박은 자살 폭탄 테러범에 대한 자신의 개념 적용을 제안한다. 한편으로는 자살 폭탄 테러범의 경우, 그녀가 욕망의 비강압적 재배치로 묘사했던 인문학 교육과는 대조적으로, "하마스나 이슬람 지하드와 같은 집단들은 강압이 강압 받은 자의 의지와 동일하게 보일 때까지 강압적으로 욕망을 재배치하며, 자살 '테러'를 강제적이지만 당사자의 의지대로 행하도록 했다"('Terror' 93). 다른 한편, "우리는 자신의 적수를 인간으로 상상하고, 그 혹은 그녀가 하는 행위의 의미significance를 이해할 수 있어야 한다. 자살 폭탄 테러를 지지하기 위해서가 아니라 그것의 종결에 이르는 머

나먼 길을 가기 위해서, 그것이 포함하고 있을지도 모를 어떤 메시지를 상상하고자 애써왔다는 것은 바로 이러한 믿음을 통해서다"('Terror' 93). 그 납치범들이 자신의 상상 속에서 했던 것은 사원의 파괴였던 것일지도 모른다('Terror' 91).

그러나 그 메시지는 그렇게 확인 가능한 내용을 포함하고 있지는 않을 것이다. 그것은 진술적이기보다는 수행적일지 모른다. "자살을 통한 저항은 다른 어떤 의미도 통과되지 않을 시에 육체에 새겨지는 메시지다"라고 스피박은 쓰고 있다. "그것은 자신과 타자 모두를 위한 처형이자 애도이다. 당신이 어느 편에 있든지 간에 그곳에서 같은 이유로 나와 함께 죽는다. 그러한 공유된 죽음에 불명예는 없다는 함의를 가지고서 말이다"('Terror' 96).[1] 언제나 스피박은 비난의 위험을 표명한다.[2] '상상의 행위자'로서의 자살 폭탄 테러범('Terror' 94)이라는 그녀가 부여한 의미는 현장연구를 통해 수집된 정보로부터 유래하지 않는다. 스피박의 구성construction은 사변적이거나, 더 좋게 보자면 상상적이다. 엄격히 말해 그것은 입증할 수 없다(cf. 'Terror' 109). 중요한 것은 그 구성이 옳고 그른지의 여부가 아니며, 그 메시지는 오해받아 왔으나 적에게 상상력과 상징-형성의 능력이 있다고 가정하면서, 그나 혹은 팔레스타인에서 증가하고 있는 그녀와의 윤리적 관계를 열어젖힌다('Terror' 96).[3] 당연하게도, 이는 '테러리스트'를 시로 달래는 것, 즉 이안 매큐언의 《새터데이》(2005)에서 문화에 대한 진부하고 풍자적인 변명을 통해 발생하는 것과 같지는 않다. 윤리적 관계는 바로 해독하려는 노력을 통해서 열린다. 여성 빨래꾼에 관한 어린시절의 기억과 마찬가지로(4장 참조), 이러한 노력은 소명을 수행한다. 스피박이 우리에게 상기시키듯이, 그것은 20년보다 더 전에 그녀가 처음 수행했던 과제다. "<서발턴은 말할 수 있는가?>의 서발턴인 부바나스와리 바두리는 들리지 않는 메시지를 새기기 위해서 자신의 젠더화된 신체를 이용했던 여성이었다"('Terror' 97). 스피박은 바두리가 정치적 암살의 역할을 위임받았고, 살인을 저지르기보다 자신의 목숨을 포기했다고 믿는다. 누군가 그녀의 자살을 (그녀의 후손에 의해 취해진 관점인) 사회 통념에 어긋나는 연애의 결과로서 해석하는 것을 미연에 방지하고자, 그녀는 임신을 하지 않았다는 사실을 확실히 하기 위해서 월경을 할 때까지 기다렸다고 스피박은 상상한다(CPR 306-307). 스피박은 자신의 해석을 통해 그녀가 오해를 받을지도 모른다는 것을 안다. 그러나 그녀가 하는 해독을 보증한다는 바로 그 사실은, 그녀가 독해될 수만 있다면 그녀가 말하는 것을 가능하도록 해준다. 비록 스피박이 명시하듯 그것이 그녀에게 목소리voice를 부여하지 않을지라도 말이다(CPR 57). 그처럼 가로채는interceptive 해독에 대한 대안은 침묵이나, 혹은 그녀의 여성 친척들의 성차별적 대본을 적용하는 것의 폐제foreclosure이다. '테러'와 유사한 것은 납치범이 세계화의 결과와 아무 관련이 없다는 촘스키의 자신감 넘치는 주장이다. 스피박이 자신의 논문에서 반복해서 말하듯이, 그러한 폐제가 발생할 때, 서발턴은 말을 할 수 없다.

비슷한 시기에 나온 <서발턴은 말할 수 있는가?>와 여타의 글들은 자살 폭탄 테러에 대한 스피박의 성찰에 또 다른 차원을 조명하도록 도와준다. 스피박이 자신의 최근 논문들 중 한 편 이상에서 자살 폭탄 테러를 '목적의식이 분명한 자기-파괴, 자신과 자신의 대립, 타자들을 살해하는 과정에서, 타자로서의 자신을 살해하는, 자기성애의 극단적 종말'이라고 쓸 때('Terror' 95; 또한 'Globalicities' 84, 'Ethics and Polities' 21 참조), 그녀는 9-11의 자살 폭탄 테러에 내포되어 있을지도 모르는 특수한 행위로서 자살의 의미보다는 자살 자체의 의미를 강조한다. 물론 이것은 특수한 대본이 그러한 행위를 인도하고 있지 않다는 것을 의미하지는 않는다. 사실, 그러한 대본에 대한 분석은 언제나 스피박의 자살에 대한 사유에 큰 부분을 차지해왔다.

〈서발턴의 문학적 재현〉에서 스피박은 데비의 〈젖어미〉에서 암 치료를 거부한 자쇼다의 죽음을 자살로 읽는다. 인도의 맥락에서 정신분석학에 대한 수정의 일환으로서,[4] 스피박은 '규정적인 정신분석 전기psychobiography'라는 개념을 소개한다(IOW 261). 스피박이 주장하기를, "오이디푸스(의미작용)와 아담(구원)의 이야기보다도, 고려된 자살의 다층적인 서사가 삶의 진보라는 분명히 '힌두교적인' 의미를 규정할지도 모른다"(IOW 261). 스피박은 〈젖어미〉의 마지막 문단을 언급하면서 일련의 질문들을 던진다.

> 마하스웨타 데비가 남성이라는 성별의 입장에서 이러한 결론을 내리는 것이 아니기 때문에, 여성을 신의 자리에 위치시킬

때 우리가 남성의 정동적 축소에 그치지 않는 것이 가능한가? 우리가 여기에서 거세가 아니라 승인된 자살의 담론을 나누는 것이 가능한가? '자쇼다는 신의 현현顯現이었고, 다른 이들은 그녀가 생각했던 모든 것을 했거나 하고 있다. 자쇼다의 죽음은 또한 신의 죽음이었다.' 자쇼다의 죽음이 힌두교의 규정적인 정신분석 전기 안에서 승인된 자살의 가장 온순한 형태인 일종의 이차므리튜icchamrityu, 즉 자기 의지에 따른willed 죽음을 명백히 나타내는가? 여성이 이차므리튜, 즉 타바즈나나 tatvajnana*나 주체의 '그것다움it-ness'에 대한 지식으로부터 생성된 자살의 범주에 접근할 수 있는가? 여기에서 성별을 구분하는 질문은 정신분석학적이지도 대항정신분석학적이지도 않다. 그 동인의 가능성을 부정하기 위해, 그것은 동인의 가장 강력한 행사가 자살이 그 자체의 예시가 될 수 없는 지식의 한계라는 지식의 역설에 대한 여성의 접근권에 대해서 던지는 질문이다. <젖어미>는 (남성의) 마음을 통한 초월 가능성보다는 (여성의) 몸을 통한 대타자의 (탈)형상화를 거치면서 이러한 접근을 승인한다. (IOW 262; IOW 240에 삽입된 인용문)

일반적으로 말해서, 데비의 이야기가 여성 자살에 열려있지 않는 접근권에 대해 형상적으로 승인을 내린다. 이러한 질문

* 마라티어로 '진실로서의 신에 대한 지식'을 의미한다.

에 답을 찾기 위해서, 스피박은 사티, 혹은 과부의 자기희생을 언급한다. <서발턴은 말할 수 있는가?>에서 스피박은 "(icchamrityu와 tatvajnana의) 철학적 공간이 자기희생하는 여성을 수용하지 않는다"라고 명시한다(CPR 292). 따라서 그 질문은 '사티는 어떻게 정당화된 자살이 되는가?'가 된다. 이것은 스피박을 힌두교 성서에 대한 복잡한 해석으로 이끌고, 이것은 부바네스와리 바두리의 자살에 대한 그녀의 독해를 기대하게 한다. 요컨대, 스피박은 사티를 여성 주체 구성의 극단적인 경우로 해석한다.[5] 사티의 행위가 예외적이라고 하는 정통파 브라만 힌두교가 지닌 관점, 즉 과부가 남성들에게 열려있는 삼냐사samnyāsa(고행기)라는 금욕의 생애 단계에 대한 접근이 부정된 방식의 결을 거스르는 이 해석은 그녀 남편의 죽음에 수반되는 브라마카리아brahmacarya(금욕)라는 정체 상태stasis를 피할 수 있다.[6] 그 사티는, 결국, 아내를 과부들에게 규정된 정체상태로 돌려보내지 않고서 계속 남겨둔다(CPR 298-303). 사티가 위법이었던 19세기에 대해 다음과 같이 말한다.

> 자기희생의 예외적 규정에 적극적으로 이의가 제기되었다기보다는 과부들의 이러한 비예외적인 운명에 대한 논쟁이 없었다. 힌두교도들 사이에서도, 힌두교도와 영국인 사이에서도 말이다. [⋯] 주체의 상태에 있어 이렇게 합법적으로 계획된 불균형asymmetry은 효과적으로 여성을 한 남편의 대상으로 정의내리면서, 남성의 합법적으로 균형잡힌 주체-상태를 위해 명

확하게 작동한다. 따라서 과부의 자기희생은 일반법의 예외라기보다는 그것의 극단적인 경우가 된다. (CPR 299)

부바네스와리의 자살이 지칭하는 것은 바로 이러한 '일반법'과 그 법이 부과하는 규정적인 정신분석 전기이다. 스피박은 "[월경의 시작을] 기다리면서, 의심의 여지없이 양처에 대한 기대감을 가지고 있었던 브라마카리니brahmacarini가 사티-자살에 관한 사회적 텍스트를 아마도 간섭주의적 방식으로 다시 썼다는 것"을 숙고한다(CPR 307). 이러한 다시-쓰기는 그녀가 기입되어 있는 규정적인 정신분석 전기psychobiography에 대한 전복이 아니라 조작이다. 그녀는 여성의 삶과 자기 관리된 죽음의 정통적인 궤적에 맞서 자신의 죽음을 다시 쓴다. 뒤이어 스피박은 "그녀가 독신 남성의 합당한 욕정 속에 자기 육체를 구속하는 것을 (단지 부정하는 것이 아니라) 그 육체의 생리적 기입으로 치환하는 엄청난 문제를 일으키면서, 여성 자살에 승인된 동기를 일반화했다. […] 월경을 기다리는 그 전치의 몸짓은 월경하는 과부의 스스로 분신할 권리에 대한 금지령을 애초에 뒤집는 것이다"라고 말한다(CPR 307). 따라서, 스피박이 암시하듯이, 바두리는 규정적인 정신분석 전기에 따라 과부를 받아들이지 않는 자기 의지에 따른 죽음에 대한 접근권을 주장한다. 그 자살을 '사티'로 읽어내는 그녀의 친척들이 전해주는, 죽은 남자(아버지)나 부재한 남자(남편)를 주인공으로 소개하는 이야기들에도 불구하고 말이다(CPR 307).

바두리의 동기에 대한 스피박의 의견은 단순하다. "[그녀에게 일임된 정치적 암살에] 맞서는 것은 불가능하지만 신뢰에 대한 실질적 요구를 잘 아는 그녀는 스스로 목숨을 끊었다"(CPR 307).[7] 이것은 그녀가 자신의 죽음에 부여했던 의미에 대한 가장 강렬한 해석이다. 살인을 저지르지 않기 위한 자살. 《포스트식민 이성 비판》의 〈서발턴은 말할 수 있는가?〉 교정본에서는 그녀의 자살을 자살 폭탄 테러범의 그것과의 암묵적인 병치가 눈에 띈다. 후자는 규정적인 정신분석 전기를 완전히 포용한다. 그 안에서 원인은 과부가 자신의 삶을 건, 화장용 장작더미 위에 있는 남편과 동일시가 된다. 자유 의지는, 사티를 위해 그러하듯이(CPR 298-300), 그것이 위치하는 바로 그 순간에 지워진다.

> 전쟁, 순교, '테러리즘'처럼 일반적인 자기희생의 경우에서처럼, '적절한felicitous' 사티는 그녀가 윤리적인 것을 넘어서면서 초월한다고 생각했을지도 (생각했다고 상상하게끔 되어있었을지도) 모른다. 이거야말로 그것의 위험이다. 모든 군인들이 마지못해 죽는 것은 아니다. 그리고 여성 자살 폭탄 테러범도 있다. […] [영국인들에 의하면] 사티는 전쟁의 맥락에서, 국왕이나 국가를 상징하는 남편의 맥락에서 독해될 수 없다. 이를 위해서 자기희생이라는 도취적인 이데올로기가 동원될 수 있다. (CPR 296-298)[8]

스피박의 가장 최근 글에서, 그러한 이데올로기가 욕망들의 강압적인 재배열을 통해 작동하는 것으로 보인다.

스피박은 〈테러〉에서 썼던 여성 자살 폭탄 테러범들에 대해 알려줄지도 모를 규정적인 정신분석 전기로 들어가지 않는다. 그러나 만약 적이 상상의 행위자로 여겨진다면, 타인들에 의한 주의 깊은 추적이 이뤄져야만 할 것이다. 자신의 목숨을 끊으면서 타인의 목숨을 끊는 이러한 행위자 사이에서 부바네스와리 바두리처럼 다른 사람의 목숨보다는 자기 자신의 목숨을 끊어버릴 한두 명이 있을 거라는 의심을 할지도 모른다.

초국가적 리터러시에서 스피박이 천거하는 관용어법에 대한 관심, 즉 그녀의 세계 읽기가 자살과 자살 폭탄 테러의 경우에 육체 읽기로 귀결될 때 파토스가 존재한다. 사후postmortem 판독들과 같은 분석들은 언제나 이미 너무 늦다. 살거나 죽으려는 마음속에 새겨진 다양한 낙인들의 일대기들로 그 판독들이 제한되면서, 삶들의 한계를 추적할 때조차도 죽음들을 방지할 힘이 없어서 그 죽음들은 그에 결부된 이야기들과 동떨어진 채 완전히 헛된 것이 된다. 전쟁에서 편들기와 대응 사이의 차이를 아마도 특징짓는 것, 그리고 적의 기꺼이 죽고자 하는 마음에서 의미를 찾고자 할지라도 그런 희생을 승인하지 않는 것은, 바로 의미의 그 경미한 차이이다.

6장

가야트리 차크라보르티 스피박과의 대담

마크 샌더스: '라이브 이론' 시리즈를 위해서 당신의 연구 관련 책을 쓰는 동안 나를 가장 사로잡았던 지점은 수년에 걸친 당신의 사유에서 일어났던 변화와 발전입니다. 내가 당신에게 하려는 질문은 주로 그러한 변화들과 관련이 있습니다. 그에 관한 질문으로 인터뷰를 시작하고자 합니다. 《포스트식민 이성 비판》의 부록에서 당신은 데리다의 윤리적 전회를 지적합니다. 즉, '질문을 지켜내기'로부터 '완전한 타자에 대한 요청'으로 강조점을 전환한 것입니다. 데리다의 연구에 대한 강도 높은 토론이 있었던, '인간의 종말'을 다룬 1980년의 스리지 콜로키움에서 이와 관련한 시기를 추정하고, 장뤽 낭시의 논문에 대한 즉흥적인 답변을 하고 있습니다. 이것은 당신에게 '해체의 실행'에 있어 핵심적인 순간이 되었습니다. 지난 10년이 넘는 기간 동안, 당신은 많은 텍스트에서 윤리학이라는 주제를 분명하게 다뤄왔습니다. 당신의 연구는 나름대로 '윤리적 전회'를 이뤘나요? 당신에게 확실한 전환점이 있었나요? 당신의 그 윤리적인 것에 대한 연구는

윤리학과의 명징한explicit 관련성을 선행하고 있나요?

가야트리 차크라보르티 스피박: 이 모든 답변은 물론 저 자신의 스테레오타입과 관련 있습니다. 그 답변들은 권위 있는 설명이라기보다는 하나의 텍스트로 고려되어야만 합니다. 저는 제가 누구인지를 말하면서도 자신의 궤적에 대한 스스로의 이해를 깊이 의심하고 있습니다. 그래서 생각하건대, 당신과 당신의 독자들이 이 책을 하나의 텍스트로 받아들인다고 확신할 수 있다면, 저 자신을 스스로에 대한 스테레오타입으로 정말 내버려 둘 수 있습니다. 스리시에서 데리다의 윤리적 전회를 확실히 느꼈지만, 그때부터, 특히, 《불량배들: 이성에 관한 두 편의 에세이》[1]에서 데리다는 윤리적인 것이 바로 처음부터 거기에 있었다고 매우 신중하게 말해왔습니다. 따라서 저는 둘 다 사실이라고 생각합니다. 즉, 윤리적인 것은 바로 처음부터 거기에 있었고, 그것의 전회도 있었다는 것입니다. 그가 윤리적인 것으로 가장 기울어져 있다고 언급한 두 개의 초기 텍스트는 저 역시도 그렇게 생각하는 텍스트입니다. 하나는 〈차연〉[2]이고 다른 하나는 《그라마톨로지》입니다.

샌더스: 〈폭력과 형이상학〉은 해당하지 않나요?

스피박: 그가 그 텍스트를 언급한 적이 없으니, 해당하지 않습니다. 그는 그 두 텍스트만 언급했습니다. 그리고 저 역시 거기에 동의하는 바입니다. 〈폭력과 형이상학〉은 윤리학에 관한 것입니다. 그건 다른 것이죠. 그래서 둘 다 사실이면서도 사

실이 아니라고 말할 수 있습니다. 윤리적인 것이 <차연>과 《그라마톨로지》에 매우 강력하게 등장했다는 사실이 독자에게 즉각 명확하게 다가오지는 않을 것입니다. 한편으로, 데리다가 실제로 그런 말을 하면서 그 사실이 더욱 분명해집니다. 저 자신에게도 마찬가지입니다! 그 질문을 보면서 그것에 대해 생각하기 시작했습니다. 아니요, 그것은 데리다의 윤리적 전회에 부합하지 않습니다. 1978년 마르크스에 관해 가르치기 시작했을 때부터, 이미 저는 확실하게 사회주의 윤리학의 가능성에 대한 질문에 흥미를 느꼈습니다. 왜냐하면 윤리학은 미국 학계의 마르크스주의자들에게 금기어였기 때문입니다. 우리는 정치학에 초점을 맞춰야만 했습니다. 세계-역사적으로 이것이 내게는 어떤 거부처럼 보였던 것 같습니다. 그 질문의 논의가 필요한 지점들에 있어 제가 할 수 있는 대답들은 수년에 걸쳐 변해왔습니다. 그런데 저는 그때 당시부터 그에 대한 관심을 가지고 있었습니다. 1986년에, 피츠버그대학 철학과 동료 교수였던 조 캠프가 레일톤이라고 불렸던 남자가 쓴 사회주의 윤리학에 대한 원고를 내게 줬습니다.

샌더스: 네, 그 원고를 기억하고 있습니다.

스피박: 제 관심사는 데리다의 윤리적 전회로 인식한 것에 대한 연구를 통해, 그리고 레비나스를 다룬 데리다를 통해 추후에 풍부해졌는데, 이는 늦어도 1978년도일 만큼 일찍 시작되었습니다. 의문점은 '사회주의의 합리론과 공명하는 윤리

학을 가지는 것은 가능한가'입니다. 바로 그렇게 시작되었습니다.

샌더스: 당신 연구가 1978년에 전환점을 맞이했다고 해서 흥미롭습니다. 제가 당신의 책을 보면서 생각했던 것보다 좀 더 빨랐기 때문입니다. 〈국제적 틀에서 본 프랑스 페미니즘〉을 보면 제 추측이 약간 늦었던 것 같습니다. 거기에는 다른 여성에게 말 걸기와 관련해 심취해 있습니다. 제게 그것은 매우 중요한 윤리적 전회가 표시되어있는 것처럼 보였습니다. 최소한 당신의 출간된 연구에서는 말입니다.

스피박: 맞습니다.

샌더스: 그것은 데리다 자신이 개입했던 논의들의 일부를 예측하는 것처럼 보였습니다.

스피박: 음, 저는 예측에 관해서는 모릅니다. 그것은 독자들의 몫이죠. 그런데 이미 말씀드렸다시피, 자, 교사로서의 관심과 나의 사유에 관한 관심은 1978년부터 시작됐습니다. 그리고 그 특수한 관심은 이미 1982년에 발표한 논문인 〈서발턴은 말할 수 있는가?〉를 통해 여성들 측면에서 드러냈습니다. 여기에서 의문점은 '여성들의 윤리학이 그들의 다리 사이에 있으면서 독자적인 남성 위에 고정되어 있는가'입니다. 간단하지만 중요한 질문입니다. 지금, 흥미롭게도, 당신은 그것을 〈국제적 틀에서 본 프랑스 페미니즘〉에서 발견합니다. 반면에 제 자신의 여정이라는 의미에서 두드러지는 것은 바로 〈서발턴은 말할 수 있는가?〉입니다. 물론, 당신의

말도 맞습니다.

샌더스: 다음 질문 드립니다. '규정적인 정신분석 전기' 관련해 <서발턴은 말할 수 있는가?>를 다시 읽으면서, 그 소논문의 독자들은 당신이 삶에서뿐만 아니라 죽음에서도, 자살에서도 규정적인 정신분석 전기에 대해 이야기하고 있다는 사실을 간과하고 있는 것처럼 보입니다. 그리고 그것이 독신 남성의 형상에 대한 애착과 관련 있다는 사실 또한 그렇습니다. 그 형상은 남편일 수도, 국가일 수도, 원인일 수도 있습니다. 그것은 제가 과거에 그 소논문을 읽었을 때 파악해냈던 어떤 것은 아니었습니다.

스피박: 맞기도 하고 아니기도 합니다. 프로이트에 따르면 오이디푸스 이야기는 개별 인간에 대한 규정적인 정신분석 전기입니다. 멜라니 클라인은 그러한 해석을 파기합니다. 그녀에 따르면 규정적인 정신분석 전기는 허용할 수 있는 서사들에서 가져오는 것입니다. 현재는 멜라니 클라인에 대해 연구하고 있지 않지만, 제가 그녀에게 그토록 매혹되었던 이유는 바로 사티의 서사에서 확인한 사실 때문입니다. 즉, 힌두교 경전이 규정적인 정신분석 전기를 제공하고 있다는 것입니다. 아시다시피, 사람들은, 제가 아주 평범한 여성을 묘사하려고 이 모든 브라만적인 헛소리들을 들먹이고 있다고 말하면서, 이에 대해 어리석은 반대를 해왔습니다. 그렇지만 그것은 정말로 중요한 지점입니다. 그 허용할 수 있는 서사들은 모든 층위에서 이데올로기적으로 사회를 특징짓는 신화

적이거나 종교적인 텍스트들로부터 유래합니다. 사실 저는 저의 액티비즘을 통해 이것과 접해왔습니다. 즉, 서발턴 여성들과 모든 인종 및 계급의 여성들이 이미 거기에 존재하는 이야기에 따라 어떻게 삶을 살아야만 할 것인가라는 개념과 맞닥뜨렸던 것입니다. 사티에서의 자살은 자살이 아닙니다. 그게 문제입니다. 만약 그것이 자살이라면 의지의 자율성에 대한 매우 특수한 선언이 될 것이며, 이때 그 자율성은 억눌린 채로 공표됩니다. 자살은 힌두교에서 '죄'가 아닙니다. 그 소논문은 자살에 대한 다양한 논의를 다룹니다.

샌더스: 그렇다면, 당신의 논지에 따라 사티는 정말로 결혼에 대한 하나의 설명이 되겠네요.

스피박: 그 동일한 주제에 대한 전치가 있습니다. 그 이야기에서 여성의 죽음이 자살로 인정받을 만큼의 중요성을 띠지 못하는 그저 하나의 계기moment에 불과하다면, 좋은 자살이란 의지에 따른 죽음이 됩니다.

샌더스: 당신은 윤리학과 문학 사이의 관계성을 언제 파악했나요?

스피박: 제 자신에 대한 스테레오타입이 이 지점과 대립해왔기 때문에 아주 명확하지는 않습니다. 최근 미국의 오래된 강경 좌파들이 문학에 신뢰를 갖는 문제로 저를 귀찮게 해왔습니다. 일례로, 제가 80년대 초반에 《서곡The Prelude》에 관한 글을 썼을 때는 그 문제를 망각했었습니다. 저는 상부구조 그 자체로서의 문학에 대해 어떻게 사유해야만 하는가

에 대한 설명, 즉 미국 판본에 따라 가장 정통적인 부류의 리틀 브리튼Little-Britain 마르크스주의를 고수했습니다. 언제인지는 확실하지 않습니다. 제게는 실용적인 문제였기 때문입니다. 실용적 노선을 따르면서, 문학 작품 속에 언제나 자신을 투영하거나 자신의 진단 능력을 단언하지 않도록 학생들을 가르치며 가능했던 훈련을 통해 사회주의 윤리라는 전체 문제가 해결되기 시작했습니다. 그것은 그만큼 단순합니다.

샌더스: 그렇다면, '실용적'이라는 것은 교육을 의미하는 건가요?

스피박: 모르겠습니다. 무엇이든 될 수 있겠죠. 물론 교육은 분명 그중 하나입니다. 아직 그 교육의 스테레오타입을 구축하지는 못했습니다. 그것이 달라졌을 때 말이죠. 몰론 마르크스는 교육과 관련이 있습니다. 저에게는 《루이 보나파르트의 브뤼메르 18일》이 예시적 텍스트가 되었기 때문입니다. 그것은 문학적인 작품으로 독해되어야 합니다. 즉, 드라마의 진정한 개념-은유concept-metaphor인 위엄있는 은유, 그리고 행위의 정치학에 대한 이해와 관련된 텍스트를 통한 그것의 진정한 중요성으로 말이죠. 그리고 부차적으로는, 수사학이라는 논리에 대한 마르크스 자신의 용법으로서 가장 놀라운 것은 바로 헤겔의 잘못된 인용으로 끝맺는, 프롤레타리아 혁명에 대한 문단이 됩니다. 저는 그 작품이 하나의 묘사적인 작품으로, 《자본》의 엄청난 전망과 달리 정말로 아무것도 전망하고 있지 않지만 어딘가에서 할 수 있는 어

떤 역할이 있다고 생각합니다. 〈서발턴은 말할 수 있는가?〉만큼 일찍이 그 재현에 관한 구절은 제게 깊은 영향을 미쳤습니다. 그래서 말인데요, 마크. 저는 '언제 그렇게 되었나?'라는 질문에 구체적이고 정확한 대답을 할 수는 없습니다. 그래도 그렇게 되긴 했습니다. 그런 일이 분명히 일어난 거죠. 아울러 《시볼리스Shibboleth》를 읽긴 한 것 같지만 한참 후의 일입니다. 거기에서 데리다는 불가능한 것에 대한 경험으로서의 형상에 대해 이야기합니다. 일어날 수도 일어나지 않을 수도 있는 윤리적 요청에 대한 대비로서 읽기에 대한 교육, 읽기의 실천이 있습니다. 이것은 번역에 관한 당신의 질문으로 곧장 인도할 것입니다. 그리고 또한 요청에 대한 책임 그 자체로서 텍스트는 요청을 합니다. 그런데 저는 정확히 언제인지를 말할 수는 없습니다. 그런 일이 있었다는 것만은 알고 있습니다.

샌더스: 저는 당신이 콜롬비아대학에서 문학비평사를 강의했던 1990년대 중후반을 기억하고 있습니다. 당신은 셸리와 워즈워스 같은 낭만파로 시작하는 문학과 윤리학의 궤적을 따라갔습니다. 키츠가 이 무리에 속했는지는 기억나지 않네요. (그런데 당신이 '영혼-만들기'에 대해 언급했을 때, 그것은 키츠를 염두에 둔 것이지 않나요?) 이 인물들이 적어도 1990년대에는 당신을 위해 존재했던 것 같습니다. 윤리학을 사유하기 전부터 그들은 당신에게 필요한 인물들이었나요?

스피박: 이런 식은 아니었습니다. 그래도 그렇다고 할 수는 있겠

네요. 죄송합니다. 1978년에 저는 텍사스대학에서 가르쳤습니다. 〈시의 방어〉에 관한 강의였어요. 알다시피, 그것은 지식의 폭발과 노동 절약형 장치에 관한 문단이었습니다. 그리고 우리는 우리가 알고 있는 것을 상상할 수 있는 창의적인 교직원을 원했습니다. 포레스트 파일이 제 수업을 들었기 때문에 그때가 언제인지 알 수 있어요. 그 수업은 그의 가장 중요한 아이디어가 되면서 그 아이디어를 다룬 박사논문을 썼고 뒤이어 관련 책을 내기도 했습니다.[3] 알다시피, 강력한 상상력이죠. 그렇습니다. 그런데요, 마크. 당신은 어떻게 그 수업이 낭만파만 다뤘다고 말할 수가 있나요? 당신은 플로티노스를 다룬 제 수업을 들었잖아요.

샌더스: 저는 낭만파만 다뤘다고 말한 적은 없습니다. [⋯] 당신은 언제 플로티노스를 읽었습니까?

스피박: 저는 1963년에 셸리에 관한 박사논문을 쓰기 시작했고, 1장을 완성한 후에 손을 놓고 있었습니다. 그때 플로티노스를 읽었죠. 그리고 또한 예이츠에게 신플라톤학파가 상당히 중요했습니다. 저는 윤리학과 문학을 잘 연결하지 못했습니다. 그래도 제가 문학비평사를 가르치던 시절에 플로티노스는 대단한 인물이었죠. 아리스토텔레스에게 있어 연민과 공포라는 개념은 타자를 향한 각각 긍정적이고 부정적인 느낌을 말합니다. 당신은 아리스토텔레스를 아테네 시민이 아니라, 혼혈metis이자 스타게이라 사람으로 기억하고 있습니다. 플라톤은 시민polites이었죠. 따라서 전체 이론이 타자로서

의 비극적인 영웅 위에서 구축됩니다. 사회적 치료법이죠. 아리스토텔레스는 매우 다른 '진정한' 철학자로서 완전히 체계적입니다. 그가 실제로 윤리학에 관한 글을 쓸 때 그랬습니다. 물론 그것은 제가 말하고자 하는 바는 아닙니다. 저는《시학》에서의 느슨한 지점에 대해서 말하고 있습니다.

샌더스: 철학보다 나은 것인가요…?

스피박: 역사보다 나은 것이죠.

샌더스: 저는 번역가로서의 당신의 실천에 차츰 흥미를 가지게 되었습니다. 그 실천이 번역에 관한 당신의 이론에 어떤 영향을 미쳐왔는지 궁금합니다. 예를 들어 에밀리 엡터Emily Apter는 출간 예정인 저서에서, 《그라마톨로지》의 서문부터 〈번역의 정치학〉, 마하스웨타 데비의 번역본 서문과 후기, 그리고 〈문화로서의 번역〉이라는 클라인 학파적 주제론에 이르기까지 당신의 번역에 관한 텍스트들이 어떻게 번역에 관한 하나의 쓰이지 않은 책을 실제로 구성하고 있는지를 다룹니다. 번역에 관한 당신의 이론은 변해왔습니까? 번역의 윤리에 대한 감각은 당신이 번역을 시작했을 때와는 다릅니까? 일례로, 저는 당신이 데비의 소설 《초티 문다와 그의 화살》을 번역하면서 보여준 대담함에 충격을 받았습니다. 당신은 부족원들의 벵골어에 대한 데비의 재현을 독특한 영어로 번역해냈습니다. 1981년에 데비의 〈드라우파디〉 번역에 대한 서문 역할을 했던 당신의 소논문에서 채택했던 제한을 풀어주는 것처럼 보였습니다. "나는 부족

원들이 말하는 기이한 벵골어에 한해서만 일반적인 '번역가의 문제점'을 지니고 있었다. 보편적으로, 우리는 고인이 된 피터 셀러스가 우리의 영어에 대해 가지고 있는 것과 동일한 수준에서 벵골인들이 그 기이한 벵골어에 대해 인종차별주의적 태도를 가지고 있다고 가르친다. D. H. 로렌스의 '보통 사람'이나 포크너의 흑인이 사용하는 언어의 어떤 형태를 사용해왔다는 사실은 당혹스러웠을 것이다. 다시, 그 특이성은 미시논리적이다. 나는 '직설적인 영어'를 사용했다. 그것이 무엇이든지 간에 말이다"(IOW 186). 《초티 문다》에서 무엇이 당신을 '직설적인 영어'와 그토록 급진적으로 결별하도록 독려하고 있습니까? 당신의 진화하는 번역가의 실천과 당신의 번역에 관한 이론 사이에 어떤 관계성이 있습니까? 특히 이 주제에 대한 당신의 최근 글들에서요.

스피박: 저는 그 사이 번역을 많이 해왔습니다. 당신도 알다시피, 1981년에 제가 그저 그것은 좋은 아이디어가 아니었다고 그저 생각만 했던 것이 아니라, 그것을 할 수가 없었습니다. 저는 그것을 시도할 용기가 없었습니다. '대담함'은 적합한 단어입니다. 그런데 1981년에 저는 일종의 시적 언어를 통해 아프리카 서발턴들의 주체성을 표현하기로 결심한 《피의 꽃잎들》의 응구기 같은 위대한 아프리카 작가에게 과거에 그랬던 것만큼이나 내키지 않았던 것은 또한 아니었습니다. 저는, 말하자면, 《야자열매술꾼Palm-wine Drinkard》에 더

욱 공감하고 있긴 하지만, 그것은 다른 문제입니다. 여기에서 제가 번역을 하고, 뭔가를 만들면, 저는 그것이 어떻게 잘 진행될지 모릅니다. 그래도 저는 블랙웰에서 저를 담당하는 편집자인 앤드류 맥닐리에게 감사의 마음을 전해야 합니다. 세부 사항은 기억이 안 나지만, 제가 앤드류에게 물어봐야만 하는 것이 하나 있기 때문입니다. 그 서신을 보세요. 그는 '가야트리, 당신은 이것을 해서는 안 됩니다, 이것은 대부분의 영국 독자들에게 그 책을 우습게 보이도록 만들 것입니다'고 말합니다. 그래서 제가 제거했던 한 가지 세부 사항이 있는데, 무엇인지는 잊어버렸습니다. 아마도 'the'에서의 t'(t-아포스트로피)였던 것 같습니다.

샌더스: 번역가로서의 그런 실천과 더불어 이론에 관해서 해주실 말씀은 없으신가요?

스피박: 자, 그럼 저의 글에서 말하지 못했던 지점에 대해서 먼저 말씀을 드리도록 하겠습니다. 실제 번역가가 어떻게 그 지점을 모를 수 있는가를 아무리 납득하지 못할지라도 말입니다. 당신이 약삭빠르게 인지하지 못하는 어떤 것을 다른 누군가가 이론적으로 소개하는 것은 언제나 즐거운 일입니다. 알다시피, 코넬대학의 사카이 나오키는 어떤 지점에서 번역가의 주체성 소멸을 이야기했습니다. 그것은 아주 정확한 지적입니다. 그런데 저는 그런 글을 쓴 적이 결코 없습니다. 저는 타자에게 접근하는 것에 관한 글을 써왔지만, 당신이 매우 실천적인practical 맥락에서 번역을 할 때, 당신이 원하

는 것은 마하스웨타 데비나 데리다를 눈에 띄게 하는 것입니다. 독자가 당신의 존재를 느낀다면 그 번역은 잘못된 것입니다. 그래서 번역은 실천적입니다. 저는 우리가 바로 거기에서 출발해야 한다고 생각합니다. 저는 번역이 존재하지 않는 곳은 절대 없다고 생각합니다. 이것은 제가 멜라니 클라인이 그토록 대단하다고 재차 느끼는 이유이기도 합니다. 그리고 마크, 당신도 알다시피, 제가 저의 스승들에 의해 영향을 받았다고 믿는 한 가지 사실이 있다면(데리다의 경우 절대 저의 스승은 아니었지만, 저의 스승이었을 수도 있는 그런 방식으로 저에게 영향을 미쳐왔습니다) 저는 완강한 직역자라는 것입니다. 따라서 멜라니 클라인이 이러한 부분 대상을 가진 아이가 윤리적인 기호작용semiosis을 구축하기 시작하는 것에 대해서 무언가를 아주 명확하게 말하고 있다는 사실, 그것은 어떤 행위라고 할 수 있는데요, 뭐라고 할까요, 그것은 하나의 번역 행위라고 할 수 있습니다. 그것은 기본이 되는 번역입니다. 이는 '차연'이 아주 흥미로운 이유이기도 합니다. 번역이 바로 자아ego가 됩니다(결국 멜라니 클라인은 자아의 조립에 대해서 이야기 하고 있습니다). 자아가 자아가 되기 위해서는 번역되고 있는 것과 달라야만 합니다. 따라서 원본(한 무리의 부분 대상들?)은 언제나 차연의 공간에서 차이를 만듭니다. 그것은 저에게 있어 번역이 매우 실천적으로 시작되는 지점입니다.

샌더스: 윤리적 기호작용은 흥미로운 용어이긴 합니다만, 제 생

각에는 꽤 복잡한 용어이기도 합니다. '기호작용'과 '윤리적' 이라는 두 요소가 있습니다. 당신은 그것들이 근원적originary 번역에서 어떻게 절합되고 있다고 보시는지요?

스피박: 좋습니다. 저는 살짝 짓궂은 답을 드리고자 합니다. 윤리적 기호작용을 위한 구성요소들을 제공하는 통제되지 않는 몸(부분 대상들)은 자신에게로의 접근과 자살 사이의 이분법적 대립, 즉 의지를 통한 자신의 파괴가 실패하게 되는 곳입니다. 그것은 제가 이른바, 실제 자살에 홍미를 가지는 이유입니다. 사실 분명하게도 자살 같은 것은 존재하지 않습니다. 그렇지만… 근데 질문이 뭐였죠?

샌더스: 윤리적 기호작용. […] 그러니까 왜 '기호작용'과 '윤리적' 이라는 표현을 사용하셨는지 물었습니다.

스피박: 왜냐하면, 최소한 멜라니 클라인의 이해에 따르면, 이것은 윤리에 대한 다른 개념입니다, 그렇죠? 당신이 읽고, 당신이 사랑하고, 당신이 보상할 때, 그것은 언제나 요구의 과잉 안에 있으며, 그 모두는 인간 아이가 요구와 욕망, 쾌락과 실행 사이를 구분한다는 사실, 그리고 과잉은 선과 악을 분별하는 능력을 부여하는 것이라는 사실을 알려줍니다. 바로 그것이 기호작용입니다. 다른 한편으로, 엄격히 말하자면, 그것은 그저 타자의 요청으로서 존재하거나 혹은 그 선물gift에는 접근이 불가능합니다. 그 기호작용이 이해가 된다면, 책임이나 의무로서 이해가 될 뿐입니다. 따라서 데리다에게 그것은 언제나 '어떤 것이라도 있다면 선물'이 됩니다. 이는

데리다가 레비나스, 그리고 칸트의 영향을 받은 모두와 구분이 되는 지점입니다. 칸트는 선험적 연역을 말하고, 레비나스는 의미작용을 말합니다. 데리다는 거기에 흔적을 남깁니다. 윤리적 기호작용은 책임, 의무 등등을 말합니다. 타자의 요청은 차연으로서의 원본이라는 기본적인 픽션입니다. 이해가 가시나요? 바로 그런 의미입니다. 저는 이런 식으로 말해 본 적은 결코 없지만 그런 생각을 해왔습니다.

샌더스: 그 말인즉슨 당신이 보기에 클라인과 데리다 사이에 유사점이 있다는 것인가요?

스피박: 유사점이 있는지는 모르겠습니다. 어쩌면 제가 적극적으로 독해하는 것일 수도 있겠죠. 하지만 저는 들뢰즈와 가타리Pierre-Felix Guattari, 그리고 라캉이 클라인을 완전히 인정할 수는 없었다고 말하고 싶습니다. 그들은 오이디푸스 콤플렉스에 다시 몰두하면서 그녀를 항상 낮잡아 봤습니다. 반면에 클라인은 엄격히 말해, 허용할 수 있는 서사로서 오이디푸스 콤플렉스에 다시 몰두했습니다. 또한 원본이라는 기본적인 픽션과 번역에 대한 이런 개념은 언제나 차이가 납니다. 저는 이것을 선물의 도표 위에 하나의 작품으로 조립하고자 했으나 완성하지는 못했습니다. 마침내 이렇게 말할 수 있어 기분이 좋네요.

샌더스: 정말로 매우 흥미롭습니다. 지난 가을 학기에 클라인에 대한 강의를 하면서 제가 놀랐던 점은 클라인의 이야기에서 아버지의 파생적인derivative 지위였습니다.

스피박: 훌륭한 지적입니다.

샌더스: 당신이 오이디푸스를 언급한다면, 분명히 그것의 기원이 되는 지점을 다루지는 않을 것입니다. 오이디푸스는 완전히 파생적이기 때문입니다.

스피박: 그것은 나중에 번역, 즉 언어학적 번역이라고 불리는 것을 통해 원본이라는 장소에서 스스로를 쫓아냅니다. 원본은 고정된 장소가 아닙니다. 그 원본에 접근하기 위해서는 소위 원어라는 신비한 덤불 속으로 들어가야 합니다. 알다시피, 그것은 당신이 번역하고 있는 텍스트에 의해 붙들리지 않을 뿐만 아니라 그 어떤 것에도 얽매이지 않습니다. 사람들은 이것을 깨닫지 못하기 때문에, 태어나면서부터 해당 언어를 사용하는 소위 원어민이라는 단순한 이유로 번역을 하는 대담함을 지닐 수 있습니다. 그래서 우리는 그토록 많은 나쁜 번역을 마주합니다.

샌더스: <번역의 정치학>과 <영어로 번역하기> 등 당신이 번역에 관해 쓴 많은 글들을 읽으면서 당신이 문학사를 정말로 강조하고 있다는 사실이 아주 놀랍게 느껴졌습니다. 그리고 <영어로 번역하기>에서 작가(당신은 칸트와 마르크스, 라캉을 예로 들고 있습니다)의 전제조건들이라는 것들이, 한편으로는 철저히 전통적인 기준처럼 보입니다. 그런데 좀 전에 언급하신 것에 따르면 원본의 언어를 사유하는 데 있어 훨씬 더 심오한 함의가 존재합니다.

스피박: 원본에는 제한이 없습니다. 따라서 번역의 책임은 우리

가 원본의 무제한을 이해할 수 있는 유일한 방식입니다. 언어는 개요를 가지고 있지 않습니다. 이처럼 혐오감을 주는 원어민 번역가들이 있는 동시에, 또한 번역가의 일은 글쟁이의 일이 아니라는 것을 인정할 필요가 있습니다. 여기에서 아무도 그들의 원어를 모른다는 사실을 이용하는 이러한 신식 번역가들이 아닌, 정말 훌륭한 구식 번역가들을 위해서 번역이 사랑의 노동이라는 것을 인정받아야만 합니다. 이론 분야에서 활동하고 있는 사람 중 극히 소수가 실제로 번역에 관한 글을 쓰고, 또 그중에서도 얼마나 적은 수가 실제로 번역을 하고 있나요!

샌더스: 우리는 너무 빈번하게 그 사실을 망각합니다. 말하자면, 〈번역가의 과제〉는 벤야민의 보들레르 번역에 대한 서문입니다.

스피박: 네, 그렇습니다.

샌더스: 번역에 관한 당신의 많은 텍스트는 데리다와 데비에 대한 당신의 번역을 다룬 서문입니다.

스피박: 마자르에 대한 번역도 있지요. 맞습니다. 그리고 알다시피, 인도에서만 출간된 18세기 성가들의 번역도 있습니다.

샌더스: 《칼리를 위한 노래》를 말씀하시는 것이지요.

스피박: 다시 무제한이라는 덤불 속에서 들어가는 것에 대해 이야기하자면, 저는 윌리엄 머윈이 한 번역본을 볼 수 있었다면 좋았을 거라고 말하면서 그 책을 마무리했습니다. 그는 산스크리스트어를 모르지만 《기타》를 그처럼 훌륭하게 번

역했기 때문입니다. 저는 윌리엄 머윈에게 그 번역본을 가져갔습니다. 저는 머윈을 정말 좋아하기 때문에 그에 대한 아무런 반감도 없지만, 그와의 만남을 통해 추가로 얻게 된 건 없었습니다. 저는 이 성가들이 일종의 전통이기 때문에 박티 bhakti의 전통에 따라 두 배가 되었음을 깨달았을 뿐이지요. 이 성가들이 순수한 박티의 노래라기보다는 박티 전통의 인용에 더 가깝기 때문에 두 배가 된 것입니다. 물론 그것들은 견고한 고전어인 산스크리트어와 동등한 지위를 갖고 있지는 않습니다. 따라서 원본이 그저 원본일 뿐이라고 생각하는 것은 잘못이었죠. 그 또한 자신만의 역사적 차이를 지니고 있었던 것입니다. 그래서 더 이상 아무 일도 일어나지 않았던 겁니다. 저는 머윈의 열대 우림을 보고 야외에서 샤워를 하는 기쁨을 누린 게 다였습니다. 야외지만, 알다시피 나무들로 가려져 있었습니다. 그를 다시 만나 즐거웠습니다.

샌더스: 거기가 어디인가요?

스피박: 마우이입니다. 마우이섬이죠. 따라서 그 사례는 원본이라는 무제한에 대한 실질적인 인정에 가깝습니다. 제가 그저 순진한 무모함의 행위로서 《그라마톨로지》를 번역하기 시작했을 때, 계속 이 길로 가게 될 거라고 누가 알았겠습니까?

샌더스: 바로 그 점이 궁금합니다. 이런 말씀을 드리게 되어 죄송하지만, 제가 예이츠에 관한 당신의 책을 읽었을 때, 저자가 누구였는지를 추측해야만 했다면 절대 맞추지 못했을 것입니다. 뭔가가 있었던 것이죠.

스피박: 그 책은 제 박사논문이 아닙니다. 청년들을 위해 쓴 책입니다. 아이오와대학의 누군가가 제 박사논문 출간을 반대했습니다. 그가 누구인지는 밝히지 않을 것입니다. 제가 멍청했던 탓이죠. 저는 직장에서 예이츠 전문가보다는 저의 박사논문 책임자에게 물어봤어야 했다는 것을 몰랐습니다. 제가 박사논문에서 언급해야만 했던 것 때문에 그가 곤란을 겪었다는 사실은 분명합니다. 그렇다고 제가 뭘 알았겠나요? 저는 정말로 경력을 어떻게 쌓아야만 하지에 대한 감이 없는 세상에서 살았거든요. 결국 박사논문을 출간하지 못했습니다.

샌더스: 그러면 당신 박사논문의 그 부분은 《그라마톨리지》를 읽고 나서 쓴 것인가요?

스피박: 아니요. 그렇지만… 4장은 제가 데리다를 좋아하는 이유를 알려주고 있습니다. 조만간 시간이 된다면 그것을 수정해서 출간하고 싶습니다. 여전히 출간이 가능하다고 봅니다. 다만 예이츠의 책은 [...] 아니라고 말씀드렸고요. 예이츠 관련 책을 쓰게 된 것은 크로웰에서 일하면서 작가를 찾고 있던 친구가 있었기 때문입니다. 그 책을 쓰는 일은 재미있었습니다.

샌더스: 저는 당신이 마르크스에 대해 쓴 글들의 궤적을 따라가면서 매혹되었습니다. 그중에서도 《자본》에서 마르크스의 프로젝트에 대한 당신의 주장이 그랬습니다. 산업 노동자를 그의 내포 독자로 갖는 것, 그 자신을 자본주의의 희생자가

아니라 생산의 행위자로 보는 것 말이죠. 《포스트식민 이성 비판》에서 당신은 《자본》의 내포 독자와 당신 책의 내포 독자, 즉 대도시의 새로운 이주자/토착정보원인 NI 사이의 유사점을 이끌어냅니다. 상대적인 의미작용이라는 측면에서, 후자는 산업 자본이 금융 자본에 길을 내어주는 시대에 남반구의 대도시에 사는 당신의 작인이 됩니다. NI는 시골 남반구의 극빈층 여성들을 향한 '신용-미끼'라고 부르는 것을 용이하게 하면서 '세계화를 위한 일반 의지'를 유도합니다. 이러한 NI는 출생지에서 그/그녀의 상대방을 가지고 있습니다. 하지만 남반구의 금융 자본에서 누가 당신의 서발턴 행위자가 됩니까? 그리고 당신은 그/그녀를 위해 그/그녀의 작인에 대한 어떤 자기-이해를 상상할 수 있습니까? <하버스톡 힐로부터>에서 당신은 영구적인 파라바시스로서의 아이러니에 대해서 썼습니다. 그리고 <잘못을 바로잡기>에서는 '자본주의에 결핍된' 윤리적 체제에 관해서 썼습니다. 결국 이러한 공식화는 금융 자본과 그것의 재분배를 향한 자본주의의 가능한 전환과 관련해 남반구에서 작인의 특징화가 되는 것입니까? 만약 그렇다면, 자세히 설명해주실 수 있나요? 이 영역에서 시골 교사 교육은 어떤 역할을 하나요?

스피박: 노동자는 자본주의의 희생자가 아닐 뿐만 아니라 생산의 행위자입니다. 그런데 그처럼 그/그녀가 자본을 합리적으로 학습하고 노동력의 상품화가 파르마콘pharmakon이

라는 것을 알아야만 합니다. 그것은 자본주의의 수중에 있는 독이지만, 사회주의하에 규제된다면 약이 될 수도 있습니다. 바로 그것이 노동자를 위한 마르크스의 프로젝트, 즉 동종요법 프로젝트입니다. 저는 이로부터 입장을 바꾼 적이 절대 없습니다. 저는 이것이 노동자를 위한 마르크스의 프로젝트가 될 것이라고 이해합니다. 물론 더 많은 것이 있지만 이것이 핵심입니다. 그다음 노동력의 상품화가 물화나 페티시즘이나 소외 등등이라는 전체 개념이 있는데, 이것은 저에게 무의미합니다. 마르크스는 극도로 영리한 사람들이 봤을 때 지나치게 직관에 반대되는 사람입니다. 제 진짜 질문은, 앞서 제가 말씀드렸듯이, 다음과 같습니다. 우리는 이러한 동종요법의 사용이 재분배의 습성을 지닌 사회주의로 이끌 것이라고 확신할 수 있을까요? 여기에서부터 윤리학의 질문이 개입됩니다. 당신은 제가 유사점을 끌어냈다고 언급했습니다.

샌더스: 제 진짜 질문은, 말하자면, 금융 자본의 시대에, 전지구의 금융화 시대에, 이것이 어떻게 번역되는가입니다. 그 작인은 어디에 위치해 있나요? 그 행위자가 더 이상 공장 노동자가 아니라면 마르크스의 프로젝트에는 어떤 일이 발생하나요? 상이한 행위자에 대한 상이한 이해가 존재합니까?

스피박: 마르크스가 (《자본》 2권과 3권이 엥겔스에 의해 통합되었기 때문에) 끝내 완성할 수 없었던 서사에서 공장 노동자는 공장 노동자로 남아 있지 않습니다. 그 공장 노동자는 사회주

의자가 됩니다. 노동력의 상품화가 무기가 되도록 하기 위해서는 (이는 《자본》 3권에서 이윤율 하락의 경향을 다룬 정말 훌륭한 장에 등장합니다) 그 경향이 위기가 되어야만 합니다. 모든 사람이 마르크스가 혁명 주체를 충분히 잘 절합articulation 했다는 사실을 알고 있습니다. 그런데 이것은 노동자와 사회주의자 사이의 가장 큰 탈구disarticulation이기도 합니다. 마르크스를 통해서 정부state를 숙고하지 않기 때문입니다. 그래서 오늘날 노동자가 사회주의자가 되기를 기대할 권리를 우리는 그 어느 때보다 희박하게 가지고 있습니다. 그런 이유에서 저는 특히 남반구에서 정부가 재발병되어야만 한다고 반복해서 말하고 있습니다. 미국의 보수주의자들은 정부가 제 기능을 수행한다면 통제하는controlling 정부가 된다고 사람들이 생각하기를 바랍니다. 정부는 도구이자 구조입니다. 그것은 국가nation가 아닙니다. 따라서 이는 복잡한 주제인데, 우리는 비판적 지역주의를 실천하고 초국가적인 정부 구조 같은 것을 생각할 수 있습니다. 그 구조는 유엔이나 국제법의 도입, 그리고 유엔 안전 보장 이사회의 수중에 있으면서 선진 8개국 그룹에 의해 관리되는 훨씬 더 큰 체계framework의 도입과는 다릅니다. 금융 자본은 산업 자본과 동일한 법의 지배를 받지 않습니다. 금융 자본의 위기를 관리하는 것은 바로 세계 무역입니다. 금융 자본은 스스로 작동할 수 없습니다. 그것은 세계 무역에 의해 방해를 받아야만 합니다. 그것은 그 훼방의 공간 안에, 그러니까 재발명될 뿐만 아니라 민족주의와 파시즘의 경향들로부터 오염되지 않은 채 지속되는 정부 구조 안에 있습니다. 공장 바닥은 오늘날 완전히 부서졌습니다. 그래서 우리는 노동자를 역사적으로 흥미로운 역할로 생각해야만 합니다. 그 노동자는 제조업이 있는 곳은 어디든지 흥미롭게 남아있습니다. 그/그녀는 사라지지 않았습니다. 노동자와 사회주의자 사이의 탈구 때문에, 선구적 위치의 재건된 봉건주의로 재빨리 넘어간 프롤레타리아의 독재에 대한 희망은 절대 많이 남아 있지 않습니다. 그리고 오늘날, 또 다른 탈구가 있는데, 그것은 자본의 중심 극장인 금융과 민족주의와 인종주의에 의해 분열되어 희망없이 흩어진 노동계급 사이에서 일어납니다. 아웃소싱에 관한 논쟁이 명확히 보여주듯이 말입니다. 정부가 재분배의 능력을 지니고 있지 못한 세계 경제에서 이처럼 재발명된 정부의 기능에 대한 가장 강력한 감각의 보충으로서, 우리는 (이제는 '사회 운동'이라는 문구를 사용하기 힘드니) 분배의 정치를 바라봅니다. 그 분배의 정치는 반복해서 자본주의적 세계화를 재분배로 전환시킬 것입니다. 우리는 그것을 자본주의적 세계화를 대신하는 사회주의적 세계화라고 부를 수 있습니다. 이는 미래를 위한 프로젝트입니다.

샌더스: 마르크스에 관한 당신의 최근 글들에서 제가 질문하고 싶은 것, 그러니까 제가 정말 궁금한 것이 있습니다. 먼저, 힌트가 있는 것처럼 보이긴 하는데, 남반구에 사는 시골 여성의 신용-미끼에 관해 언급한 부분에서, 당신은 행위자나 잠

재적 행위자가 있다고 했는데요, 만약 우리가 공장 노동자와의 유사점을 찾아내고, 그/그녀의 자본에 대한 합리적 학습을 이끈다면, 이 행위자는 어떤 종류의 분석을 책임질까요?

스피박: 저는 이 행위자가 분석을 책임질 준비가 되어 있다고 생각하지 않습니다. 제가 느끼기에 마르크스는, 자신이 하지 못했다는 사실을 당연하게 여길 수 있었고, 또한 그는 독일 사회민주주의자들이 1914년의 전쟁 융자에 투표했기 때문에 틀리기도 했습니다. 비록 포이어바흐Ludwig Feuerbach에 대한 그의 세 번째 논제가 '누가 교육자를 교육할 것인가'를 선견지명으로 물었을지라도 말입니다. 그가 오직 작인과 합리주의를 통해서 노동자들을 교육하고자 애쓰면서 이 사실을 망각했습니다. 이런 종류의 작인을 준비하기 위해서는 무엇보다 먼저, 파하드 마자르가 책임지고 있는 농업 노동, 방직 노동 등과 같은 종류의 노동을 책임져야 한다는 사실을 이제 확실히 믿고있습니다. 또한 당신은 전기통신을 자본주의보다는 사회주의의 도구로서 바라보는 노동도 책임져야 합니다. (저는 지금 계급 차별에 대해 말하고 있습니다.) 바로 이 지점에서 저의 연구가 진행되어 왔습니다. 당신이 신용-미끼에 낚이는 시골 여성들처럼 훨씬 더 많은 서민 사이에서 하고 싶은 것은 욕망의 재배치를 위한 준비, 그리고 수세기 동안 어떤 식으로라도 억압받아 왔던 이러한 존재들로부터 배우기 위한 준비입니다. 그들의 욕망이라는 것, 당신은 사람들의 욕망을 절대 알 수 없습니다. 그래도 교실에서

작인을 위해 일하는 것과 관련해서는 일종의 노동 가설이 필요합니다. 이를 통해 당신은 학생들의 욕망을 알게 됩니다. 어떤 종류의 것들을 원하지 않고자 하는 힘든 훈련 없이는 결코 성취하지 못할 것입니다. 이는 믿기 힘들 정도로 불편하지만 다른 방법은 없습니다. 그것은 스테로이드를 맞기보다는 운동을 하는 것과 같은 불편함입니다. 정말로 불편한 일입니다. 훨씬 더 불편하고 말고요. 저는 이러한 아프리카 관련 문제를 바라보고 있습니다. 선진 8개국 그룹, 그리고 조지 부시와 토니 블레어를 떠올려 보세요. 그들 스스로가 파괴했고 또 여전히 파괴하고 있는 사람들과 관계 맺는 방법에 있어서 가장 먼저 알아야 할 것을 모릅니다. 물론 그들은 신뢰를 잃었습니다. 록 콘서트와 아프리카 음악 콘서트는 편의-관용convenience-generosity의 정치학에 관한 게 전부입니다. 당신은 이 모든 억압의 합리적 뼈대를 보여주는 책을 쓰지는 않으면서 다음과 같이 말합니다. 알겠습니다. 신사 숙녀 여러분, 당신들은 그 이유를 이제 알기에, 앞으로 나아가 새로운 세상을 세울 것입니다. 이것이 바로 마르크스의 실수였습니다.

샌더스: 당신은 자본주의에 결핍되어 있는 윤리적 형성의 활성화에 관해 말한 것에 이것을 결부시킬 수 있을까요? 여기에 어떤 연결고리가 존재하나요? 당신은 〈잘못을 바로잡기〉에서 이에 대한 이야기를 하고 있습니다.

스피박: 제가 생각했던 것보다 더 힘드네요. 누군가 박사논문을

지도할 때 일대일로 한다면, 절대 이것은 책임지기에는 너무 작은 것으로 받아들여질 수 없습니다. 혹은 누군가 세미나를 가르칠 때 의도적으로 오직 12명을 정원으로 해서 가르친다면, 이것은 책임지기에 너무 작은 수라고 여겨지지 않습니다. 우리는 그런 이중 잣대를 지니고 있습니다. 저는 자신을 용서합니다. 저는 제가 하는 일이 매우 작다고 말할 것입니다. 그것은 작은 일이 아닙니다. 그것은 제가 할 수 있는 일입니다. 당신이 민주적democratic 행위(소문자 'd')의 의례와 습성을 환기시키고자 노력하면서 인과성이 존재한다는 사실을 저는 발견하기 시작했습니다. 알다시피, 실수를 통해 배우기 때문입니다. 그런 의례와 습성, 공적 영역으로의 접근에 대한 직감 (우리는 정부의 구조 및 민주주의의 구조에 대한 합리성에 대해서 이야기하고 있습니다.) 존재의 그런 다른 방식들, 자본주의에 결함으로 남아 있던, 권리가 박탈된 방식들은, 수행적인 것이 수행으로 변형됨에 따라서 또한 재발명되어야만 합니다. 이는 숙고하기가 힘듭니다. 자본주의에 결핍된 것이라는 사고방식은 권리가 박탈된 그룹의 수행적인 메커니즘으로, 공적 영역의 직감에 대한 접근에 앞서서, 그리고 투표라는 단순히 산술적인 사실이 아닌 습성과 의례에 대한 접근에 앞서서 존재합니다. 그런데 이러한 여타의 파르마콘은 그 합리적인 구조가 아이들에게 접근 가능할 수 있도록 교육하는 것에 이용되기 때문에, 수행적인 것은 나중에 천천히 수행으로 변하기를 우리는 바랍니다. 만약 그것이 한

꺼번에 이뤄진다면, 그것은 검토되지 않은 문화적 정체성주의, 선거 집단, 즉 인종적 선거 집단, 인종 갈등이 되고 맙니다. 그것은 언제나 나중nachträglich이어야만 합니다. 그 수행은 박물화museumization를 통해서 진행되며, 그 수행은 교육과정화, 특히 문학 및 예술의 교육과정화를 통해서 진행됩니다. 문화 정체성의 이름이 아니라 말이죠.

샌더스: 그래서 당신은 문화의 도구화가 아닌 다른 이야기를 하고 있습니다.

스피박: 맞습니다. 당신은 이제 제 입장이 보다 미묘하고, 보다 넓은 시야를 가진다는 걸 아실 겁니다. 실수를 통해서 배운다는 지점에 있어서요. 또 뭐가 있나요?

샌더스: 마르크스에 관해 드린 질문에서 뭔가 다른 지점들이 있었습니다.

스피박: 금융 자본의 서발턴 행위자가 존재하지 않습니다. 금융 자본이 서발턴 행위자를 보유한다는 것은 불가능합니다. 서발턴이 신용-미끼를 통해 착취당할 때, 그것은 금융 자본의 작은 부분에 불과합니다. 정말 문제가 되는 것은 데이터data입니다.

샌더스: 생물 자원 수탈biopiracy을 말씀하시는 건가요?

스피박: 그런 문제 전부를 말합니다. 생물 자원 수탈, 모든 종류의 특허등록, DNA 특허등록, 의약품 폐기, 그 밖에 뭐든 될 수 있습니다. 모든 것이 데이터입니다. 토착 지식은 물론이거니와, 지적 재산도 있고요, 그뿐만 아니라 모든 것입니

다. 우리가 그 오래된 작인 모델을 취할 수 없는 이유는, 만약 마르크스에게 가치 형태를 활성화하는 것이 일반적 등가물, 이른바 (융자금 등의) 화폐라면, 그것은 실체substance인 금 등으로서 기능할 수 없게 되었고, 그것은 오늘날에는 데이터가 되면서 데이터라는 실체는 학습이나 지식으로서의 기능을 상실하게 되었습니다. 우리는 전기통신을 통해 금융 자본을 작동시키는, 그와 같은 세계 체제로부터 박식한knowing 행위자가 우리를 구할 수 있는 모델을 세울 수 없습니다. 전기통신은 화폐 형태의 금처럼 금융 등가물의 도구가 됩니다. 박식한 행위자는 전기통신 형태와 데이터 형태를 이용할 것이고, 아마도 자본주의적 생산성이 아니라 사회주의적 생산성을 위해 그 형태를 조작하고자, 학습해야 할 무언가로 변형시킬 것입니다.

샌더스: 지식으로 변형시킨다는 말씀이신가요?

스피박: 지식으로부터 나오는 어떤 것이겠지요. 학습과 지식은 이미 서로 다릅니다. 학습, 지식, 정보, 데이터가 있습니다. 심지어 데이터는 정보가 아닙니다. 그것은 마르크스의 직감으로, 놀랍게도 대항-직감적이면서도 놀랍게도 정확합니다. 일반 등가물을 운반하는 것은 그처럼 기능하지 않습니다. 데이터는 지식이나 학습으로 기능할 수 없습니다. 따라서 금융 자본의 서발턴 행위자는 존재하지 않습니다. (그리고 그 노동자는 결코 서발턴이 아닙니다.) 당신이 가진 전부란 그런 일이 일어날 수도 있다는 신뢰faith 개념뿐입니다. 그

들이 천안문 사태 때 팩스를 이용했었다거나, 당신이 매개되지 않은 사이버-리터러시를 아프리카 소년들에게 제공할 수 있다는 것입니다. 이것들은 효과가 없습니다. 마크, 이는 복잡한 논쟁입니다. 또한 실질적인 논쟁이기도 하다는 사실을 당신이 알아주기를 바랍니다. 당신은 노동력을 상품화할 수 없기 때문에 데이터를 파르마콘으로 사용할 수 없습니다. 그래서 그 모델은 무언가를 그 자체로 약으로 이용하는 것이아니라, 이제는 파괴적인 등-돌리기turning-around가 됩니다.

샌더스: 데이터 차원에서의 파괴라면 그건 무엇이 될 수 있을까요?

스피박: 제가 〈메가시티〉에서 바부 매슈Babu Mathew를 인용한 것을 기억하실 텐데, 그것은 위기-추동의 세계화라기보다는 전략-추동의 세계화입니다.[4] 당신은 복지 국가라는 보다 광범위한 모델을 위해 전지구적 자본을 이용합니다. 그 모델은 국제 사회주의와 흡사할 것입니다. 그런데 바로 그런 이유로 당신은 국제 사회주의를 허용할 수 없고, 우리가 가지고 있는 것을 보라고 말합니다. 그것은 간접적으로만 가능하며, 단편적으로 경쟁을 통해 가능합니다. 그게 바로 그 모델입니다. 제가 파괴적이라고 한 이유입니다. 당신은 세계화(모델로서의 진정한 세계화)쪽으로 더 가깝게 가기 때문에, 자본주의 쪽으로 더 가까이 가는 것입니다. 그것은 재분배의 충동이 아직까지 인식론적 시간성의 주체-행위자 모

델에서 작동하기 때문입니다. 한편, 데이터를 보유한 우리는 그 시간성 안에 머무르지 않으면서 파르마콘으로서의 데이터 역할은 제한됩니다. 합리적 파르마콘으로서의 상품화된 노동력 역할이 제한되었음이 드러날지라도 말입니다. 카스텔 같은 사람들은 이를 알지 못해서 장소가 공간으로 변했다고, 주어진 세계가 네트워크 사회로 변했다고 말합니다.[5] 그들이 깨닫지 못한 것은 저항 모델이 윤리적 주체의 특징과 작인의 이해에 영원히 한정되어 있을 것이라는 사실입니다. 반면에 저항받는 것의 모델은 주체로부터 풀려나서 지식과 학습을 위한 도구가 될 것입니다. 우리는 이러한 탈구를 다루어야만 합니다. 마르크스주의에서 문제가 되었던 것 역시 일종의 탈구였다는 사실을 기억하면서 말입니다. 자본의 내재적 논리는 그러한 탈구를 생산할 것입니다. 이제 우리가 공정한 세상을 떠올리면서 파괴적인 모델, 영구적인 파라바시스를 향해서 가는 이유입니다.

샌더스: 당신은 문학을 가르치면서, 그리고 인도, 방글라데시, 알제리, 지금은 중국에서 현지의 리터러시 교사들을 가르치면서, 교육에 관한 많은 글을 썼습니다. 교육은 당신의 뼛속 깊이 있는 것 같습니다. 당신은 언제부터 가르치기 시작했나요? 당신이 자신을 교사로서 바라본 적이 있었나요? 자신을 교사로서 자각한 것은 윤리학, 읽기, 문학에 관한 당신의 사유에 어떤 영향을 미쳤나요? 당신에게 있어 교사-학생 관계는 윤리학을 위한 일종의 예시처럼 보이기도 합니다.

스피박: 다시 한번 말씀드려야 할 것 같네요. 제가 알기로는, 가르치는 경험은 충분한 자격을 갖는 윤리적인 것이라기보다는 책임-의무에 더 가깝습니다. 왜냐하면 우리는 윤리적이고자 계획을 세울 수는 없기 때문입니다. 알다시피, 그것은 아리스토텔레스와 같아요. 《시학》의 첫 페이지에는 미메시스와 포이에시스 사이에서 진행되는 연극이 나옵니다. 아이스토텔레스는 이렇게 말합니다. 당신이 정말로 할 수 있는 당신의 미메시스 안에서 가능한 한 양식적으로 행동하는 것입니다. 그리고 투케tuche를 통해서 포이에시스가 출현할지도 모릅니다. 이제 그것은 우리가 이야기 하고 있는 아름다운 모델입니다. 당신은 가르치면서 "나는 윤리적이야"라고 생각하지는 않을 겁니다. 당신이 정말로 생각하는 것은 "내가 어떻게 완수할수 있을까?"겠죠.

샌더스: 맞습니다.

스피박: 어떻게 완수할 수 있을까요? 무엇을 움직여야 하는지를 알아야만 합니다. 무슨 말인지 이해하시겠어요? 그저 그것에 대해서 완전하게 의지를 가지는 겁니다, 그렇죠? 중요한 것은 그런 노력이 언제나 강압에 매우 근접하게 관련되어 있다는 사실입니다. 강압 말입니다. 심지어 설명조차 강압과 매우 가깝게 관련되어 있습니다. 욕망이 움직이도록 만들어야만 합니다. 그것의 비강압적인 부분은 당신의 개입 없이 발생합니다. 그것은 투케를 통해서 오는 포이에시스와 같습니다. 그것은 당신을 놀라게 하고, 또 예상할 수 없습니

다. 당신은 강압의 결여를 계획할 수 없습니다. 미국인들은 의도적으로 비-위계적인 행위 같은 것이 있다고 믿는 듯 합니다. 그것은 말도 안 됩니다. 그 발상은 의도적으로 위계가 없는 것처럼 행동하는 것이 아니라 위계를 제거하는 것입니다. 그것은 견고한 불신입니다. 위계의 완전한 부재는 결코 없을 것입니다. 위계는 교실에서 느낄 수 있는 재미이기도 합니다. 당신이 윤리적이게 되는 것은 아닙니다. 윤리적인 것은 바로 꽃일지도 모릅니다.

샌더스: 그럴 수도 있겠네요. 강압적인 것과 비강압적인 것을 구분해 주셔서 정말 기쁩니다. 즉, 비강압적인 것은 예상할 수 없는 것이네요.

스피박: 맞습니다, 바로 그 말입니다. 그 구분을 기다렸군요. 어느 정도의 폭력과 강압 없이 가르치는 것은 불가능합니다. 다만, 그것을 위장하는 것이지요.

샌더스: 당신은 교사와 학생 모두를 만나기 때문입니다.

스피박: 분명히 그렇습니다. 그것은 불가능합니다. 제가 언제부터 가르치기 시작했는지를 물으셨습니다. 저는 심지어 아이 때부터 사람들을 끌어모으곤 했습니다. 배우기를 정말 꺼려하는 사람들이었죠. 저는 가르칠 수 있는 상황이 전혀 아니었습니다. 그래도 왜 그랬는지 누구라도 읽고 쓰는 법을 모를 수 있다는 사실을 상상할 수는 없었습니다. 이건 농담입니다! 그런 식으로 항상 그 일을 해왔습니다. 그리고 물론, 제가 열한 살쯤 됐을 때, 저는 조숙했고, 또한 알다시피, 열

세 살에 고등학교를 졸업했기 때문에 열한 살 때는 이미 고등학교에 재학 중이었습니다. 당시 어머니는 제가 시험지 채점을 함께 하도록 해주셨는데요, 어머니가 극빈층 과부들이 취업 자격을 갖출 수 있도록 돕는 일을 하고 있었기 때문입니다.

샌더스: 그건 몰랐습니다.

스피박: 아, 그랬군요. 어머니는 믿을 수 없을 정도의 헌신과 액티비즘에 있어 완벽한 모델이었습니다. 국가 분할이 있었던 1947년에 아무도 어머니를 보지 못했습니다. 어머니가 동이 트기 전까지 난민 재활을 위한 기차역에 계셨기 때문입니다. 어쨌든, 그녀는 제가 가르치는 일을 돕도록 했습니다. 당신이 인도에서 느낄 수 있는 특징 중 하나는 많은 수입니다. 따라서 채점해야 할 시험지가 엄청나게 많습니다. 어머니는 진짜로 저에게 등수를 매기는 법, 채점하는 법, 심지어는 서명을 위조하는 법까지 가르쳐주셨습니다. 어머니와의 공모를 통해 어머니의 서명을 위조해가며 가르치는 법을 배우면서 관련 주제론은 아주 풍요로워집니다, 그렇죠? 그게 열한 살 때였습니다. 그 후 열일곱 살에는 돈을 벌기 위해서 가르치기 시작했습니다. 당시에 영어 과외를 했어요. 저는 오래전부터 가르쳐왔던 겁니다.

샌더스: 출간 예정인 《붉은 실Red Thread》과 《다른 여러 아시아Other Asias》는 당신 연구의 방향을 유의미하게 재조정하고 있습니까? 그렇다면 어떤 방식인가요?

스피박: 《다른 여러 아시아》의 경우 그렇습니다. 《붉은 실》은 보다 초기 연구의 연장선상에 있으며, 이런 종류의 글쓰기가 무언가를 영구적 설득이 가능하도록 만드는 방식에 대한 숙고에 더 가깝습니다. 이는 《붉은 실》이 지향하는 바입니다. 그것은 두꺼운 책이지만, 지향하는 바는 그렇습니다. 반면에 《다른 여러 아시아》에서는 제가 이야기했던 비판적 지역주의라는 개념, 지명된named 공간이라는 개념과 씨름하느라 정말로 애쓰고 있습니다. 지명된 공간으로서의 아시아 말입니다. 이를 가지고서 무엇을 할까요? 특히, 아시아는 이른바 성장하고 있습니다. 성장하고 있는 것은 무슨 의미일까요?

샌더스: 《다른 여러 아시아》는 많은 국가가 있다고 시사하는 것 같습니다.

스피박: 그것은 논쟁거리이며, 우리는 아시아를 단순히 우리가 살고 있는 곳이나 우리의 출신지로 생각해서는 안 됩니다. 또한 아시아를 추상적인 데이터 회선이나 엄청난 네트워크로 생각해서도 안 되는데, 그 아시아는 유럽-미국과 라틴 아메리카, 아프리카에 대립하는, 지역 네트워크의 거대한 이름을 상징하기 때문입니다. 이제는 그런 아시아의 밖에서 사유하고자 합니다. 알다시피, 저는 문화 정체성을 적극적으로 호소했던 적은 결코 없습니다. 이 책에는 그런 면이 조금 있긴 합니다. 왜냐하면 제가 아시아인이라는 불가능한 어떤 것으로서 질문받고 싶었기 때문입니다. 생각해보면,

그것은 불가능합니다.

샌더스: 그것이 불가능한 이유를 설명해주실 수 있나요?

스피박: 자, 서아시아를 생각해보세요. 중앙아시아도 생각해보시고요. 저는 심지어 자세한 설명을 드리지도 않고 있지만, 남아시아도 한번 생각해보세요. 거기는 우리가 있는 곳입니다. 그러고 나서 아시아 태평양 지역이 건너뛰는 곳을 생각해보세요. 거기는 태평양, 즉 오세아니아입니다. 그래서 당신은 도대체 어디에서 아시아인의 정체성을 실질적으로 획득할 것인가요? 있을 수 있는 유사한 언어들의 경향이란 없습니다. 그렇다면, 천 개의 언어들은 상호 학습될 수 있을까요? 없습니다. 무슨 말이냐 하면, 중국어를 배우는 것은 저를 괴롭게 합니다. 그리고 만약 당신이 전부 러시아어, 즉 키릴 알파벳이 장악했던 지역들인 타지키스탄, 우즈베키스탄, 투르크메니스탄, 키르기즈스탄의 언어들을 보면서 당신은 아시아의 다문화주의 같은 것을 어떻게 사유하고자 합니까? 또한 유럽연합에 가입한 터키가 있습니다. 터키는 아시아라고 불렸던 첫 번째 지역입니다. 따라서 이것은 아시아라는 놀이game입니다. 구소련을 포스트식민적으로 생각하는 사람들은 유라시아를 떠올립니다. 그렇다면 유라시아는 하나의 지역일까요? 당신은 아시아라는 전체에서 그중 일부를 지중해와 북아프리카, 그리고 나머지 아프리카 사이의 차이에서 발견할 수 있습니다. 그런데 그것은 아시아 내부에서의 분할만큼이나 특이하지는 않습니다. 그것이 불가능한 설명

요구인 이유입니다. 아시아는 복수적이기에 그 복수적 설명 요구를 당신이 수용해야만 하거나, 아시아는 세계화되어 그 이름은 구분 짓기용 외에는 아무것도 의미하지 않습니다. 혹은 아시아는 완전히 나르시시즘적이며, 그 사실은 당신 자신의 배경을 의미합니다. 그래서 저는 그것이 제 연구의 방향을 약간 바꿔주기를 바라고 있습니다.

샌더스: '방향을 바꾸다reorient'라는 표현이 재미있습니다.

스피박: 그렇습니다. 당시에 아르메니아가 저에게 많은 고민거리를 주고 있었습니다. 제가 아르메니아에 대해 생각하고 있었기 때문입니다.

샌더스: 소련의 아르메니아를 말씀하시는 건가요?

스피박: 음, 저는 모르겠습니다. 소련, 터키의 아르메니안, 아제르바이잔의 아르메니아, 나고르노카라바흐 등. 그곳은 좁은 지역입니다. 저는 그저 포기하지는 않을 것입니다. 저는 관련 논문을 《아르메니안 리뷰》에 투고하지 않았습니다. 그들이 창간호에 그것을 싣고 싶어했지만 말입니다. 저는 그렇게 했던 것이 현명하다고 생각합니다. 그 책 전체는 모두 마무리되었지만, 아르메니아가 걱정입니다. 저는 그 장을 어떻게 다시 써야만 하는지에 대한 감을 이제 어느 정도 잡았다고 믿습니다. 일단 아르메니아를 끝내면, 책이 나올 것입니다. 문제점이 보이시나요? 그 책의 마지막 문장은 '이제 나머지 세계를 위해서'입니다. 왜냐하면 저는 누군가 자신의 문화적 정체성을 주장해야만 한다고 생각하는 것을 정말

로 참을 수가 없기 때문입니다.

샌더스: 2003년까지만 해도 당신은 호놀룰루에서의 인터뷰에서 "절대 회고록을 쓰는 일은 없을 것"이라고 말했습니다. 하지만 당신은 에드워드 사이드를 기념하는 《크리티컬 인콰이어리》의 2005년 특별판에 회고록의 일부를 실었습니다. 마음이 바뀌게 된 계기는 무엇이었나요? 그 회고록의 범위는 어디까지인가요? 그것은 당신의 삶과 이론 사이의 연결고리를 탐구하고 있나요?

스피박: 마크, 당신은 제게 무슨 일이 있었는지 잘 알고 계실 겁니다. 그것은 비극적인 일이죠. 어머니가 돌아가셨습니다. 알다시피 저는 하와이를 떠나 캘리포니아로 갔고, 그 첫 주에 어머니가 돌아가셨습니다. 또한 아카이브의 상실이 있었습니다. 저는 제 이야기를 쓰는 것에 대해 전혀 다른 느낌을 갖기 시작했습니다. 여전히 거기에 대해 생각하고 있지는 않았지만, 그때 타리크 알리가 제게 말했습니다. 에드워드가 제가 회고록을 써야만 하고, 나에게 요청해야만 한다고 그에게 이야기했다고요. 또한 당시에 저는 제 조카에게 이야기했습니다. '얘야, 난 회고록을 쓰고 싶지 않거든. 하지만 할머니가 돌아가시고 아카이브가 사라졌어. 어떻게 생각해?' 그리고 저는 조카와 매우 진지하게 이야기하고 또 생각했습니다. 조카는 무언가를 제안했습니다. 그래서 저는 타리크에게 첫 세 장에서 내가 아니라 과거를 다뤄도 되는지를 물었습니다. 그는 그래도 좋다고 대답했습니다. 한편으

로, 저는 정말로 회고록을 쓰고 싶지 않아서 아주 적은 분량만 썼습니다. 여자 조상에 관한 장을 하나 써서, 캐롤린 하일브룬을 기리는 콜롬비아대학 콘퍼런스를 비롯해 홉킨스대학과 러트거스대학에서 발표했습니다. 에드워드에 관한 장은 조금 다릅니다. 그것은 나와 나의 지적인 삶에 관해 다룹니다. 당신이 저의 여자 조상, 즉 증조 할머니와 두 명의 할머니, 〈서발턴은 말할 수 있는가?〉에서 알다시피 할머니의 자매였던 여성에 관해 쓴 장을 봤다면, 제가 저의 구체적인 삶보다는 과거에 훨씬 더 많은 관심을 가지고 있다는 것을 반복해서 보실 것입니다. 재미난 사실은 제가 홉킨스 대학에서 발표를 했을 때, 그러고 나서 또한 라마찬드라 구하라는 사람이 《크리티컬 인콰이어리》의 에드워드 사이드 특별판에 대한 리뷰를 썼을 때, 나에게 '그러니까, 당신은 당신 자신에 대해 너무 많은 이야기를 하고 있습니다'라고 말했습니다. 그래서 저는 '보세요, 이것은 회고록입니다. 당신은 회고록을 쓸 때 무슨 이야기를 해야 된다고 생각하시나요?' 라고 대답했습니다.

샌더스: 에드워드 사이드 특별판의 회고록 일부는 삶과 이론에 관해서 이야기하는 것처럼 보였습니다. 물론 이것은 '라이브 이론' 인터뷰입니다. 당신의 회고록은 삶과 이론 사이의 관계에 관한 불가능한 질문에 접근하고자 애쓰고 있나요?

스피박: 아닙니다. 사람들은 그 관계가 '그 불가능한 난제crux에 존재하기'를 바랍니다. 그 질문을 고려하기보다는 말입니

다. 그리고 여기에 재미있는 이야기가 있는데요. 저는 학술적인 글쓰기를 위한 작인을 가지고 있지 않습니다. 저는 매우 청교도적입니다. 다른 누군가의 삶이 제가 가지고 있는 것에 의존한다는 사실에 저의 평판이 달려있기를 원치 않습니다. 다른 한편, 제가 이 회고록 쓰기라는 완전히 특징 없는 것을 하는 데 동의한 순간, 저는 작인을 업게 되었습니다. 이제는 저의 작인이 저에게 이론적이어서는 안 되며 정말로 오직 제 일대기를 써야만 한다고 몇번이고 이야기를 하고 있습니다. 이것은 저에게 불가능합니다. 그래서 저는 많은 책을 판 아주 저명한 친구에게 묻고 불평을 했습니다. 그는 토니 모리슨이었습니다. 저는 '어떻게 해야 되나요?'라고 물었습니다. 그것은 재미가 없었기에 저는 할 수 없었습니다. 도대체 제가 어떻게 이론적이지 않을 수 있을까요? 그랬더니 토니 모리슨은 매우 친절하게 좋은 말을 해줬습니다. 저는 저의 작인으로 이 문장을 이용하고자 합니다. 제 친구가 저를 추켜세워줬기 때문에 절대적 자만심을 가지고서 이 말을 하고자 합니다. 제가 그 말을 자만심 속에서 인용할 수 없는 이유라도 있나요? 모리슨은 이렇게 말했습니다. '가야트리, 당신은 그냥 회고록을 쓰고 있는 것이 아니라 가야트리 스피박의 회고록를 쓰고 있는 것입니다! 그러니까 당신은 그 안에 이론이 있어야만 한다는 당신의 작인을 이야기해야 합니다. 현재로서는 그 문제에 대해서 제가 드릴 수 있는 마지막 말씀입니다.'

위의 인터뷰는 2005년 7월 8일에 맨해튼의 모닝사이드 하이츠에 위치한 아잔타 레스토랑에서 진행되었다.

누구보다도 가야트리 차크라보르티 스피박에게 감사의 말을 전한다. 그녀는 내가 가장 필요로 할 때 내게 우애와 현명한 조언을 건넸다. 내가 1992년 봄에 콜롬비아대학교에서 반 학기 동안 그녀의 마르크스 관련 대학원 세미나에 학생으로 참여했던 것이 전부였음에도 불구하고, 그녀는 내 박사학위 논문 지도를 승낙해주면서 정말로 내 스승이 되었다. 그녀는 내게 묻지도 않고서 나를 강의 조교로 채용해서 교육에 대한 멘토링을 해줬다. 이러한 연결은 최초로 학생 독자에게 초첨을 맞춘 '라이브 이론' 시리즈에서 내가 그녀의 연구에 관한 글을 쓰는 것을 특별한 일로 만든다.

내가 스피박의 글을 처음 접한 것은 1990년 케이프타운대학교에서 영어 우등생으로 있을 때였다. 자크 데리다의 《조종Glas》을 주제로 우등 학위 논문을 쓰면서, 데리다의 난해한 책에 대해 그녀가 꼼꼼하고 날카롭게 논평을 한 〈《조종》-조각: 서평Glas-Piece: A compte rendu〉과 〈전치와 여성의 담론Displacement and the Discourse of Woman〉을 발견했다. 다만, 스피박의 연구 그 자체에 대한 참여는 그다음 해에 UCT의 문학 연구 석사과정에 채택된 페미니즘 이론 관련 교과목을 위해, 도로시 드라이버가 스피박의 소논문 7편의 복사본을 배포했을 때 시작되었다. 그중 첫 복사본이 〈서발턴은 말할 수 있는가?〉였다. 내 학생들은 믿지 않겠지만, 내가 강의에서 매번 사용하고 있으며 지금은 주석이 많이 달린 채 많이 닳고 찢긴 문서가 그 논문의 복사본이다. 우리 중 아무도 책을 살 만한 여유가 없었던 시절의 기념품이다(나는 《조종》과 《철학의 가장자리》를 비롯한 데리다의 다른 책들의 복사본도 아직 가지고 있다). 이들은 또한 헌신적이고 까다로운 스승에게 진 빚을 떠올리게 한다.

이 책을 쓰면서, 내가 2005년 봄 학기에 브랜다이스대학교에서 맡은 포스트식민 이론Postcolonial Theory 세미나의 학생들, 특히 이산 람, 엘리사 하크니스, 로라 존의 호응과 통찰력에 큰 도움을 받았다. 그들은 명료성을 요구했고, 때때로 내가 그럴 수 없을 때 이를 제시하고자 노력했다. 2000년 5월에 뉴욕의 스토니브룩대학교에서 있었던 국제 철학 및 문학 협회(IAPL) 콘퍼런스에서 스피박의 《포스트식민 이성 비판》 관련 패널로 발표를 할 수 있도록 초대해 준 디나 알-카심에게 감사의 말을 전한다. 콘퍼런스는 이 책에서 펼친 사유를 발전시키는 기회를 제공해줬다. 당시 발표한 논문은 《중재: 국제 포스트식민 연구 저널》(4.2 [2002])에 실렸고 테일러앤프랜시스(http://www.tandf.co.uk)의 허락을 받아 이 책에 전재해 3장의 일부를 이룬다. 1장의 일부는 《포스트모던 문화Postmodern Culture》(10.1 [1999])에 다른 형태로 실렸다. 편집자들의 친절한 허락을 받아 전재하게 되었다.

연구 지원을 해준 지니 티젠에게 가장 감사한 마음이다. 그녀는 내가 본 연구를 위해 읽어야 하는 방대하며 널리 흩어져 있는 스피박의 글들을 찾고 정리하면서 세부적인 것에 관심을 기울여 줬다. 멜라니 미시르는 언제나 나와 가야트리를 이어주는 데 도움을 줬다. 그녀는 처음부터 이 프로젝트를 열렬히 지지했고, 내가 요청하는 정보를 언제나 준비해 두고 있었다. 내가 또 하나의 책을 쓰는 동안 나를 지켜보며 곁에 있어 준 루이즈 쿤에게 늘 그렇듯 감사를 표한다.

2005년 여름,

뉴욕시에서

옮긴이의 말

인도 출신의 철학자 가야트리 차크라보르티 스피박은 마르크스주의와 페미니즘에 해체적 시각을 도입한 포스트식민주의 이론으로 잘 알려져 있다. 특히나 오늘날 남반구의 경제적 식민화가 가속되는 전 지구적 신자유주의 체제 속에서 그에 맞서는 실천을 위해 그녀의 통찰력은 여전히 유효하고 더없이 시의적절하다. 국내에도 스피박의 주요 저작들이 번역 출간되어 있으나, 그녀의 사유는 도발적이고 독창적인 만큼 난해해서 일반 독자들이 접근하기가 쉽지 않다. 그럼에도 그녀의 이론을 보다 친절하게 소개하는 입문서 성격의 저작이 부족한 게 사실이다. 그래서 '라이브 이론' 시리즈 중 하나인 마크 샌더스의 《가야트리 차크라보르티 스피박》을 국내에 번역본으로 소개할 기회는 반갑고 소중하다. 원본이 2006년에 출간된 걸 감안하면 비교적 뒤늦은 번역이고 또한 이후에 스피박이 펼친 논의들을 담지 못해 아쉬운 점이 분명히 없지 않지만, 스피박을 이해하는데 핵심이 되는 개념들을 모두 아우르며 입문서로서의 역할을 훌륭히 해낸다. 나아가 단순히 얇은 입문서에 머무르지 않고 저자는 여타의 이론가들을 참조하며 적극적으로 스피박을 독해한다.

샌더스는 스피박의 생애와 업적을 개괄하는 데에서 출발해 주요 저작들을 종횡무진하며 논의를 전개한다. 그 중심에는 '초국가적 리터러시'에 기반한 '세상 읽기'가 있다. 간단히 말해, 여러 차이 안에서 세상을 문학 작품처럼 다층적으로 읽어내며 알레고리라는 수사법으로 대변되는 '다르게 말하기'를 수행하는 것이다. 이를 통해 전 지구적인 자본주의 체제하에서 말할 수 없던 서발턴에게 저항의 언어를 제공한다. 세상에 대한 문학적 읽기라는 노력은 교육과 번역을 통해 주변부에 위치한 문학의 가시화로 보완될 수 있다. 문학적 읽기에서 가장 중요한 목표는 내포 독자의 위치에 설 수 있도록 마음을 서서히 변화시켜가는 것이다. 그것은 욕망을 비강압적으로 재배열하는 인문학의 힘을 단적으로 보여준다. 그리하여 문학 교육을 통해 초국가적인 리터러시에서 한발 더 나아가 남반구 및 하층계급과 동일시하며 아래로부터 배우는 법을 학습한다. 이처럼 우리는 타자를 향한 윤리로 시공간을 가로지르는 상상력을 펼칠 수 있다. 샌더스는 바로 이러한 지점에 착안해서 번역 이론과 마르크스주의, 그리고 페미니즘에 대한 스피박의 절합을 추적한다.

처음 번역 의뢰를 받고 출간이 되기까지 2년을 훌쩍 넘는 시간이 흘러갔다. 그 기간은 고스란히 코로나 팬데믹 시기와 겹쳐진다. 다른 연구자들처럼 어느 때보다 힘겹게 생계를 이어가야만 하는 상황에서 역자는 온전히 번역에만 집중하는 것이 쉬운 일이 아니었다. 아울러 번역이 더디게 진행되는 데는 역자의 무지도 큰 몫을 차지했다. 결국 이중고(?)에 시달리며 약속한 날짜보다 훨씬 늦게 초고 번역본을 넘겼다. 그사이 묵묵하게 인내하며 원고를 기다려준 책세상 편집부, 특히 안형욱 대리에게 감사의 말을 전한다. 부족한 번역을 꼼꼼하게 읽고 여러 제언을 해주셔서 조금은 덜 부끄럽게 이 책을 세상에 내놓을 수 있을 것 같다. 물론 그럼에도 오역이 있다면 그것은 오롯이 역자의 한계 때문이다.

2022년 12월, 화곡동 집에서

김경태

주

1장 문학, 읽기, 그리고 초국가적 리터러시

1 스피박의 저작은 영향력이 컸지만 현재까지 단 한권의 연구서를 통해서만 다뤄졌다. 바로 스티븐 모튼이 쓴 생생한 입문서 《스피박 넘기 Gayatri Chakravorty Spivak》(2003)다. 물론 그녀의 업적은 비록 다소 좁은 범위이긴 하지만 로버트 영(*White Mythologies* 157-175), 바트 무어-길버트(*Postcolonial Theory* 74-113), 아샤 바라다라잔(*Exotic Parodies* 75-112) 등에서 상세히 논의되어 왔다.

2 스피박은 살만 루슈디를 비롯한 다른 작가의 소설을 암시하고 있다.

3 방글라데시 언어의 역사와 정치에 관해 더 알고 싶다면 스피박의 〈영어로 번역하기〉(97-99)를 참고하라.

4 이 섹션은 다음을 참조하고 있다. 스피박의 〈차이로 유대 형성하기〉(16-17), 〈타고르의 윤리와 정치〉(23), 〈들어가며: 포스트식민 연구의 지침서 읽기에 관해〉(xix-xxi), 〈삶들〉(211-215), 〈가야트리 스피박을 명명하기〉, 〈에드워드 사이드를 사유하기〉 등.

5 학문 분야로서의 포스트식민 이론에 대해 더 알고 싶다면, 영의 《백색 신화》와 무어-길버트의 《탈식민주의! 저항에서 유희로》를 참고하라.

6 미국에서 문학 연구에서 1980년대에 출현한 학계의 '스타 시스템'에 대해 더 알고 싶다면 섬웨이 참조. 1989년에 출간된 인터뷰에서 스피박은 자신의 커리어가 이러한 시스템을 통해서 형성되어온 방식에 대해서 언급한다. '나는 벽장을 하찮게 여기려는 욕구를 채워주는 듯이 보이는 어떤 방법을 가지고 있다. 그래서 나는 싫든 좋든 간에 이야기란 내 실제 선행보다 과장된다는 사실에 따라 현재의 많은 인기 대부분은 누릴 자격이 없기에 어떤 숭배의 가능성을 두고서 곤경에 처하지는 않

는다'('Naming Gayatri Spivak' 87, cf. 95).

7 스피박에 따르면, 그들은 '가장 최근 통계에 따르면 8000만 명이 넘고 식민 및 탈식민 연구에서 크게 과소 보고되었다. 개별 언어에 따라 최대 300개 남짓으로 구분되며 4개의 큰 언어 집단으로 나눠진다'(CPR 141). 또한 〈인도의 알려지지 않은 유목 부족들〉에서 아누파마 라오가 스피박과 진행한 인터뷰 및 문서들을 참고하라.

8 또한 〈신구 디아스포라Diaspora Old and New〉를 참고하라.

9 《다른 여러 아시아》는 〈잘못을 바로잡기〉, 〈책임〉, 〈이동하는 데비〉, 〈푸코와 나지불라〉, 〈우리의 아시아들〉 등의 논문들을 포함한다.

10 《자본》의 독자에 대해서는 또한 키난의 《책임의 우화》를 참고하라.

11 '비판'에 관한 훌륭한 설명으로는 푸코의 〈비판이란 무엇인가?〉를 참조.

12 반다나 시바의 《자연과 지식의 약탈자들biopiracy》와 《누가 세계를 약탈하는가stolen harvest》를 참조.

13 그녀는 〈잘못을 바로잡기〉에서 디아스포라들과 2세대 식민 주체들을 예로 들며, "이것은 이 논문의 독자를 한정 짓는 것이 아니다. 누구든지 내가 제안하고 있는 것을 할 수 있다"('Righting Wrongs' 550)라고 말한다.

14 《백색신화》에서 로버트 영은 스피박이 위치짓기와 대립성이라는 관습과 맺는 관계를 묘사한다. '수년에 걸쳐 점차 정제되고 발전된, 단일한 것으로 인지 가능한 위치에 대한 입장을 분명히 표명하는 대신에, 그녀는 동시대의 이론적이고 정치적인 관심사들의 스펙트럼을 쉼 없이 가로지르는 일련의 논문들을 발표했다. 대립적 양식의 프로토콜에 따라 그것들 모두를 거부하고, 오히려 특별히 생산적이고 교란시키는 방식으로 그것들을 문제 삼고, 재작업하고, 재굴곡시키면서 말이다. […] 스피박의 저작은 재빨리 요약될 수 있는 그러한 입장을 제시하지 않는다. […] 그녀의 저작을 읽는 것은 체제에 맞서는 것이라기보다는 일련의 사건들과 조우하는 것이다.'(157). 영은 "'조사관의 공모를 고

려"에 넣는' 스피박의 필연적 결과를, 에드워드 사이드의 '대립적 비판', 즉 그의 '거리를 두는 대립적인 비판 의식이라는 매우 제한적인 모델'(169, 173; 삽입된 인용의 경우 CPR 244)과 대비시킨다.

15 우리는 이러한 움직임을 콰메 은크루마의 그것과 비교 비교할 수 있다. 그는 '인간의 본성이라는 철학적 개념에서 출발하기 보다는 '전통적인 아프리카의 관점'을 윤리의 시작점으로 만들기 위해서 '인류학'에 대한 칸트의 금지를 위반한다(*Consciencism* 97). 차이점이라면, 스피박은 진정으로 '인류학적인' 것으로서, 칸트에서 폐제의 순간을 지키면서, 원주민 보호주의를 특징짓고 확정하는 관점의 단순한 대체를 피하기 위한 예방 조치를 취한다는 것이다.

16 스피박은 '불-'에 대해서 그것이 수사법적 질문과 관련이 있는 〈서발턴의 문학적 재현〉으로 우리를 안내한다.

17 키난의 《책임의 우화》, 애트리지의 《문학의 특이성》을 참조. 주요 원전으로는 데리다의 《프시케》와 레비나스의 《존재와 달리 또는 존재성을 넘어》(99-129)가 있다.

18 알레고리에 대한 스피박의 관심은 그녀의 가장 초기 출판물로 거슬러 올라간다. 〈알레고리와 시의 역사: 작업가설Allègorie et histoire de la poésie: Hypothèse de travail〉, 〈알레고리 원리에 관한 사유〉, 《내가 다시 만들어야하는 나 자신》(184) 참조.

19 드 만의 윤리성에 관해서는 밀러의 《읽기의 윤리》(41-59)와 하마처의 〈렉티오Lectio〉(184ff) 참조.

20 〈페미니즘적 읽기를 찾아서: 단테-예이츠〉에서, 페미니즘 독자와 그 위치를 생각하는 것은 스피박이 협소하고 일반적인 의미에서 해체이론 사이를 구분하려는 이유이다. "변화하는 심연의 틀 안에서 ["어떤 것에 관한" 작업의] 이러한 [최소한의] 이상화는 "물질적인 것"이다. 이에 따라 우리는 독자로서, 우리 자신의 포착하기 어려운 역사적-정치적-경제적-성적 결정들을 통해 우리의 읽기 취향, 그리고 물론, 판단 취향을 초래한다"(IOW 15).

21 R. K. 나라얀, 자메이카 킨케이드, 마리즈 콩데, 존 M. 쿳시의 개별 소설 작품들에 대한 스피박의 주목할 만한 읽기는 〈"문화적으로 다른" 책을 읽는 방법〉, 〈"순수" 문학 용어들로 문화적 질문들을 사유하기〉, 〈《에레마코농》에서 시간의 상연〉, 〈타고르와 쿳시의 윤리와 정치〉에서 찾을 수 있다.

22 〈서발턴은 말할 수 있는가?: 과부-희생에 대한 고찰〉과 〈서발턴은 말할 수 있는가?〉를 지칭한다.

23 플라톤의 《소크라테스의 변명》에 나온 소크라테스처럼, 스피박은 자신을 '잔소리꾼'으로 언급한다(CPR 244). 에이로네이아에 대해서는 데리다의 《죽음의 선물》(76)을, 아이러니와 질문에 대해서는 데리다와 뒤푸르망텔의 《환대에 대하여》(11-19)를 각각 참조. 《포스트식민이성 비판》에 대한 테리 이글턴의 리뷰에서 "[스피박의] 작업에서 자기-연극화와 자기-암시라는 다소 피로하게 하는 습관은 식민지 주민의 아이러니한 자기-수행, 학자적 비개성에 대한 풍자적인 찌르기, 그리고 개성에 대한 친숙한 미국적 추종이다"('In the Gaudy Supermarket' 6)라며 경시하는 그의 발언에 대한 기대어린 교정책으로서 아이러니에 대한 스피박의 궤적을 설명한 메모들을 나는 제시한다.

24 영의 〈리뷰〉(235ff)를 참조.

25 1819년 4월에 조지와 조지아나 키츠에게 보낸 편지에서, 그는 '만약 당신들이 "영혼-만들기의 현세vale를 원한다면 이 세상에 요청하세요. […] 나는 그 세상을, 어린 아이들에게 읽는 방법을 가르치는 것을 목적으로 도입된 학교라고 부르고, 인간의 심장을 그 학교에서 사용되는 글씨판이라고 부를 겁니다. 그래서 읽을 수 있는 아이를 그 학교와 그곳의 글씨판으로 만들어진 영혼이라고 부르고자 합니다"(*Letters* 102).

26 '자본주의에 결합'이 되는 윤리적 실천이라는 개념은 푸코의 후기 저작에서 유래한다(Spivak, 'Haverstock Hill Flat' 7, 35n11 참조).

27 다른 곳에서 스피박은 서발터니티subalternity를 '자본주의나 사회주

의의 논리와의 어떠한 진지한 접촉으로부터 벗어나 있는 장소'(<마르크스주의를 대리보충하기> 115)로 정의한다.

28 또한 <푸코와 나지불라>(224-230)를 참조.

29 스피박은 이 용어를 데리다의 《우정의 정치학》으로부터 가져온다 (Spivak, 'A Note on the New International' 12 참조).

2장 번역 이론

1 훼방의 주체에 관해서는 《포스트식민 이성 비판》(44)에서 스피박의 언급을 참조. 또한 이러한 패턴이 가르침으로부터 유래한다는 암시에 대해서는 발Bal의 <세 방향의 오독Three-Way Misreading>(19-20)을 참조할 수 있다.

2 그러나 혹자는 이러한 분쟁들이 포스트식민 이론을 가능하게 한 조건이라고 주장할 수 있을 것이다. 일례로, 딜릭Dirlik의 <포스트식민의 아우라>를 참조.

3 《데리다에 관하여Of Derrida》로 출간예정이다.

4 정확한 개최연도는 1980년이다.

5 비록 실제로 그 분석에 착수하지 않더라도 그 서문은 이후의 작업을 기대하게 한다. '페미니즘적 제스처로 구축하는 것이 내게 만족스럽게 보인다는 측면에서 데리다는 우리에게 처녀막 우화를 제공한다'('Translator's Preface' lxvi).

6 데리다는 <폭력과 형이상학: 엠마뉴엘 레비나스의 사유에 관한 에세이>(1964)라는 자신의 논문을 논평하면서 장-뤽 낭시의 논문에 대해 응답한다. "실질로 내가 거기에서 변화를 주려했던 것은 그 질문의 말이다. 나는 호명[appel]이었을 무언가로 질문의 강조점을 바꿨을 것이다. 우리가 지켜야만 하는 질문보다는 우리가 들었어야만 한 호명(혹은 명령, 욕망이나 요구)말이다"(Lacoue-Labarthe and Nancy, *Les fins de I'homme* 184). 《교육기계 안의 바깥에서》의 주석에서 스피박은 "이 책에 기록된 것보다 훨씬 더 길었던 실제 토론에서, 질문을 지

키는 것과 완전한 타자를 호명하는 것 사이의 대립은 더욱 날카로웠다"(OTM 303n5)라고 이야기 한다.

7 그것은《다이아크리틱스》에 실린, 데리다에 관한 스피박의 두 번째 논문인〈아직 본보기를 가지고 있지 않는 혁명들〉과도 관련이 있다.

8 《조종》에 나타난 페티시에 더 자세히 알고 싶다면,〈전치와 여성의 담론〉(177-179, 183-184) 참조.

9 〈국제적 틀에서 본 프랑스 페미니즘〉에 대해서는 4장에서 더 자세히 다루겠다.

10 〈세 여성의 텍스트와 할례고백〉,〈해체와 문화연구〉,〈뉴 인터내셔널에 관한 메모〉,〈포스트구조주의가 슈미트를 만나다: 슈미트가 포스트구조주의를 만나다: 회신〉 참조.

11 "나와 '해체'의 관계는, 그것이 무엇이든지 간에, 더욱 친밀하고, 더욱 일상적이게 되었으며, 그 관계를 통해 사고방식을 더욱 버리거나 그에 더욱 굴복하게 되었다. 그것은 활동주의라고 불리는 것이 가장 격렬할 때 경고하기 위해 다가오는 일종의 경련이며, 거의, 혹은 아무것도 소유하지 않은 사람들 가운데에서 길 안내를 하는 공식이 되었다"('Ghostwriting' 65).

12 스피박은〈해체와 문화연구〉와〈뉴 인터내셔널에 대한 메모〉에서 같은 지적을 한다.

13 〈젖어미〉,〈드라우파디〉,〈보디스 뒤에서〉의 번역본을 모아놓은《젖 이야기Breast Stories》(1997)의 서문에서 스피박은 데비의 정신분석 활동을 설명하기 위해서, 최근 저서에서 점차 언급이 늘어나고 있는 멜라니 클라인을 참조한다. '나는〈젖어미〉에 대해서 썼던 1986년에 라캉을 언급했었다. 그때는 멜라니 클라인에 대한 [라캉의] 대체로 인정받지 못했던 빚에 대해서 몰랐다'(xiv). 스피박은 데비의 마르크스주의에 비판적일 수 있다. '국내적인domestic 것으로부터 사회적 재생산의 "국내적인" 양식으로의 이행에 대한 마르크스주의적 우화는 여기에서 단지 부자연스러운 개연성만을 가지고 있다. 그 개연성을 구

축하기 위해서, "필요 노동"의 원래 상태가 젖이 나오는 어머니가 사용가치를 생산하는 곳에 있다는 기본 가정을 받아들여야만 한다. 누구의 사용을 위한 것인가? 당신이 그녀를 주체-위치에서 고려한다면, 그것은 즉각적이고 미래적인 심리사회적 정동을 위한 아이와의 교환 상황이다'(IOW 250).

14 '〈젖어미〉에서, [젖은] 효심과 젠더 폭력 사이에서, 집과 사원 사이에서, 지배와 착취 사이에서 비결정성을 가시화하면서 상품으로 변형된 생존 대상이다'('Introduction' to *Breast Stories* vii).

15 또한 〈번역의 정치학〉에서 이것은 람 프로샤드 센이 18세기에 쓴 칼리Kāli에 대한 노래에 적용된다. 스피박은 그에 대해서 두 가지 번역을 시험한다. 그 둘 모두 20세기 예술가인 니로드 마줌다르의 칼리를 위한 노래(2000)와 함께 그녀의 번역본에 실려 있다. 마줌다르와 람 프로샤드에 대해 더 자세히 알고자 한다면, 〈감동적인 데비Moving Devi〉(144-147)를 참조할 수 있다. 스피박이 〈영어로 번역하기〉(2005)에 쓰고 있듯이, 번역가는 저자에 대한 예상으로 마음이 가득해야만 한다(93-94).

16 스피박이 설명하듯이, "크리슈나의 신화적 어머니이며, 그런 의미에서 세계에 젖을 먹이는 자the suckler of the world이다"(IOW 240n).

17 이 집단에 대한 호의적인 비판은 〈서발턴 연구: 역사기술학을 해체하기〉에 포함되어 있다(IOW 197-221).

18 최종 제안된 번역은 《다른 세상에서》에 실린 출판 버전에서 조금 달라진다. '인간이 이승에서 신으로 가장하는masquerade 것이기에, 그녀는 모두에 의해서 버림 받고 언제나 홀로 죽어야만 한다'(IOW 240).

19 스피박이 보다 최근에 쓴 것처럼, "번역투를 제거하는 유일한 방법은 '원본'의 권위뿐만 아니라 덧없음fragility도 느끼는 것이다. 단순화할 수 없는 관용어성과 공명하면서 말이다"('Questioned on Translation' 21).

20 드 만을 이용하는 스피박에 대한 자세한 내용은 1장을 참조.

21 이 차용어들은 《상상의 지도들》에서와 달리 《초티 문다와 그의 화살》의 출판 버전에서는 이탤릭체로 표기되지 않았다(*Chotti Munda* vii-viii를 참조). 《상상의 지도들》에서 이러한 이탤릭체 단어들로 된 텍스트 읽기의 어려움은 스피박에게는 '탈식민적 조우의 친밀성을 상기시켜주는 것'(xxxi)으로 보인다.

22 '사회적으로 상징적인 행위'라는 용어는 프레드릭 제임슨의 책인 《정치적 무의식: 사회적으로 상징적인 행위로서의 서사》(1981)의 부제를 암시한다.

23 〈익룡〉에 관한 더 많은 논평이 《포스트식민 이성 비판》에 있다(140-146). 스피박은 《상상의 지도들》에 실린 이야기들 중 하나인 〈아낌없이 주는 두올리티Douloti the Bountiful〉에 대한 중요한 논문을 《교육기계 안의 바깥에서》에 포함하고 있다(77-95). 그녀는 〈누가 차별을 주장하는가?Who Claims Alterity?〉를 통해서 세 번째 이야기인 〈사냥〉에 대해서 논의한다.

24 이러한 정의는 담로쉬의 《세계 문학이란 무엇인가?》(4)에게 가져왔다.

25 물론, 모든 비교언어학자들이 자세히 읽기에 전념하는 것은 아니다. 모레티의 〈추측들〉과 그에 대한 스피박의 응답을 참조(*Death of a Discipline* 107-109n1).

3장 데리다 이후의 마르크스

1 일례로, 마이클 라이언의 《마르크스주의와 해체: 비판적 절합》(1982)을 참조. 데리다는 《유령들》(184-185n9)에서 일부 다른 이름들을 목록화한다.

2 영어권 반응의 대표적인 예시는 1999년에 마이클 스프린커가 편집한 논문 모음집인 《유령적 경계: 자크 데리다의 '마르크스의 유령들'에 대한 심포지엄》이다.

3 데리다의 〈마르크스와 계승자들〉(222-223)을 참조.

4 《인간의 종말》에 실린 스피박의 글인 〈그들을 비난해야 한다Il faut s'y prendre en s'en prenant à elles〉에서 쉼표가 나올 때까지 첫 번째 문장이 지속된다.

5 비록 〈마르크스 읽기에 관한 고찰〉의 1987년 판본이 〈산발적 고찰〉의 구절들을 포함하고 있을 지라도, 나는 원래 1983년에 〈데리다 이후의 마르크스〉로 출간되었던 〈산발적 고찰〉을 두 논문 중에서 먼저 나온 것으로 보고 있다.

6 마르크스주의 문학 그룹과 그 콘퍼런스에 대한 고려는 호머의 〈소사A Short History〉를 참조.

7 〈마르크스 읽기에 관한 고찰〉(35)과 〈가치문제에 관한 단상들〉(IOW 155-159)을 참조.

8 이것은 베니타 패리가 '영국의 정복과 통치에 대항한 인도의 200년 간의 투쟁에 기록된 토착적인 동인의 증거를 효과적으로 작성하면서 식민지인들에게 말할 수 있는 지점을 부여하지 않는 것'에 대해서 스피박을 비판할 때 무시했던 주의사항이다. 패리에 대한 스피박의 대답은 CPR 190-191을 참조.

9 마르크스주의와 해체에 대한 또 다른 비판적 전유에 대해서는 〈문화〉 장의 시작 부분에서 포스트모더니즘에 관한 프레드릭 제임슨의 논의를 참조(CPR 312-336).

10 《교육기계 안의 바깥에서》에서 스피박은 마하스웨타 데비의 〈두울리티〉를 읽으면서 담보 노동과 '전지구의 금융화'를 연결한다(OTM 95). 금융 자본과 신용-미끼에 관한 《포스트식민 이성 비판》의 훌륭한 독해에 대해서는 보컴의 〈신비하며 보류되고 단수적인〉(413-417)을 참조.

11 "서발턴을 위해 일하는 것은 정확히, 문화적 자비가 아니라 여분의 학술적 활동을 통해서 의회 민주주의 회로 속으로 그들을 데려오는 것이다. […] 우리가 그들을 아무리 살아 있도록 하더라도, 우리는 서발턴을 위해 일하는 것이 시민권 속으로 서발턴을 삽입하기, 그것이 무

엇을 의미하든지 간에, 그리고 서발턴의 공간에 대한 해체를 의미한다”(*Spivak Reader* 307).

12 보컴과 알-카심이 언급했듯이, 토착 정보원을 한계라고 주장하는 것은《포스트식민 이성 비판》의 중심적 제스처들 중 하나이다. 그러나 문화정치에서, 그리고 보다 보편적으로는 정치에서 (대변하기 및 표상하기로서의) 재현이 경합할 때, 이러한 한계를, 심지어 오직 ‘책임감 있는 최소한의 정체성주의’를 통해서일지라도, 넘어서버린다는 사실 또한 꼭 기억할 필요가 있다(CPR 156n). 스피박이 이러한 한계를 강조하는 것에 대한 홀워드의 비판(*Absolutely Postcolonial* 27-35)에 따르면, 내가 생각하기에, 그는 스피박이 그와 같은 주장을 가치-부호화의 균열로 여긴다는 것을 인정하지 않는다.

13 또한 <감동적인 데비>에서 불이일원론advaita의 중단으로서의 이원론dvaita에 대한 언급을 참조.

4장 국제화된 페미니즘

1 《다른 여러 아시아》의 서문에서 스피박은 찰스 램이《엘리아의 수필 Essays of Elia》에서 예를 든 것처럼 자신의 특별 기고문을 익숙한 소논문과 연계시킨다. 그녀는 이 책을 1950년대 프레지던시 대학Presidency College에서 영어 우등 대입 자격시험의 지정 도서였을 때 읽었다.

2 내가 2장에서 언급했듯이,《포스트식민 이성 비판》에서 스피박은 스리지 학회의 시기를 1982년으로 잘못 기재하고 있다.

3 땅주인의 증손녀인 그녀를 언급하면서 시작되었던,《포스트식민 이성 비판》의 리뷰에 응답하면서, 스피박은 다음과 같이 쓴다. “분명히 말하는데, 내 아버지의 아버지인 해리쉬 찬드라 차크라보르티는 고리푸르 자민다르zamindar의 토지 관리인이었고 절대 그의 면전에 앉아있지 않았다”(‘Reason and Response’).

4 스피박은 1993년에 간행된 인터뷰에서 이리가레이에 대해 언급하면서 그녀가 아방가르드의 스타일적 프로토콜들에 부합하는 프랑스 페

미니즘적 글쓰기와 연계되는 방식을 분명하게 한다. "나는 이리가레이를 읽는 것을 좋아한다. 그런데 나는 수사법을 전면화하는 프랑스의 실험적 글쓰기라는 일반적 전통 안에서 그녀를 읽는다. 그녀가 여성들에 대해 이야기를 할 때 본질주의자처럼 보일 수 있는 것은 오직 그녀가 진실을 다루는 순수한 이론적 산문으로 읽힐 경우일 뿐이다" (OTM 17).

5 또한 〈영어의 부담〉을 참조.

6 스피박은 존 M. 쿳시의 《포》를 유사한 측면에서 읽는다. "그는 역사적으로는 그럴듯하지 않지만 정치적으로는 도발적인 개정판에 연루된다. 그는 초기 자본주의에서 부르주아이자 개인주의자인 여성을, 사리사욕을 우선하는 윤리의 전투원보다는 타인other을 지향하는 윤리의 행위자agent로서, 제인 에어에 대립되는 인물로, 키플링의 윌리엄이라는 제한된 복잡화strictured complication로 재현하려는 시도를 한다"(CPR 182).

7 또한 〈여성들의 정치경제〉(220)에서 그러하듯이 말이다.

8 또한 〈해체의 실행〉(167) 참조.

9 따라서 스피박은 〈가치문제에 관한 단상들〉의 도입부에서 제시된 주체에 대한 '관념론적'이고 '유물론적인' 서술들을 아우른다. "그 주체의 현대적인 '관념론적' 서술은 의식이다. 노동력은 '유물론적' 서술이다"(IOW 154).

10 젠더 훈련에 대한 보다 구체적인 사항들에 대해서는 커밍스, 반 담, 발크가 엮은 《젠더 훈련》을 참조.

5장 전쟁과 자살에 대한 사유

1 스피박은 나중에 자신의 논문에서, 마틴 루터 킹이 1967년 뉴욕에서 했던 연설인 〈베트남을 넘어〉를 인용한다. "킹이 '그들은 어떻게 우리를 심판하는가'라고 물었다. 그는 '그들이 협상을 하러 나서지 않는다면, 이것들은 기억되어야만 한다'고 말했다"('Terror' 99). 강력할지라

도, 심판judge으로서의 타자라는 개념을 가진 킹의 말은 종말론적인 것, 그리고 죄와 응분의 벌에 대한 할당으로 방향을 바꾼다. 따라서 그들은 스피박이 거부했던 대안에 몸을 맡긴다. '일반적인 미국-중심의 정치적 분석에서와 마찬가지로, 그것은 미국의 나쁜 해외 정책에 대한 타당한 결과로서 용납될 수는 없다'('Terror' 95).

2 스피박은 "오직 젊은이들의 욕망만이 급격하게 재배치될 수 있다. 나는 이런 식으로 젊은이들을 훈련시키는 이들에게 동조하지 않는다"('Terror' 96)라고 덧붙인다.

3 스피박은 오직 도식적으로 배경에 개입한다. '이슬람교가 그것의 부족집단tribality으로부터 발생했을 때, 천 년간의 대치가 기록되어 있다는 것 또한 사실이다. 그에 대해서 유럽인으로서 나는 유럽 쪽을 더 잘 안다. 조지 W. 부쉬가, 만약 문학에 정통하다면, 《롤랑의 노래》를 참고할 수 있을 것이다. 한번이라도 그랬을까? 내가 알 수는 없다. 문화가 그 자체의 설명이 된다. 사이이드 쿠트브와 세이크 아메드 야신 또한 이것을 이용한다'('Terror' 88-89).

4 정신분석학을 다루는 스피박에 대해서는, 또한 〈의외의 입장에서 본 정신분석학〉, 〈변화를 주장하기〉, 〈삶들〉, 〈반항〉을 참조.

5 이 페이지들에 대한 세티와 벨아미의 확장된 논평('Postcolonialism's Archive Fever' 36-44)은 필수적이다.

6 그러나 브라마카리아를 준수해야만 하는 과부들을 위한 일반법은 좀처럼 이전에 논의되지 않았다. 브라마카리아를 '독신주의celibacy'로 해석하는 것으로는 충분하지 않다. 힌두교의 (혹은 브라만의) 규정적 정신분석 전기에 따른 존재의 네 단계에서 브라마카리아는 혼인이라는 친족 기입에 앞서는 사회적 실천이다. 남자, 즉 홀아비나 남편은 바나프라스타vānaprastha(은둔의 삶forest life)을 통해 삼냐사samnyāsa(비축laying aside)라는 성숙한 독신주의와 금욕으로 졸업한다. 부인으로서의 여성은 가라스티야gārhastya, 혹은 세대주로서의 자격householdership에 필수적이고, 은둔의 삶으로 자신의 남편과 동행할지도 모른다. 그녀는

(브라만의 제재에 따르면) 금욕이라는 최종적인 독신주의, 혹은 삼냐사에는 접근하지 못한다. 과부로서 여성은 신성한 교리라는 일반법에 따라 정체상태로 변형된 선재anteriority, 先在로 퇴행해야만 한다.(CPR 298)

7 모튼은 부바네스와리가 '영국 식민 당국에 의해 붙잡히는 것을 피하기 위해서 자살했다'는 스피박의 이야기로부터 추론한다(*Gayatri Chakravorty Spivak* 33). 그는 "부바네스와리가 힌두교 과부 희생이라는 옛 관행과 유사했던 공들인 자살 의식을 통해서 저항 운동에의 개입을 숨기려고 시도했다"(64)라고 간단히 결론짓는다. 그런데 그녀의 저항이 그런 행위에 의해서 위장되었다는 것을 의미하고자 할 때, "1920년대의 독립 투쟁 동안 여성의 저항이라는 부바네스와리의 예외적 행위가 사티-자살이라는 행위로 위장된다"(66)라고 쓰면서 문제를 혼란스럽게 만든다. 오히려, 주장컨대, 만약 완수되지 못한 암살 임무라는 스피박의 말이 옳다면, 그녀의 자살은 직접적인 저항보다는 단념의 행위였다.

8 첫 네 문장이 《포스트식민 이성 비판》에 추가되었다.

6장 가야트리 차크라보르티 스피박과의 대담

1 Derrida, *Voyous: Deux essais sur la raison* (2003).

2 《철학의 가장자리Margins of Philosophy》 중에서(3-27).

3 파일, 《상상력의 이데올로기》.

4 스피박, 〈메가시티〉, 20.

5 카스텔, 《네트워크 사회의 도래》.

스피박의 저작
단행본

Myself Must I Remake: The Life and Poetry of W.B. Yeats. New York: Crowell, 1974.

In Other Worlds: Essays in Cultural Politics. New York: Methuen, 1987.

Selected Subaltern Studies. Edited with Ranajit Guha. New York: Oxford University Press, 1988.

The Post-Colonial Critic: Interviews, Strategies, Dialogues. Ed. Sarah Harasym. New York: Routledge, 1990.

Outside in the Teaching Machine. New York: Routledge, 1993.

The Spivak Reader: Selected Works of Gayatri Chakravorty Spivak. Eds Donna Landry and Gerald M. MacLean. New York: Routledge, 1996.

A Critique of Postcolonial Reason: Toward a History of the Vanishing Present. Cambridge, MA: Harvard University Press, 1999.

Imperatives to Re-imagine the Planet/Imperative zur Neuerjindung des Planeten. Ed. Willi Goetschel. Vienna: Passagen, 1999.

Death of a Discipline. New York: Columbia University Press, 2003.

Other Asias. Oxford: Blackwell, forthcoming.

Red Thread. Cambridge, MA: Harvard University Press, forthcoming.

Of Derrida. Oxford: Blackwell, forthcoming

번역

Derrida, Jacques. *Of Grammatology*. Baltimore, MA: Johns Hopkins University Press, 1976.

Devi, Mahasweta. *Imaginary Maps*. New York: Routledge, 1995.

____, *Breast Stories*. Calcutta: Seagull, 1997.

____, *Old Women*. Calcutta: Seagull, 1999.

____, *Chotti Munda and His Arrow*. Oxford: Blackwell, 2003.

Mazumdar, Nirode. *Song for Kali: A Cycle of Images and Songs*. Calcutta: Seagull, 2000.

그 외 문헌

'Allegoric et histoire de la poesie: Hypothese de travail'. Trans. Andre Jarry. *Poetique* 8 (1971): 427-441.

'American Gender Studies Today'. *Women: A Cultural Review* 10.2 (1999): 217-219.

'Bonding in Difference'. Interview with Alfred Arteaga. *The Spivak Reader*. Ed. Donna Landry and Gerald M. MacLean. New York: Routledge, 1996. 15-28.

'The Burden of English'. *Orientalism and the Postcolonial Predicament: Perspectives on South Asia*. Ed. Carol A. Breckenridge and Peter van der Veer. Philadelphia, PA: University of Pennsylvania Press, 1993. 134-157.

'Can the Subaltern Speak?' *Marxism and the Interpretation of Culture*. Ed. Gary Nelson and Lawrence Grossberg. Urbana, IL: University of Illinois Press, 1988. 271-313.

'Can the Subaltern Speak? Speculations on Widow-Sacrifice'. *Wedge* 7/8 (1985): 120-130.

'Claiming Transformation: Travel Notes with Pictures'. *Transformations: Thinking through Feminism*. Ed. Sara Ahmed et al. London: Routledge, 2000. 119-130.

'Deconstruction and Cultural Studies: Arguments for a Deconstructive Cultural Studies'. *Deconstructions: A User's Guide*. Ed. Nicholas Royle. New York: Palgrave, 2000. 14-43.

'The Denotified and Nomadic Tribes of India: Appeal for Justice and Struggle for Rights'. Interventions 1.4 (1999): 590-604.

'A Dialogue on Democracy'. Interview with David Plotke. *Socialist Review*

24.3 (1994): 1-22.

'Diasporas Old and New: Women in the Transnational World'. *Textual Practice* 10.2 (1996): 245-269.

'Displacement and the Discourse of Woman'. *Displacement: Derrida and After*. Ed. Mark Krupnick. Bloomington, IN: Indiana University Press, 1983. 169-195.

'Echo'. *New Literary History* 24.1 (1993): 17-43.

'Ethics and Politics in Tagore, Coetzee, and Certain Scenes of Teaching'. *Diacritics* 32.3-4 (2002): 17-31.

'Feminist Literary Criticism'. *Routledge Encyclopedia of Philosophy*. Ed. Edward Craig. London: Routledge, 1998. 611-614.

'Foreword: Upon Reading the Companion to Postcolonial Studies'. *A Companion to Postcolonial Studies*. Ed. Henry Schwarz and Sangeeta Ray. Oxford: Blackwell, 2000. xv-xxii.

'Foucault and Najibullah'. *Lyrical Symbols and Narrative Transformations: Essays in Honor of Ralph Freedman*. Ed. Kathleen L. Komar and Ross Shideler. Columbia, SC: Camden House, 1998. 218-235.

'French Feminism in an International Frame'. *Yak French Studies* 62 (1981): 154-184.

'From Haverstock Hill Flat to U S. Classroom, What's Left of Theory?' *What's Left of Theory? New Work on the Politics of Literary Theory*. Ed. Judith Butler, John Guillory and Kendall Thomas. New York: Routledge, 2000. 1-39.

'Gayatri Spivak on the Politics of the Subaltern'. Interview with Howard Winant. *Socialist Review* 20.3 (1990): 81-97.

'Ghostwrting'. *Diacritics* 25.2 (1995): 65-84.

'Glas-Piece: A compte rendu'. *Diacritics* 7.3 (1977): 22-43.

'Globalicities: Terror and Its Consequences'. *CR: The New Centennial Review* 4.1 (2004): 73-94.

'How to Read a "Culturally Different" Book'. *Colonial Discourse/Postcolonial Theory*. Ed. Francis Barker, Peter Hulme and Margaret Iversen. Manchester: Manchester University Press, 1994. 126-150.

'Il faut s'y prendre en s'en prenant a elles'. *Les fins de l'homme: A partir du travail de Jacques Derrida*. Ed. Philippe Lacoue-Labarthe and Jean-Luc Nancy. Paris: Galilee, 1981. 505-515.

'Imperialism and Sexual Difference'. *Oxford Literary Review* 8.1-2 (1986): 225-240.

'Introduction'. *Breast Stones* by Mahasweta Devi. Calcutta: Seagull, 1997. viii-xvi.

'Lives'. *Confessions of the Critics*. Ed. H. Aram Veeser. New York: Routledge, 1996. 205-220.

'Love Me, Love My Ombre, Elle'. *Diacritics* 14.4 (1984): 19-36.

'Megacity'. *Gray Room* 1 (2000): 8-25.

'A Moral Dilemma'. *What Happens to History: The Renewal of Ethics in Contemporary Thought*. Ed. Howard Marchitello. New York: Routledge, 2001. 215-236.

'Moving Devi'. *Cultural Critique* 47 (2001): 120-163.

'Naming Gayatri Spivak'. Interview with Maria Koundoura. *Stanford Humanities Review* 1.1 (1989): 84-97.

'A Note on the New International'. *Parallax* 7.3 [20] (2001): 12-16.

'"On the Cusp of the Personal and the Impersonal": An Interview with Gayatri Chakravorty Spivak.' Interview with Laura E. Lyons and Cynthia Franklin. *Biography* 27.1 (2004): 203-221.

'Other Things Are Never Equal: A Speech'. *Rethinking Marxism* 12.4 (2000): 37-45.

'Our Asias'. *Other Asias*. Oxford: Blackwell, forthcoming.

'The Political Economy of Women as Seen by a Literary Critic'. *Coming to Terms: Feminism, Theory, Politics*. Ed. Elizabeth Weed. New York: Routledge, 1989. 218-229.

'Poststructuralism Meets Schmitt: Schmitt and Poststructuralism: A Response'. *Cardozo Law Review* 21.5-6 (2000): 1723-1737.

'Psychoanalysis in Left Field and Field working'. *Speculations after Freud: Psychoanalysis, Philosophy and Culture*. Ed. Sonu Shamdasani and Michael Miinchow. London: Routledge, 1994. 41-75.

'Questioned on Translation: Adrift'. Interview with Emily Apter. *Public Culture* 13.1 (2001): 13-22.
'The Rani of Sirmur: An Essay in Reading the Archives'. *History and Theory* 24.3 (1985): 247-272.
'Reason and Response'. *Times Higher Education Supplement* 15 October 1999.
'Remembering Derrida'. *Radical Philosophy* 129(2005): 15-21.
'A Response to "The Difference Within: Feminism and Critical Theory"', *The Difference Within: Feminism and Critical Theory*. Ed. Elizabeth Meese and Alice Parker. Amsterdam: John Benjamins Publishing Company, 1989. 208-220.
'Responsibility'. *Boundary* 2 21.3 (1994): 19-64.
'Revolutions That As Yet Have No Model: Derrida's Limited Inc.' *Diacritics* 10.4 (1980): 29-49.
'Righting Wrongs'. *South Atlantic Quarterly* 103.2-3 (2004): 523-581.
'Setting to Work (Transnational Cultural Studies)'. A Critical Sense: Interviews with Intellectuals. Ed. Peter Osborne. London: Routledge, 1996. 162-177.
'Speculation on Reading Marx: After Reading Derrida'. *Post-Structuralism and the Question of History*. Ed. Derek Attridge, Robert Young and Geoff Bennington. Cambridge: Cambridge University Press, 1987. 30-62.
'The Staging of Time in Heremakhonori'. *Cultural Studies* 17.1 (2003): 85-97.
'Supplementing Marxism'. *Whither Marxism? Global Crises in International Perspective*. Ed. Bernd Magnus and Stephen Cullenberg. New York: Routledge, 1995. 109-119.
'Teaching for the Times'. *The Decolonization of the Imagination: Culture, Knowledge and Power*. Ed. Jan Niederveen Pieterse and Bhikhu Parekh. London: Zed, 1995. 177-202.
'Terror: A Speech after 9-11'. *Boundary 2* 31.2 (2004): 81-111.
'Thinking About Edward Said: Pages from a Memoir'. *Critical Inquiry* 31.2 (2005): 519-525.
'Thinking Cultural Questions in "Pure" Literary Terms'. *Without Guarantees:*

In Honour of Stuart Hall. Ed. Paul Gilroy et al. London: Verso, 2000. 335-357.

'Thoughts on the Principle of Allegory'. *Genre* 5 (1972): 327-352.

'Three Women's Texts and a Critique of Imperialism'. *Critical Inquiry* 12.1 (1985): 243-261.

'Three Women's Texts and Circumfession'. Postcolonialism & Autobiography: Michelle

Cliff, David Dabydeen, Opal Palmer Adisa. Ed. Alfred Hornung and Ernstpeter Ruhe. Amsterdam: Rodopi, 1998. 7-22.

'Translating into English'. *Nation, Language, and the Ethics of Translation*. Ed. Sandra Bermann and Michael Wood. Princeton, NJ: Princeton University Press, 2005. 93-110.

'Translation as Culture'. *Parallax* 6.1 (2000): 13-24.

'Translator's Preface'. *Of Grammatology* by Jacques Derrida. Baltimore, MA: Johns Hopkins University Press, 1976. ix-lxxxvii.

'Translator's Preface'. *Imaginary Maps* by Mahasweta Devi. New York: Routledge, 1995. xxiii-xxix.

'Who Claims Alterity?' *Remaking History*. Ed. Barbara Kruger and Phil Mariani. Seattle, WA: Bay Press, 1989. 269-292.

본문에 언급된 다른 저자의 저작

Al-Kassim, Dina. 'The Face of Foreclosure'. *Interventions* 4.2 (2002): 168-75.

Amin, Shahid. 'Gandhi as Mahatma'. *Selected Subaltern Studies*. Ed. Gayatri Chakravorty Spivak and Ranajit Guha. New York: Oxford University Press, 1988. 288-348.

Apter, Emily. 'Afterlife of a Discipline'. *Comparative Literature* 57.3 (2005): 201-206.

Arnott, Jill. 'French Feminism in a South African Frame? Gayatri Spivak and the Problem of Representation in South African Feminism'. *South African Feminisms: Writing, Theory, and Criticism, 1990-1994*. Ed. MJ. Daymond. New York: Garland, 1996. 77-89.

Attridge, Derek. *The Singularity of Literature*. London: Routledge, 2004.

Bal, Mieke. 'Three-Way Misreading'. *Diacritics* 30.1 (2000): 2-24.

Baucom, Ian. 'Cryptic, Withheld, Singular'. *Nepantla* 1.2 (2000): 413-429.

Benjamin, Walter. 'The Task of the Translator'. Trans. Harry Zohn. *Selected Writings*. Ed. Marcus Bullock and Michael W.Jennings. Vol. 1. Cambridge, MA: Harvard University Press, 1996. 253-263.

Bhabha, Homi K. *The Location of Culture*. London: Routledge, 1994.

Castells, Manuel. *The Rise of the Network Society*. 2nd edn. Oxford: Blackwell, 2000.

Chomsky, Noam. *9-11*. New York: Seven Stories, 2002.

Cummings, Sara, Henk Van Dam and Minke Valk, Ed. *Gender Training: The Source Book*. Amsterdam/Oxford: Royal Tropical Institute/Oxfam, 1998.

Damrosch, David. *What Is World Literature*? Princeton, NJ: Princeton University Press, 2003.

de Man, Paul. *Allegories of Reading: Figural Language in Rousseau, Nietzsche, Rilke, and Proust*. New Haven, CT: Yale University Press, 1979.

Derrida, Jacques. 'Autoimmunity: Real and Symbolic Suicides: A Dialogue with Jacques Derrida'. Trans. Pascale-Anne Brault and Michael Naas. *Philosophy in a Time of Terror: Dialogues with Jurgen Habermas and Jacques Derrida*. Ed. Giovanna Borradori. Chicago: University of Chicago Press, 2003. 85-136.

_______, *The Gift of Death*. Trans. David Wills. Chicago: University of Chicago Press, 1995.

_______, *Given Time: I. Counterfeit Money*. Trans. Peggy Kamuf. Chicago: University of Chicago Press, 1992.

_______, *Margins of Philosophy*. Trans. Alan Bass. Brighton: Harvester Press, 1982.

_______, 'Marx & Sons'. Trans. G.M. Goshgarian. *Ghostly Demarcations: A Symposium on Jacques Derrida's* Specters *of Marx*. Ed. Michael Sprinker. London: Verso, 1999.213-269.

_______, 'Psyche: Inventions of the Other'. Trans. Catherine Porter. *Reading De Man Reading*. Ed. Lindsay Waters and Wlad Godzich. Minneapolis,

MN: University of Minnesota Press, 1989. 25-65.

_______, *Rogues: Two Essays on Reason*. Trans. Pascale-Anne Brault and Mic Naas. Stanford, CA: Stanford University Press, 2005.

_______, 'Shibboleth: For Paul Celan'. Trans. Joshua Wilner. *Acts of Literature*. Ed. Derek Attridge. New York: Routledge, 1992. 370-413.

_______, 'Signature Event Context'. Trans. 3Alan Bass. *Margins of Philosophy*. Brighton: Harvester Press, 1982. 307-330.

_______, *Specters* of Marx: The State of the Debt, the Work of Mourning, and the International. Trans. Peggy Kamuf. New York: Routledge, 1994.

_______, *The Truth in Painting*. Trans. Geoff Bennington and Ian McLeod. Chicago: University of Chicago Press, 1987.

_______, *Writing and Difference*. Trans. Alan Bass. Chicago: University of Chicago Press, 1978.

Derrida, Jacques and Anne Dufourmantelle. *Of Hospitality*. Trans. Rachel Bowlby. Stanford, CA: Stanford University Press, 2000.

Descartes, Rene. *Discourse on Method and the Meditations*. Trans. F.E. Sutcliffe. Harmondsworth: Penguin, 1968.

Devi, Mahasweta. "Telling History": Gayatri Chakravorty Spivak Interviews Mahasweta Devi'. *Chotti Munda and His Arrow*. Trans. Gayatri Chakravorty Spivak. Oxford: Blackwell, 2003. ix-xxiii.

Dirlik, Arif. 'The Postcolonial Aura: Third World Criticism in the Age of Global Capitalism'. *Critical Inquiry* 20.2 (1994): 328-356.

Eagleton, Terry. 'In the Gaudy Supermarket'. *London Review of Books* 13 May 1999: 3, 5-6.

Fanon, Frantz. *Black Skin, White Masks*. Trans. Charles Lam Markmann. London: Pluto Press, 1986.

Foucault, Michel. *Language, Counter-Memory, Practice: Selected Essays and Interviews*. Trans. Donald F Bouchard and Sherry Simon. Ed. Donald F. Bouchard. Ithaca, NY: Cornell University Press, 1977.

_______, 'What Is Critique?' *What Is Enlightenment? Eighteenth-Century Answers and Twentieth-Century Questions*. Ed. James Schmidt. Berkeley, CA: University of California Press, 1996. 382-398.

Freud, Sigmund. '"A Child Is Being Beaten" (A Contribution to the Study of the Origin of Sexual Perversions)'. 1919. Trans. Alix Strachey and James Strachey. *The Standard Edition of the Complete Psychological Works of Sigmund Freud*. London: Hogarth Press and the Institute of Psycho-Analysis, 1953-. 17: 175-204.

_____, 'Thoughts for the Times on War and Death'. 1915. Trans. E.G. Mayne. *Standard Edition*. 14: 275-300.

Gallop, Jane. 'The Translation of Deconstruction'. *Qui Parle* 8. (1994): 45-62.

Guha, Ranajit. 'On Some Aspects of the Historiography of Colonial India'. *Selected Subaltern Studies. Ed. Gayatri Chakravorty Spivak and Ranajit Guha*. New York: Oxford University Press, 1988. 37-44.

Hallward, Peter. *Absolutely Postcolonial: Writing Between the Singular and the Specific*. Manchester: Manchester University Press, 2001.

Hamacher, Werner. 'Lectio: Paul De Man's Imperative'. Trans. Susan Bernstein. *Reading De Man Reading*. Ed. Lindsay Waters and Wlad Godzich. Minneapolis, MN: University of Minnesota Press, 1989. 171-201.

Harvey, David. *The New Imperialism*. Oxford: Oxford University Press, 2003.

Homer, Sean. 'A Short History of the MLG'. 1996. Online: ‹http://mlg.eserver.org/about/history.html›. Accessed 26 June 2005.

Jameson, Fredric. *The Political Unconscious: Narrative as a Socially Symbolic Act*. Ithaca, NY: Cornell University Press, 1981.

Keats, John. *The Letters of John Keats*. Ed. Hyder Edward Rollins. Vol. 2. Cambridge, MA: Harvard University Press, 1952.

Keenan, Thomas. *Fables of Responsibility: Aberrations and Predicaments in Ethics and Politics. Stanford*, CA: Stanford University Press, 1997.

Klein, Melanie. 'Love, Guilt and Reparation'. 1937. *Love, Guilt and Reparation and Other Works* 1921-1945. London: Vintage, 1998. 306-343.

_____, *The Psycho-Analysis of Children*. 1932. Trans. Alix Strachey and H.A. Thorner. Revised edn. London: Vintage, 1997.

Lacoue-Labarthe, Philippe, and Jean-Luc Nancy, eds *Les fins de I'homme: A partir du travail de Jacques Derrida*. Paris: Galilée, 1981.

Levinas, Emmanuel. *Otherwise Than Being, or, Beyond Essence*. 1974. Trans. Alphonso Lingis. Pittsburgh, PA: Duquesne University Press, 1998.

Macaulay, Thomas Babington. 'Thomas Babington Macaulay on Education for India'. *Imperialism*. Ed. Philip D. Curtin. New York: Walker and Company, 1971. 178-191.

Mamdani, Mahmood. *Citizen and Subject: Contemporary Africa and the Legacy of Late Colonialism*. Princeton, NJ: Princeton University Press, 1996.

Marx, Karl. *Capital: A Critique of Political Economy*. Trans. Ben Fowkes. Vol. 1. New York: Vintage, 1977.

____, *Capital: A Critique of Political Economy*. Trans. David Fernbach. Vol. 3. Harmondsworth: Penguin, 1981.

____, *The Eighteenth Brumaire of Louis Bonaparte*. 1852. Trans. Ben Fowkes. *Surveys from Exile: Political Writings: Volume 2*. Ed. David Fernbach. Harmondsworth: Penguin, 1973. 143-249.

____, Grundrisse: *Foundations of the Critique of Political Economy*. Trans. Martin Nicolaus. New York: Vintage, 1973.

McEwan, Ian. *Saturday*. London: Jonathan Cape, 2005.

Medovoi, Leerom, Shankar Raman and Benjamin Robinson. 'Can the Subaltern Vote?' *Socialist Review* 20.3 (1990): 133-149.

Mies, Maria. *Patriarchy and Accumulation on a World Scale: Women in the International Division of Labour*. 2nd edn. London: Zed Books, 1998.

Miller, J. Hillis. *The Ethics of Reading: Kant, De Man, Eliot, Trollope, James, and Benjamin*. New York: Columbia University Press, 1987.

Moore-Gilbert, Bart. *Postcolonial Theory: Contexts, Practices, Politics*. London: Verso, 1997.

Moretti, Franco. 'Conjectures on World Literature'. *Debating World Literature*. Ed. Christopher Prendergast. London: Verso, 2004. 148-162.

Morton, Stephen. *Gayatri Chakravorty Spivak*. London: Routledge, 2003.

Ngugi wa Thiong'o. *Decolonising the Mind: The Politics of Language in African Literature*. London: James Currey, 1986.

________________, *Detained: A Writer's Prison Diary*. London: Heinemann,

1981.

Nkrumah, Kwame. *Consciencism: Philosophy and Ideology for De-Colonization*. Revised edn. New York: Monthly Review Press, 1970.

Paglia, Camille et al. 'American Gender Studies Today'. *Women: A Cultural Review* 10.2 (1999): 213-219.

Parry, Benita. 'Problems in Current Theories of Colonial Discourse'. *Oxford Literary Review* 9.1-2 (1987): 27-58.

Plato. *Apology*. Trans. Benjamin Jowett. The Dialogues of Plato. Vol. 1. New York: Random House, 1937. 401-423.

Pyle, Forest. *The Ideology of Imagination: Subject and Society in the Discourse of Romanticism*. Stanford, CA: Stanford University Press, 1995.

Ryan, Michael. *Marxism and Deconstruction: A Critical Articulation*. Baltimore, MA: Johns Hopkins University Press, 1982.

Said, Edward W. *Orientalism*. New York: Pantheon Books, 1978.

Shelley, Percy Bysshe. 'A Defence of Poetry; or Remarks Suggested by an Essay Entitled "The Four Ages of Poetry"'. *Shelley's Poetry and Prose*. Ed. Donald Reiman and Sharon B. Powers. New York: Norton, 1977. 480-508.

Shetty Sandhya, and Elizabeth Jane Bellamy. 'Postcolonialism's Archive Fever'. *Diacritics* 30.1 (2000): 25-48.

Shiva, Vandana. *Biopiracy: The Plunder of Mature and Knowledge*. Boston, MA: South End Press, 1997.

_____, *Stolen Harvest: The Hijacking of the Global Food Supply*. Cambridge, MA: South End Press, 2000.

Shumway David R. 'The Star System in Literary Studies'. *PMLA* 112.1 (1997): 85-100.

Sprinker, Michael, ed. *Ghostly Demarcations: A Symposium on Jacques Derrida's* Specters *of Marx*. London: Verso, 1999.

Varadharajan, Asha. *Exotic Parodies: Subjectivity in Adorno, Said, and Spivak*. Minneapolis, MN: University of Minnesota Press, 1995.

Young, Robert. Review of *Outside in the Teaching Machine* by Gayatri Chakravorty Spivak. *Textual Practice* 10.1 (1996): 228-238.

______, *White Mythologies: Writing History and the West*. London: Routledge, 1990.